U0685645

栾庆忠⊙编著

小企业会计

从入门到高手

创业中国年度十大杰出会计师栾庆忠教您学习小企业会计准则

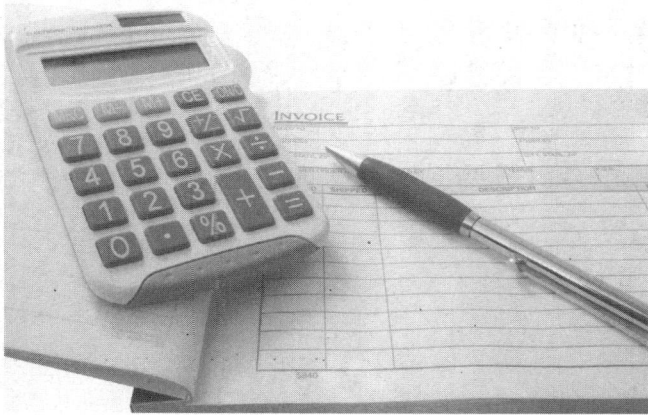

中国市场出版社
China Market Press

图书在版编目(CIP)数据

小企业会计从入门到高手/栾庆忠编著. —北京:中国市场出版社,2012.7

ISBN 978 – 7 – 5092 – 0915 – 8

Ⅰ. ①小⋯ Ⅱ. ①栾⋯ Ⅲ. ①中小企业—会计制度—中国 Ⅳ. F279. 243

中国版本图书馆 CIP 数据核字(2012)第 140922 号

书　　名:小企业会计从入门到高手
作　　者:栾庆忠 编著
责任编辑:胡超平
出版发行:中国市场出版社
地　　址:北京市西城区月坛北小街 2 号院 3 号楼 (100837)
电　　话:编辑部(010)68012468　读者服务部(010)68022950
　　　　　发行部(010)68021338　68020340　68053489
　　　　　　68024335　68033577　68033539
经　　销:新华书店
印　　刷:河北省高碑店市鑫宏源印刷包装有限责任公司
规　　格:787×1092 毫米　1/16　20.75 印张　480 千字
版　　本:2012 年 7 月第 1 版
印　　次:2012 年 7 月第 1 次印刷
书　　号:ISBN 978 – 7 – 5092 – 0915 – 8
定　　价:38.00 元

代
序

小企业会计
从入门到高手

栾庆忠◎编著

创业中国年度十大杰出会计师栾庆忠教您学习小企业会计准则

中国市场出版社
China Market Press

代序
PREFACE

怎样学会计？做怎样的会计？

一、您选择怎样学习会计？

初学者学习会计的时候，普遍感到困难的莫过于借贷记账法的借贷方向问题了。对于财务这个专业来说，借贷的方向是最最基础的知识，对于会计初学者来说，掌握借贷方向是一个重点，同时更是一个难点，借贷方向的确认被视为会计学习的"拦路虎"。

在现实生活中，有的会计初学者花费很多时间都难以攻克这一难点，甚至在已经通过会计从业资格考试的人员中仍有不少人分不清借贷的方向，这固然有学习者自身的原因，但也有授课老师讲解不清和教材讲述方式不妥等因素。

大多授课老师和会计用书讲解借贷记账法时都是讲借方记什么增加（减少），贷方记什么减少（增加），在什么情况下记入借方，在什么情况下记入贷方，借贷方余额表示什么意思，等等。会计初学者往往掉进了"糊涂锅"里，越听越糊涂，理解不了，又记不住，深感头疼。

然而，跟我学过会计的小G却没有这样的烦恼，在她看来，这只"拦路虎"不过是一只"可爱的小花猫"。

其实，小G只是得益于我告诉她的一句话，共24个字，我称之为"一句话秘诀"，这个秘诀在课堂上、培训班里听不到，在其他会计图书中也看不到。

记住这一句话，就能够在1分钟之内掌握借贷方向问题，且像游泳和骑自行车一样，一旦学会终生不会遗忘和混淆。笔者将在书中为您揭开"一句话秘诀"的奥妙！

学习会计的秘诀还有许多，诸如针对令会计人员普遍深感头疼的材料成本差异、成本费用的分配、税收业务处理等问题，都有能够让您迅速理解并牢固掌握的秘诀，它们都在书中静静地等待着您呢。

您是想和大多会计初学者一样学习会计还是想像小 G 一样学习会计呢？您想知道学习会计的秘诀吗？想必您心中已经有了自己的选择。

真可谓：

借贷方向拦路虎，

迷迷糊糊辨不清，

二十四字小秘诀，

一分钟内巧掌握，

重点难点不怕多，

迎刃而解有绝招，

多年经验来奉献，

助您轻松学会计！

二、您选择做一个什么样的会计?

您选择做一个什么样的会计？在回答这个问题之前，笔者先讲一个身边的故事。

笔者的一位高中同学开办了一家商贸公司，经营五金、家电等业务，自任总经理。虽说公司规模不算小，但为了节省开支，没有购买财务软件，只是聘请了一个会计和一个出纳。今年 1 月份，公司的会计小 D 要辞职，同学找到我，让我给他介绍一个会计，于是我给他介绍了曾经跟我学过会计的小 G。

该公司对会计的要求是，每月 5 日编制财务报表，写出经营情况分析报告，每月 6 日申报纳税。因此，从每个月的 26 日一直到次月的 6 日，都是会计最繁忙的几天，会计小 D 加班加点成了家常便饭，甚至有时候因为账目不平而加班到深夜凌晨 2 点多钟，每当同学看到整座办公楼只有财务部办公室还亮着灯的时候，就特别赞赏小 D 这种勤劳品质和敬业精神。然而勤劳并不能避免出错，每当同学要小 D 在规定时间之内提供一些会计数据的时候，小 D 更是忙得团团转，甚至连水都顾不上喝一口，费好大劲提供的数据还时常不够准确，当同学面对这些数据皱起眉头的时候，会计小 D 心里更是七上八下。

今年 1 月中旬，小 G 接替了小 D，公司还是一样的公司，业务还是一样的业务，然而，员工们惊奇地发现，财务部发生了这样的改变：

晚上，财务部办公室的灯再也没有亮过；白天，也没有看到会计小 G 紧张忙乱的身影；小 G 每次向同学提供会计数据的时候，从同学脸上看到的不是紧锁的眉头，而是赞赏的微笑。

小 G 究竟有什么秘诀呢？论学历，小 D、小 G 都是普通高校专科毕业；论职称，小 D 和小 G 都是初级专业技术资格；论经历，小 D 有三年会计工作经历，小 G 只有一年会计工作经历。从理论上看，小 D 的会计业务应该比小 G 强，然而，事实却恰好相反。那其中的奥妙在哪里呢？

在此，笔者列举公司的三项实际业务，也许，聪明的读者会从中找出答案。

业务1：去年7月底的某一天，公司财务部和供销部核对往来账项，由于财务部和供销部记账时间不一致，90多家客户和供应商名称的顺序也不一致，会计小D和供销部记录员逐一核对，耗费两个多小时才对完账。

业务2：去年9月的某一天，同学想知道第二季度公司实现的商品销售量和销售额，要求会计小D在一个小时后提供数据。小G接到任务后，立即忙碌起来，找到了7—9月份的"主营业务收入明细账"（该公司明细账按100多种商品分类记账），然后把每一种商品3个月的收入进行相加汇总，得出了公司第二季度的销售额。然后，又搬出了3个月份的"库存商品明细账"（该公司明细账按100多种商品分类记账），相加汇总，得出了第二季度的销售量，整个过程耗费近一个小时。

业务3：也是在去年9月底的某一天，小D在编制财务报表的时候，出现了账目不平的情况，借贷双方相差几十块钱，小D花费了一个多小时才找出差错。

同样的业务，小G的方法和效率又是怎么样的呢？

业务1：今年3月底的某一天，公司财务部和供销部核对往来账项，会计小G仅仅用了不到10分钟就对完了账。在同样的公司做同样的业务效率差别这么大，很明显是两位会计的对账方法不一样。

业务2：今年4月的某一天，同学想知道第一季度公司实现的商品销售量和销售额，要求会计小G在一个小时后提供数据。小G接到任务后，仅仅用了两分钟就完成了工作。很明显又是方法不一样，那她用的什么方法呢，聪明的读者朋友，我想您已经猜出来了吧？

业务3：会计小G在登记账簿编制报表的过程中，极少出现差错，而且从来没有遇到过"不平账"的情况，即使登记明细账时发生错误，也会在很短的时间内找出差错并改正。那小G用的什么方法呢？相信读完本书，您就能了解其中的奥妙了。

仅举此三例，其实在日常的会计工作中，好方法、好技巧随处可用。要提升自己的会计水平，摆脱会计效率不高的困境，关键就要选对方法！选择好方法，轻轻松松当会计！

真可谓：

一家公司前后任，
会计小D和小G。
会计小D加班忙，
会计小G不加班。
同样工作业务量，
究竟这是为什么？
只因方法不一样，
效率自然也不同！
摆脱困境并不难，
本书教你小秘方，
轻轻松松当会计，
从此不再是梦想！

聪明的读者朋友们，您是想成为小 D 还是小 G 呢？相信您的心中已经有了选择，那就继续往下阅读吧！笔者将力求"化复杂为简单，化专业为通俗，化腐朽为神奇"，告诉您与众不同的会计学习方法和会计操作技巧，相信读过本书的您也会和小 G 一样轻轻松松当会计的！

三、有了会计理论，还不能胜任会计，究竟缺什么？

我遇到过许多刚刚走出大学校门的会计专业学生，他们应该具备了一定的会计理论知识，甚至有的学生在校期间就已经取得初级会计师资格证书，然而，当他们面对用人单位"两年以上工作经验"的招聘要求时却摇头叹息，因为他们知道自己并不能胜任一个企业的会计工作。

我有幸成为山东某大学第八届"挑战杯"创业大赛——某某公司创业计划书的顾问，发现该计划书的盈利预测及财务报表部分虽为会计系的几名高材生编写，但仍然存在许多不当之处。

我认识一个在大学里教会计的老师，有一次，他向我的一个会计朋友推荐一家公司的兼职会计工作。我问他自己为什么不做，他对我说，他虽然在大学里教会计，但是没有实际在企业做过，做不了。

刚刚毕业的会计专业大学生，不是半路出家的"和尚"，都具备一定的会计理论，大学里的会计老师更是具备相当高的会计理论知识水平，但是他们为什么还不能胜任企业的会计工作？他们缺少的究竟是什么？这就是本书要重点讲解的内容。相信读完本书，您就会完全胜任一家企业的会计工作了。

相信有不少朋友都会下象棋吧，其实，会计和象棋也有相通之处。

以中国象棋为例，象棋共由红黑双方各 16 个棋子组成，而要会下棋，光知道每个棋子的走法是不行的，关键是会把这些棋子结合起来形成招式，再将这些招式相互配合，从全局着眼，运筹帷幄，才能出奇制胜。

会计亦然，会计理论知识只是一个一个独立的点（一项具体的会计业务，犹如每个棋子的走法），而企业的会计工作却需要把这些点有机地结合起来连接成线（一个会计岗位或一项业务流程，犹如几种棋子结合而成的棋招），再把这些线连接成面（整个会计工作，犹如整个棋局）。而能不能胜任会计工作，关键就是看"线"或"面"。

正是基于"点、线、面"这样的思路，本书分为三大部分：第一部分会计基础篇，将带您练就一身扎实的会计基本功；第二部分会计核算篇，将带您亲身体验各个会计岗位的实际业务处理；第三部分会计实战篇，将带您实战操作，让您快速轻松成为一名优秀的会计人员。

俗话说，会计税务不分家，在企业越来越重视税务处理的今天，税务处理水平已经成为衡量一个会计人员业务能力的重要标志之一，基于此，本书对于会计人员日常工作中应当掌握的税务操作技能和需要注意的税务事项也进行了讲述。

总之，本书具有很强的实用性和可操作性，融汇了笔者多年财税工作的实战经验和操作技巧，毫无保留地奉献了许多珍贵的财税秘诀，相信本书一定会成为您会计人生路上的良师益友。

栾庆忠◎编著

创业中国年度十大杰出会计师栾庆忠教您学习小企业会计准则

小企业会计
从入门到高手

中国市场出版社
China Market Press

导读
INTRODUCTION

1. 本书依据最新的《小企业会计准则》和税收法规编写，充分考虑小企业会计人员的特点，针对小企业会计人员的不足，根据小企业会计人员的需求，以便于会计人员自学和实际操作为目的，将小企业会计准则和税法有机结合起来并融入到会计实战场景中，在框架结构和讲述方法上突破了一般会计图书的固有模式，创新地采用"点、线、面"的思路。本书分为三大部分：

第一部分会计基础篇，采用"看着报表学会计"的方式，带您轻松练就一身扎实的会计基本功；

第二部分会计核算篇，将带您亲身体验各个会计岗位的实际业务处理；

第三部分会计实战篇，将带您实战操作，让您快速轻松成为一名优秀的会计人员。

2. 本书为您讲述与众不同、事半功倍的会计学习方法和会计操作技巧，力求"化复杂为简单，化专业为通俗，化腐朽为神奇"，帮您解决实际工作中遇到的难题，快速提升您的会计水平，大幅提高您的工作效率。针对会计初学者极易混淆的借贷方向问题，会计人员普遍深感头疼的材料成本差异、成本费用的分配、税收业务处理等疑难问题，特别介绍了能够让您迅速理解并牢固掌握的秘诀。通过本书，您会发现会计路上的"拦路虎"只不过是一只"纸老虎"。

3. 本书以业务最全、最具代表性的工业企业为例，内容涵盖了一般企业日常经营管理中可能涉及的各类和各项财税业务，通过本书的学习，您可以系统地掌握企业会计核算流程、企业日常会计与税务处理、财务报表编制、纳税申报等财税技能，迅速成为一名业务过硬、技能精湛的财务人员，让您在日常会计与税务操作中游刃有余、得心应手。

4. 本书融入了企业日常税务处理操作方法和技巧。在企业老板越来越重视税务处理的今天，税务处理水平已经成为衡量一个会计人员业务能力的重要标志之一，基于此，对于会计人员日常工作中应当掌握的税务操作技能和需要注意的税务事项也进行了讲述。

5. 本书通俗易懂、易于实践，具有很强的实用性和可操作性，笔者将自己多年财税工作的实战经验和操作技巧融汇书中，将许多珍贵的财税工作秘诀毫无保留地奉献给您，相信本书一定会成为您会计人生路上的良师益友。

能够尽我所能为广大会计人员服务，将自己的会计实战经验与大家分享，提高会计人员的业务水平，是笔者多年的心愿。在中国市场出版社的支持下，这一愿望终于得以实现，在此，特别感谢中国市场出版社耐心细致的编辑工作，特别感谢胡超平副总编，还要感谢所有支持我、帮助我的会计朋友。

会计工作让我们相识，网络架起了我们沟通的桥梁，拉近了我们的距离，在感谢读者的同时，我希望能够得到读者的宝贵意见和建议，希望能够和大家经常交流会计、税法方面的业务。大家可以通过电子邮箱（caishuiywjl@163.com）与我交流。

相信：读过本书的您会快速入门并成为一名会计高手！

小企业会计 从入门到高手

创业中国年度十大杰出会计师栾庆忠教您学习小企业会计准则

栾庆忠◎编著

中国市场出版社
China Market Press

目录
CONTENTS

万丈高楼平地起　夯实基础是根本
学习会计有秘诀　基础知识巧掌握

目录 CONTENTS

会计核算篇 ◀ 第二篇

身临其境亲体验　日常业务精而全
会计岗位轮流做　什么会计都会二

目录 CONTENTS

栾庆忠◎编著

栾庆忠，"2020创业中国年度十大杰出会计师"获得者，任事务所长，作者兼老师

创业中国年度十大杰出会计师栾庆忠教您学习小企业会计准则

小企业会计从入门到高手

中国市场出版社
China Market Press

目录
CONTENTS

会计实战篇 ◀

第三篇

记账算账出报表　实战模拟大练兵
整个流程走一遍　轻松会计梦实现

第一篇　会计基础篇

万丈高楼平地起　夯实基础是根本
学习会计有秘诀　基础知识巧掌握

CHAPTER

1

第一章
认识一下什么是会计

一、《小企业会计准则》的适用范围

本书严格按照《小企业会计准则》和最新税收法规进行编写，首先我们来看看《小企业会计准则》的适用范围。

《小企业会计准则》（财会〔2011〕17 号）与《企业会计准则》相比，充分考虑了我国小企业规模较小、业务较为简单、会计基础工作较为薄弱、会计信息使用者的信息需求相对单一等实际情况，对小企业的会计确认、计量和报告进行了简化处理，减少了会计人员职业判断的内容与空间。

《小企业会计准则》适用于在中华人民共和国境内依法设立的、符合《中小企业划型标准规定》所规定的小型企业标准的企业，符合《中小企业划型标准规定》所规定的微型企业标准的企业参照执行本准则。小型企业与微型企业标准参见表 1-1。

但是，下列三类小企业不得执行《小企业会计准则》：

1. 股票或债券在市场上公开交易的小企业。
2. 金融机构或其他具有金融性质的小企业。
3. 企业集团内的母公司和子公司。

对符合上述规定的小企业，并没有强制执行《小企业会计准则》，可以选择执行《小企业会计准则》，也可以选择执行《企业会计准则》。但是，执行《企业会计准则》的小企业，不得在执行《企业会计准则》的同时，选择执行《小企业会计准则》的相关规定。而执行《小企业会计准则》的小企业，发生的交易或者事项《小企业会计准则》未作规范的，可以参照《企业会计准则》中的相关规定进行处理。

执行《小企业会计准则》的小企业公开发行股票或债券的，应当转为执行《企业会计准则》；因经营规模或企业性质变化导致不符合小企业规定而成为大中型企业或金融企业的，应当从次年 1 月 1 日起转为执行《企业会计准则》。

执行《小企业会计准则》的小企业转为执行《企业会计准则》时，应当按照《企业会计准则第 38 号——首次执行企业会计准则》等相关规定进行会计处理。

已执行《企业会计准则》的上市公司、大中型企业和小企业，不得转为执行《小企业会计准则》。

表 1-1   各行业小型企业与微型企业标准

行业	微型企业	小型企业
农、林、牧、渔业	营业收入＜50 万元	50 万元≤营业收入＜500 万元
工业	从业人员＜20 人或营业收入＜300 万元	20 人≤从业人员＜300 人，且 300 万元≤营业收入＜2 000 万元
建筑业	营业收入＜300 万元或资产总额＜300 万元	300 万元≤营业收入＜6 000 万元，且 300 万元≤资产总额＜5 000 万元
批发业	从业人员＜5 人或营业收入＜1 000 万元	5 人≤从业人员＜20 人，且 1 000 万元≤营业收入＜5 000 万元
零售业	从业人员＜10 人或营业收入＜100 万元	10 人≤从业人员＜50 人，且 100 万元≤营业收入＜500 万元
交通运输业	从业人员＜20 人或营业收入＜200 万元	20 人≤从业人员＜300 人，且 200 万元≤营业收入＜3 000 万元
仓储业	从业人员＜20 人或营业收入＜100 万元	20 人≤从业人员＜100 人，且 100 万元≤营业收入＜1 000 万元
邮政业	从业人员＜20 人或营业收入＜100 万元	20 人≤从业人员＜300 人，且 100 万元≤营业收入＜2 000 万元
住宿业	从业人员＜10 人或营业收入＜100 万元	10 人≤从业人员＜100 人，且 100 万元≤营业收入＜2 000 万元
餐饮业	从业人员＜10 人或营业收入＜100 万元	10 人≤从业人员＜100 人，且 100 万元≤营业收入＜2 000 万元
信息传输业	从业人员＜10 人或营业收入＜100 万元	10 人≤从业人员＜100 人，且 100 万元≤营业收入＜1 000 万元
软件和信息技术服务业	从业人员＜10 人或营业收入＜50 万元	10 人≤从业人员＜100 人，且 50 万元≤营业收入＜1 000 万元
房地产开发经营	营业收入＜100 万元或资产总额＜2 000 万元	100 万元≤营业收入＜1 000 万元，且 2 000 万元≤资产总额＜5 000 万元
物业管理	从业人员＜100 人或营业收入＜500 万元	100 人≤从业人员＜300 人，且 500 万元≤营业收入＜1 000 万元
租赁和商务服务业	从业人员＜10 人或资产总额＜100 万元	10 人≤从业人员＜100 人，且 100 万元≤资产总额＜8 000 万元
其他未列明行业	从业人员＜10 人	10 人≤从业人员＜100 人

二、会计的概念

会计，是以货币为主要计量单位，采用一系列专门的方法和程序，对经济交易或事项进行连续、系统、综合的核算和监督，提供经济信息，参与预测决策的一种管理活动。

而我们通常所说的会计，则是指从事会计工作的专业人员，习惯上简称为会计。

三、会计基本假设和会计基础

（一）会计基本假设

会计基本假设是企业会计确认、计量和报告的前提，是对会计核算所处时间空间环境所做的合理设定，会计基本假设包括会计主体、持续经营、会计分期、货币计量。

1. 会计主体

会计主体是指企业会计确认、计量和报告的空间范围，即我们作为会计所服务的特定企业。

2. 持续经营

会计核算应当以企业持续、正常的生产经营活动为前提。而不考虑企业是否将要停业，是否会大规模削减业务、是否将要破产清算。它明确了会计工作的时间范围。

3. 会计分期

会计分期，又称会计期间，是指将一个企业持续经营的生产经营活动划分为一个个连续的、长短相同的期间。其目的是据此结算盈亏，按期编报财务会计报告，从而及时向财务报告使用者提供有关企业财务状况、经营成果和现金流量的信息。我国企业的会计期间按年度划分，以日历年度为一个会计年度，会计年度自公历每年的1月1日起至12月31日止。

正是由于会计分期，才产生了当期与其他期间的差别，从而出现了权责发生制和收付实现制的区别，进而出现了应收、应付、递延等会计处理方法。

4. 货币计量

货币计量，是指会计主体在财务会计确认、计量和报告时以货币作为计量尺度，反映会计主体的生产经营活动。会计核算以人民币为记账本位币，业务收支以外币为主的企业，也可以选定某种外币作为记账本位币，但编制的财务报表应当折算为人民币反映。

（二）会计基础

企业会计的确认、计量和报告应当以权责发生制为会计基础。权责发生制，是指凡是本期已经实现的收入和已经发生或应当负担的费用，不论其款项是否收到或付出，都应当作为本期的收入或费用处理；反之，凡不属于本期的收入和费用，即使款项在本期收到或付出，也不应作为本期的收入或费用处理。

在现实生活中，经济业务的发生和相关款项的收付往往并不一致：企业预收了一笔款项，可能货物尚未发出而销售并未实现，或者款项已经支付，但经营活动尚未发生。在这种情况下，收付实现制显然不能做到正确核算和反映每个会计期间的实际财务状况和经营业绩，而权责发生制是依据持续经营和会计分期两个基本前提来正确划分不同会计期间资产、负债、收入、费用等会计要素的归属，因而能更加准确地反映特定会计期间实际的财务状况和经营业绩。

权责发生制在反映企业的财务状况和经营业绩时有其合理性，但也有其局限性：一个从资产负债表和利润表上看起来资产规模不小、经营状况良好、利润很高的企业，却可能没有充裕的货币资金而陷入财务困境。这是因为权责发生制把尚未收到款项的应计收入也都反映在了利润表中，同时在资产负债表上把这部分未收款项以债权的形式反映为企业的资产，为了弥补权责发生制的这种局限性，《小企业会计准则》规定将以收付实现制为基础编制的现金流量表列为财务报表之一。

四、会计基本职能

通过会计的概念我们还可以看出，会计的基本职能包括进行会计核算和实施会计监督两个方面。

会计核算职能是指主要运用货币计量形式，通过确认、计量、记录和报告等环节，对特定主体的经济活动进行记账、算账、报账，从数量上连续、系统和完整地反映各个单位的经济活动情况，为加强经济管理和提高经济效益提供会计信息。

会计监督职能是指会计人员在进行会计核算的同时，对特定主体经济活动和相关会计核算的合法性、合理性进行审查。

五、企业会计人员的日常工作

企业会计人员日常的工作是什么，这是会计的基本职能所决定的。会计核算职能通俗地说就是记好账，会计监督职能通俗地说就是理好财。

（一）记好账

记好账，包括记账、算账、编制报表、申报纳税等内容，体现的是会计核算职能。记好账是企业财务管理的基础，是企业财务最基础、最重要的工作之一。会计人员要以实际发生的经济业务为依据，认真贯彻执行和维护国家财经制度和财经纪律，如实反映企业的财务状况、经营成果和财务收支情况。记账，要做到内容真实、账目清楚、凭据齐全、手续完备、日清月结；算账，要做到速度快而结果准；编制报表，既要做到按期编制不拖延又要确保报表的合法性、公允性和一贯性；申报纳税，要做到按时申报、数据准确、依法纳税。总之，只有记好账，才能及时、准确地提供真实可靠且能满足各方需求的会计信息，这是对会计人员最基本的工作要求。

（二）理好财

理好财，通俗的说法就是管好钱、管好物，体现的是会计监督职能。除记好账外，会计最重要的工作就是理好财。理好财是全方位的，包含企业所有的经济业务，首先，对企业货币资金的监督是每家企业都非常重视的事，即管好钱，包括对银行存款和现金的资金收支计划控制、筹融资等监督管理，也包括对各项往来账款结算特别是应收款项的监督控制等。其次，是对企业各种资产的监督，即管好物，包括对原材料收发、库存商品出入库等手续是否完备的监督，不定期进行资产的抽查与盘点，以查明账实是否相符，保证企业资产安全性与完整性的监督等等。在具体的财务操作中，会计人员对不真实、不合法的报销凭证，不予受理；对记载不准确、不完整、手续不完备的原始凭证，予以退回，要求经办人更正补充；发现账簿记录与实物、款项不符的时候，按照有关规定进行处理；无权自行处理的，应当立即向本单位主管领导报告，请求查明原因，作出处理。

除了"记好账、理好财"两项基本工作之外，会计还有下列必须要做的工作。

(三) 协调关系

在会计人员的日常工作中，会涉及很多的财务关系，既有与领导和其他部门之间的，也有企业与外部各供应商、客户之间的，还有企业和银行、税务、审计等部门之间的，会计人员应协调好这些关系。

会计人员难免与领导或者其他部门发生业务上的分歧，会计人员要善于从自身找原因，不能只是抱怨领导、职工不懂财务。会计人员要讲究工作方法，主动与领导或者有关部门沟通协作，取得单位领导和职工对会计工作的理解和支持。对一些大的财务支出等容易发生问题的项目，会计人员平时要积极主动向领导汇报，领导意见不正确的，要讲究方法、把握机会，做通领导的工作，争取领导的理解和支持。对待单位职工，不可高高在上，以监督自居，而要增强服务意识，提高服务质量，以"服务"服人，才能获得职工的理解尊敬，更好地开展工作，提高会计工作效率，促进会计目标的实现。

会计人员经常和供应商、客户进行资金结算、款项收付，要做到以礼相待，讲究信用，使会计工作得到对方的理解、支持与合作，从而树立良好的会计形象。

会计人员要积极与银行、税务、工商、审计等部门保持经常的联系，自觉接受他们的监督、检查、指导，外部的监督检查和专业指导能够更好地提高财务管理水平，避免不必要的损失。

(四) 做好参谋，参与决策

市场经济的瞬息变化要求会计人员能够及时提供各种信息，信息滞后便失去了价值，业务的损失也无法挽回。因而，会计人员应根据决策的需要，在会计核算的基础上，重新将企业以往信息资料进行组合、分解，利用趋势预测等方法，对企业生产经营、融资、投资等方案提供决策数据，做好决策者的参谋。

六、企业会计人员需要了解的会计证书

(一) 国内的会计证书

目前，国内的会计证书主要有会计从业资格证书、会计专业技术资格证书、中国注册会计师资格证书、中国注册税务师资格证书。

1. 会计从业资格证书

会计从业资格证书也就是平常我们所说的会计证，是从事会计工作的上岗证。根据《中华人民共和国会计法》第三十八条规定："从事会计工作的人员，必须取得会计从业资格证书"，也就是说，只有通过会计从业资格考试，获得财政部门统一颁发的会计从业资格证书，才能从事会计工作。考试科目包括：《会计基础》、《财经法规与会计职业道德》、《初级会计电算化》。刚刚取得会计从业资格证书的人员属于各单位最基本、最

基层的会计实务辅助操作人员，尚处于"学徒"阶段，一般从事基础性的会计工作。

2. 会计专业技术资格证书

会计专业技术资格证书也就是平常我们所说的会计职称，会计专业技术资格证书分为助理会计师（又称初级会计师）资格证书、中级会计师（简称会计师）资格证书、高级会计师资格证书。

从 1992 年起，财政部、人力资源与社会保障部（原人事部）联合组织开展初、中级会计专业技术资格考试，高级会计师资格从 2007 年开始在全国实行考试与评审结合的制度。

（1）初级会计专业技术资格，是会计专业职称序列中最低的技术职称。考试科目包括：《初级会计实务》、《经济法基础》，考生必须一次性通过两个科目，才可以取得初级会计专业技术资格证书。

具有初级专业技术资格的会计人员，一般具备会计基本操作能力，能够独立处理一般会计业务，协助会计主管完成相关财务、会计工作。

（2）中级会计专业技术资格，相当于会计人员中级职称。考试科目包括：《中级会计实务》、《财务管理》、《经济法》，考生必须在连续的两个考试年度内全部通过，才可取得中级会计专业技术资格证书。

具备中级会计专业技术资格的会计人员，一般能够独立负责并组织开展某一领域会计工作，能够协助会计部门负责人或独立完成相关财务会计的领导工作，具有担任单位会计机构负责人或会计主管人员的能力和水平。具备对一般或常规业务的分析处理和专业判断能力，是中级会计专业技术人员的显著特征。

（3）高级会计专业技术资格，相当于会计人员高级职称。我国对已取得中级职称的会计人员，采用考试与评审相结合的制度来认证其高级会计师职称，高级资格考试科目为《高级会计实务》。

具备高级会计专业技术资格的会计人员，一般能够全面系统地掌握会计、财务、财经法规等专业知识，能够从财务的视角全面介入企业的经营管理决策，能够担任大型企业总会计师、财务总监等企业高级财务管理领导职位。具备全面参与企事业单位管理活动的能力，是高级会计专业技术人员的显著特征。

3. 中国注册会计师资格证书（CPA）

注册会计师是依法取得注册会计师资格证书，并接受委托运用专业特长，对企事业单位会计信息进行鉴证，并提供会计、税务、管理咨询等商务服务的执业人员。

《注册会计师法》规定，从事社会审计鉴证并签署审计报告的注册会计师，必须依法通过国家级统一考试取得注册会计师资格。

现行注册会计师考试分为两个层级，形成了"6+1"的新模式。第一层级为专业阶段，主要考核注册会计师执业所需的基础理论知识，考试科目包括：《会计》、《审计》、《财务成本管理》、《经济法》、《税法》和《公司战略与风险管理》。第二层级为高级阶段，主要考核考生的综合应用能力，突出实务操作能力，考试科目为《职业能力综合测试》。考生只有在连续 5 个年度内通过第一层级的考试，才能参加第二层级的考试。

取得注册会计师执业资格证书的人员，应当具备较全面的专业知识、较高的职业技能、正确的职业价值观、丰富的实务经历，并接受委托运用专业特长，为企事业单位提供审计鉴证和会计、税务、管理咨询等商务服务。

4. 中国注册税务师资格证书（CTA）

注册税务师是指经全国统一考试合格，取得《注册税务师执业资格证书》并经注册登记的、从事税务代理活动的专业技术人员。

现行注册税务师考试共考五个科目：《税法（一）》、《税法（二）》、《税务代理实务》、《财务与会计》、《税收相关法律》。

《税法（一）》、《税法（二）》、《财务与会计》、《税收相关法律》均为客观题，题型为单项选择题、多项选择题、计算题和综合分析题，总分140分，合格标准一般为84分；《税务代理实务》为主观题、客观题相结合的形式，客观题题型为单项选择题、多项选择题，主观题为简答题和综合分析题，总分100分，合格标准一般为60分。

（二）国外认证的会计师资格证书

除了国内的会计证书外，国外认证的会计师资格证书中，可在国内参加考试的主要有五种：ACCA（特许公认注册会计师）、AIA（国际会计师专业资格证书）、CGA（加拿大注册会计师）、CMA（美国管理会计师）、ASCPA（澳大利亚注册会计师）。

七、会计信息质量要求

会计信息的质量要求包括八项：可靠性、相关性、可理解性、可比性、实质重于形式、重要性、谨慎性、及时性等，下面逐一简要说明。

（一）可靠性

可靠性是对会计工作和会计信息质量最基本的要求，是指企业应当以实际发生的交易或者事项为依据进行会计核算，如实反映符合确认和计量要求的各项会计要素及其他相关信息，保证会计信息真实可靠，内容完整。

提供会计信息的目的是为了满足会计信息使用者的决策需要，如果企业的会计核算工作不是以实际发生的交易或事项为依据，不能如实地反映企业的实际情况，会计工作也就失去了存在的意义，甚至会误导会计信息使用者，导致决策的失误。因此，在会计核算中要坚持可靠性原则，做到内容真实、数字准确、资料可靠，准确地反映企业的财务状况、经营成果和现金流量，保证会计信息的可靠性。

（二）相关性

相关性是指企业提供的会计信息应当与财务报告使用者的经济决策需要相关，有助于财务报告使用者对企业过去、现在或者未来的情况作出评价或者预测。这一原则也称有用性原则。

相关性是以可靠性为基础的，两者之前并不矛盾，也就是说会计信息是在可靠性的前提下，尽可能做到相关性，以满足投资者等财务报告使用者的决策需要。

会计信息是否有用，是否具有价值，关键是看其与会计信息使用者的决策需要是否相关，相关的会计信息应当具有预测价值，有助于使用者根据会计信息预测企业未来的发展和投资价值。例如，区分流动资产和非流动资产、流动负债和非流动负债等，都可以提高会计信息的预测价值，进而提升会计信息的相关性。

（三）可理解性

可理解性是指企业提供的会计信息应当清晰明了，便于财务报告使用者理解和使用。

（四）可比性

可比性是指企业提供的会计信息应当具有可比性：同一企业不同时期发生的相同或者相似的交易或者事项，应当采用一致的会计政策，不得随意变更，确需变更的，应当在附注中予以说明；不同企业发生的相同或相似的交易或者事项，应当采用规定的会计政策、确保会计信息口径一致、相互可比。

（五）实质重于形式

实质重于形式是指企业应当按照交易或者事项的经济实质进行会计确认、计量和报告，不应仅以交易或者事项的法律形式为依据。

例如，企业以融资租赁方式租入的固定资产，虽然承租企业对该资产并不拥有法律形式上的所有权，但是由于租赁合同中规定的租赁期相当长，接近于该资产的使用寿命，在租赁期内承租企业有权支配资产并从中受益，租赁期结束时承租企业有优先购买该资产的选择权，因此，从其经济实质来看，企业能够控制该资产并取得该资产创造的未来经济利益，所以，承租企业在会计核算时应将以融资租赁方式租入的固定资产视为自己的资产，列入企业的资产负债表。

（六）重要性

重要性是指企业提供的会计信息应当反映与企业财务状况、经营成果和现金流量等有关的所有重要交易或者事项。

重要性的应用很大程度上需要依赖会计人员的职业判断，企业应当从项目的性质和金额大小两方面结合企业所处环境和实际情况作出判断，对资产、负债、损益等有较大影响，并进而影响财务会计报告使用者据以作出合理判断的重要会计事项，必须按照规定的会计方法和程序进行处理，并在财务会计报告中单独予以充分、准确的披露，而对于不重要的会计事项，可以适当地简化处理，在财务会计报告中可以合并、简单地披露。

（七）谨慎性

谨慎性是指企业对交易或者事项进行会计确认、计量和报告应当保持应有的谨慎，不应高估资产或者收益，不得低估负债或者费用，这一原则又称稳健性原则。

企业在资产计价及损益确定时，如果有两种或两种以上的方法或金额可供选择，应选择使本期净资产和利润较低的方法或金额。但是，企业不得滥用谨慎性原则设置秘密准备，随意调节利润，即企业不得故意低估资产或者收益，或者高估负债或者费用。

（八）及时性

及时性是指企业对于已经发生的交易或者事项应当及时进行会计确认、计量和报告，不得提前或者延后。

会计信息的价值在于帮助会计信息使用者做出经营决策，具有很强的时效性。即使是可靠、可比、相关的会计信息，如果不及时提供，就大大降低了会计信息的使用价值，甚至可能误导会计信息使用者。因此，在会计核算过程中应该坚持及时性原则，一是要求及时收集会计信息，即在经济业务发生后，及时收集整理各种原始单据或凭证；二是及时处理会计信息，即按照小企业会计准则规定，对发生的经济业务及时处理，及时编制财务报告；三是及时传递会计信息，即按照国家规定的时限和报表使用者的有关要求，及时将编制的财务报告传递给其使用者。

八、会计人员怎样提升自己的素质

会计信息质量水平的高低，很大程度上取决于会计人员的素质，那么，会计人员应该怎样提升自己的素质呢？这是我们每一个会计人员都十分关心的事情，在谈这个问题之前，我们先看几个关于会计工作的小镜头。

镜头一：某公司是一家民营企业，近期经营效益下滑、资金周转困难，面临停产。2010年2月，公司董事长想向银行借款200万元，该董事长指示会计小A把财务报告做得漂亮一些。会计小A按董事长意图，对2009年12月的财务报表进行了技术处理，虚拟了几笔往来款项使资产负债率达到了银行30%的要求，又虚拟了几笔无交易的销售收入使公司利润表由亏变盈。

镜头二：某公司出纳员小B，由于最近谈恋爱缺钱花，2009年10月偷偷找来几张发票并冒充领导签字，冒领现金200元，一个多月后，小B的行为没有被发现，胆子开始大了起来，又陆续采用这种方式取出2000多元，装入自己的腰包。

镜头三：公司销售部经理为了促进销售和加快回笼资金，草拟了一个新的销售方案，在销售方案讨论会上，总经理征询会计意见，会计看了看销售方案，立即摇头，"不行，这样财务没法作账！"

镜头四：A公司销售给B公司一批货物，B公司会计要求必须先给发票再付款，而A公司会计则要求必须收到货款才能开发票，于是，双方会计为了先开发票还是先付款的问题争执不下，互不相让。

在上面第一、二个镜头中，会计人员都缺乏基本的会计职业道德，没有丝毫法制观念，内心深处没有构筑起码的道德防线，或者说道德防线脆弱得不堪一击。这两个会计人员违背了"爱岗敬业、诚实守信、廉洁自律、客观公正、遵守准则"等会计职业道德规范。镜头二同时也说明了建立单位内部控制制度的重要性。

在上面第三、四个镜头中，有刚刚参加工作的新会计，也有工作多年的老会计，每当遇到类似问题的时候，第一反应总是"不行，这样财务没法作账（或开票、付款等）"。其实未必，这有会计人员会计业务不强的原因，也有会计人员矩于旧规的原因，还有不会协调与沟通的原因，尤其是遇到业务能力不强的会计或者较为固执的会计，更是如此。而这些因素都说明了会计人员的业务素质有待提升。

会计工作是一项内容丰富、涉及面广、业务繁琐而又极为重要的经济管理工作，具有很强的政策性、专业性、技术性和时间性。因此，会计人员应从以下几个方面提升自己的业务素质：

（一）会计人员应注重培养良好的职业道德和从业理念

会计人员天天与钱打交道，要树立正确的人生观、价值观，时刻牢记财经纪律，遵守"爱岗敬业、诚实守信、廉洁自律、客观公正、遵守准则、提高技能、保守秘密和文明服务"的会计职业道德规范，保持清醒的头脑和健康的心态，洁身自好，自觉抵制各种社会不良现象，按原则办事，依法做账，诚信做账，坚守会计职业"不做假账"的道德防线。

（二）会计人员应注重提升自己的专业素质和知识层次

会计人员要积极学习专业知识，在工作中精益求精，增强会计工作的健康和活力，以知识服人，以效率服人，以业绩服人，塑造自身良好的专业素质。

会计人员除了学习专业知识以外，还要积极吸收多方面的知识，包括计算机和网络知识、经济与法律知识、财政税收金融知识等等，不断地改善知识结构，提升知识层次。

（三）会计人员应注重提高自己的管理知识和技能

会计人员应该是公司的管理者，至少是参与者，会计人员应不断提高自己的管理知识和技能，包括组织和协调能力、分析和决策能力等。要经常站在会计专业的角度，关注公司的采购、生产、销售等经营行为，写出管理者能看得懂的报告，提出管理者感兴趣并且可行的方案。应该有足够的敏感性，对所经历的所有异常事情给予足够的关注。

（四）会计人员应注重提高创新能力

会计人员要按政策办事，按程序办事，但不能墨守成规，而要有所创新，要善于发挥主观能动性，找到好方法，让会计工作有序、高效运转，让会计工作充满生机、活力。

CHAPTER

2

第二章
看看财务报表的模样

　　财务报表，是指对小企业财务状况、经营成果和现金流量的结构性表述。小企业的财务报表至少应当包括资产负债表、利润表、现金流量表、附注四部分。

　　(1) 资产负债表：反映小企业在某一特定日期的财务状况（静态），从企业的资产、负债、所有者权益方面反映企业的财务状况是否良好。

　　(2) 利润表：反映小企业在一定会计期间的经营成果（动态），主要从企业的收入、成本、费用、利润方面提供企业的利润或亏损情况等经营业绩。

　　(3) 现金流量表：反映小企业在一定会计期间现金流入和流出情况（动态），主要反映企业现金及现金等价物的来源、运用及增减变动的情况。

　　(4) 财务报表附注：对在资产负债表、利润表和现金流量表等报表中列示项目的文字描述或明细资料，以及对未能在这些报表中列示项目的说明等，目的是帮助财务报表使用者更好地理解财务报表内容。

　　在小企业会计准则的规范下，会计人员通过填制会计凭证、登记账簿等一系列会计核算流程，对企业所发生的各种经济业务，已经进行了连续、系统、全面的记录。但是，这些会计记录比较分散，不能集中、概括地说明企业经济活动及其经营成果的全貌，不便于财务报表使用者的理解和使用。因而，需要对日常的会计核算记录进行进一步的加工整理，并按照规定的要求和格式，定期编制财务报表。

　　可见，会计核算的最终结果是用财务报表来反映和表达的，那财务报表到底是什么样子呢？让我们一起来看看财务报表的模样吧，下面是财务报表的格式（注：在这里只列资产负债表、利润表和现金流量表，其他关于财务报表更多的相关知识将在第八章详细讲解）。

一、资产负债表

　　资产负债表的格式，见表 2-1。

表 2-1

资产负债表

编制单位：　　　　　　　　　　年　　月　　日　　　　　　　　　　单位：元

资产	行次	期末余额	年初余额	负债和所有者权益	行次	期末余额	年初余额
流动资产：				流动负债：			
货币资金	1			短期借款	31		
短期投资	2			应付票据	32		
应收票据	3			应付账款	33		
应收账款	4			预收账款	34		
预付账款	5			应付职工薪酬	35		
应收股利	6			应交税费	36		
应收利息	7			应付利息	37		
其他应收款	8			应付利润	38		
存货	9			其他应付款	39		
其中：原材料	10			其他流动负债	40		
在产品	11			流动负债合计	41		
库存商品	12			非流动负债：			
周转材料	13			长期借款	42		
其他流动资产	14			长期应付款	43		
流动资产合计	15			递延收益	44		
非流动资产：				其他非流动负债	45		
长期债券投资	16			非流动负债合计	46		
长期股权投资	17			负债合计	47		
固定资产原价	18						
减：累计折旧	19						
固定资产账面价值	20						
在建工程	21						
工程物资	22						
固定资产清理	23						
生产性生物资产	24			所有者权益（或股东权益）：			
无形资产	25			实收资本（或股本）	48		
开发支出	26			资本公积	49		
长期待摊费用	27			盈余公积	50		
其他非流动资产	28			未分配利润	51		
非流动资产合计	29			所有者权益（或股东权益）合计	52		
资产总计	30			负债和所有者权益（或股东权益）总计	53		

　　小企业（中外合作经营）根据合同规定在合作期间归还投资者的投资，应在"实收资本（或股本）"项目下增加"减：已归还投资"项目单独列示。

二、利润表

利润表的格式，见表2-2。

表2-2 利润表

会小企02表

编制单位： 年 月

单位：元

项目	行次	本年累计金额	本月金额
一、营业收入	1		
减：营业成本	2		
营业税金及附加	3		
其中：消费税	4		
营业税	5		
城市维护建设税	6		
资源税	7		
土地增值税	8		
城镇土地使用税、房产税、车船税、印花税	9		
教育费附加、矿产资源补偿费、排污费	10		
销售费用	11		
其中：商品维修费	12		
广告费和业务宣传费	13		
管理费用	14		
其中：开办费	15		
业务招待费	16		
研究费用	17		
财务费用	18		
其中：利息费用（收入以"－"号填列）	19		
加：投资收益（损失以"－"号填列）	20		
二、营业利润（亏损以"－"号填列）	21		
加：营业外收入	22		
其中：政府补助	23		
减：营业外支出	24		
其中：坏账损失	25		
无法收回的长期债券投资损失	26		
无法收回的长期股权投资损失	27		
自然灾害等不可抗力因素造成的损失	28		
税收滞纳金	29		
三、利润总额（亏损总额以"－"号填列）	30		
减：所得税费用	31		
四、净利润（净亏损以"－"号填列）	32		

本表"本年累计金额"栏反映各项目自年初起至报告期末止的累计实际发生额。

本表"本月金额"栏反映各项目的本月实际发生额；在编报年度财务报表时，应将"本月金额"栏改为"上年金额"栏，填列上年全年实际发生额。

三、现金流量表

现金流量表的格式，见表 2-3。

表 2-3   现金流量表

会小企 03 表

编制单位：   年   月   单位：元

项目	行次	本年累计金额	本月金额
一、经营活动产生的现金流量：			
销售产成品、商品、提供劳务收到的现金	1		
收到其他与经营活动有关的现金	2		
购买原材料、商品、接受劳务支付的现金	3		
支付的职工薪酬	4		
支付的税费	5		
支付其他与经营活动有关的现金	6		
经营活动产生的现金流量净额	7		
二、投资活动产生的现金流量：			
收回短期投资、长期债券投资和长期股权投资收到的现金	8		
取得投资收益收到的现金	9		
处置固定资产、无形资产和其他非流动资产收回的现金净额	10		
短期投资、长期债券投资和长期股权投资支付的现金	11		
购建固定资产、无形资产和其他非流动资产支付的现金	12		
投资活动产生的现金流量净额	13		
三、筹资活动产生的现金流量：			
取得借款收到的现金	14		
吸收投资者投资收到的现金	15		
偿还借款本金支付的现金	16		
偿还借款利息支付的现金	17		
分配利润支付的现金	18		
筹资活动产生的现金流量净额	19		
四、现金净增加额	20		
加：期初现金余额	21		
五、期末现金余额	22		

本表"本年累计金额"栏反映各项目自年初起至报告期末止的累计实际发生额。

本表"本月金额"栏反映各项目的本月实际发生额；在编报年度财务报表时，应将"本月金额"栏改为"上年金额"栏，填列上年全年实际发生额。

CHAPTER

3

第三章
看着报表学知识，好简单

一、会计要素

会计要素是对会计对象进行的基本分类，是会计核算对象的具体化。

我们从第二章的财务报表中，可以看出企业会计要素分为六大类，即资产、负债、所有者权益（或股东权益）、收入、费用和利润。其中，资产负债表中有三项会计要素，即资产、负债和所有者权益（或股东权益），主要反映企业某一时点的财务状况；利润表中也有三项会计要素，即收入、费用和利润，主要反映企业某一会计期间的经营成果。

（一）资产负债表中的会计要素

1. 资产

小企业过去的交易或者事项形成的、由小企业拥有或者控制的、预期会给小企业带来经济利益的资源。

（1）资产的主要特征。

①资产是由小企业拥有或者控制的资源。由企业拥有或者控制，是指企业享有某项资源的所有权，或者虽然不享有某项资源的所有权，但该资源能被企业所控制。

【例3-1】甲公司通过经营租赁方式租入乙公司一辆大货车，由于甲公司没有所有权或控制权，这辆大货车就不能作为甲公司的资产进行核算；甲公司通过融资租赁方式租入乙公司一台生产设备，尽管甲公司对这台设备没有所有权，但是如果租赁合同规定的租赁期相当长，接近于该设备的使用寿命，甲公司具有了该设备的使用控制权并享受了该设备所带来的经济利益，就应将其纳入公司资产进行会计核算。

②资产预期会给小企业带来经济利益。预期会给企业带来经济利益，是指直接或间接导致现金和现金等价物流入企业的潜力。

【例3-2】车间里的半成品，最终会加工成产成品销售出去，给企业带来经济利益，属于企业的资产；而一批原材料因为保管不善，变质腐烂，不能再继续使用，也卖不出去，预期不能再给企业带来经济利益，就不再属于企业的资产，就应按照规定进行相应的会计处理。

③资产是由小企业过去的交易或事项形成的。企业过去的交易或事项包括购买、生产、建造行为或者其他交易或事项。预期在未来发生的交易或事项不形成资产。

【例3-3】甲公司两年前购入现在还在正常使用的电脑、刚刚生产尚未销售的产品等，都属于甲公司的资产；而甲公司计划在两天后购进一台生产设备，价格已经和对方谈好，虽然知道这台设备的价格，但由于购买行为尚未发生，因而不形成甲公司的资产。

（2）资产的确认条件。

企业将一项资源确认为资产，除了需要符合资产的定义外，还应同时满足以下两个条件：

①与该资源有关的经济利益很可能流入小企业。能否带来经济利益是资产的一个本质特征，因此，资产的确认还应与对经济利益流入的不确定性程度的判断结合起来，如果根据编制财务报表时所取得的证据，与资源有关的经济利益很可能流入企业，那么就应当将其作为资产予以确认；反之，不能确认为资产。

【例3-4】甲公司赊销一批商品给乙公司，从而形成了对乙公司的应收账款，如果甲公司在销售时确定未来能够收回这笔款项，则甲公司就应当将该应收账款确认为一项资产。如果三个月后乙公司因突发事件资金周转出现严重问题，甲公司判断这笔款项无法收回，表明甲公司对乙公司的应收账款已经不符合资产的确认条件，应当作为坏账损失，计入营业外支出，冲减应收账款的价值。

②该资源的成本或者价值能够可靠地计量。财务会计系统是一个确认、计量和报告的系统，其中计量起着关键作用，可计量性是所有会计要素确认的重要前提，资产的确认也是如此。只有当有关资源的成本或者价值能够可靠地计量时，资产才能予以确认。

【例3-5】甲公司购买原材料，其所支付的资金就是原材料的成本，可以确认为资产。甲公司取得投资者投入的存货，虽然取得的这些存货没有发生实际成本或者发生的实际成本很小，但只要其评估价值能够可靠地计量，也可以认为符合资产可计量性的确认条件。相反，甲公司自创的商誉因其成本不能可靠地计量，就不应该确认为资产。

（3）资产的分类。

从资产负债表，我们很容易可以看出，资产按流动性可以分为两大类，即流动资产和非流动资产。

流动资产是指预计在1年（含1年，下同）或超过1年的一个正常营业周期内变现、出售或耗用的资产。流动资产主要包括货币资金、短期投资、应收票据、应收账款、预付款项、应收利息、应收股利、其他应收款、存货等。

正常营业周期是指小企业从购买用于加工的资产起至最终实现收回现金止的期间。正常营业周期通常短于1年，在1年内可以有几个营业周期。但是，也存在正常营业周期长于 1 年的情况，如房地产开发企业开发用于出售的商品房，造船企业制造用于出售的船只等，在这种情况下，与生产循环有关的原材料、产成品、应收账款等往往超过 1 年才变现、出售或耗用，仍应划分为流动资产。

正常营业周期不能确定的，应当以 1 年（12 个月）作为正常营业周期。

非流动资产是指流动资产以外的资产，主要包括长期债券投资、长期股权投资、固定资产、在建工程、工程物资、生产性生物资产、无形资产、开发支出、长期待摊费用等。

2. 负债

负债是指小企业过去的交易或者事项形成的、预期会导致经济利益流出小企业的现时义务。

（1）负债的主要特征。

①负债是小企业过去的交易或事项形成的现时义务。现时义务是指企业在现行条件下已承担的义务，它是负债的一个基本特征。未来发生的交易或事项形成的义务，不属于现时义务，不应当确认为负债。

【例 3-6】甲公司购买乙公司一批价值 50 万元的原材料，因为资金暂时周转不开未付款，形成了对乙公司的负债。而甲公司与丙公司签订了赊销商品 10 万元的协议，由于交易还没有发生，不属于过去的交易，就不形成企业的负债。

②负债的清偿预期会导致经济利益流出小企业。预期会导致经济利益流出小企业是负债的一个本质特征，如果不会导致企业经济利益流出的，就不符合负债的定义。

【例 3-7】甲公司用现金归还乙公司的材料款，就会导致经济利益流出企业，在清偿之前，这笔材料款就属于甲公司对乙公司的负债。

（2）负债的确认条件。

①与该义务有关的经济利益很可能流出小企业。预期会导致经济利益流出企业是负债的一个本质特征。在实务中，履行义务所需流出的经济利益带有不确定性，尤其是与推定义务相关的经济利益通常需要依赖于大量的估计。因此，负债的确认应当与经济利益流出的不确定性程度的判断结合起来，如果有确凿证据表明，与现时义务有关的经济利益很可能流出企业，就应当将其作为负债予以确认；反之，如果企业承担了现时义务，但是会导致企业经济利益流出的可能性很小，就不符合负债的确认条件，不应将其作为负债予以确认。

②未来流出的经济利益的金额能够可靠地计量。在考虑经济利益流出小企业的同时，对于未来流出的经济利益的金额应当能够可靠计量才能确认为负债。对于与法定义务有关的经济利益流出金额，通常可以根据合同或者法律规定的金额予以确定，考虑到经济利益流出的金额通常在未来期间，有时未来期间较长，有关金额的计量需要考虑货币时间价值等因素的影响。对于与推定义务有关的经济利益流出金额，企业应当根据履行相关义务所需支出的最佳估计数进行估计，并综合考虑有关货币时间价值、风险等因素的影响。

（3）负债的分类。

从甲公司的资产负债表，我们很容易可以看出，负债按流动性可以分为两大类，流动负债和非流动负债。

流动负债是指预计在1年或者超过1年的一个正常营业周期内清偿的债务。

流动负债主要包括短期借款、应付票据、应付账款、预收款项、应付职工薪酬、应交税费、应付利息、应付利润、其他应付款等。

非流动负债是指流动负债以外的负债，主要包括长期借款、长期应付款等。

3．所有者权益

所有者权益是指小企业资产扣除负债后由所有者享有的剩余权益。

所有者权益包括实收资本（股本）、资本公积、盈余公积和未分配利润。

资本公积，是指小企业收到的投资者出资额超过其在注册资本或股本中所占份额的部分。小企业用资本公积转增资本，应当冲减资本公积。小企业的资本公积不得用于弥补亏损。

盈余公积，是指小企业按照法律规定在税后利润中提取的法定公积金和任意公积金。小企业用盈余公积弥补亏损或者转增资本，应当冲减盈余公积。小企业的盈余公积还可以用于扩大生产经营。

未分配利润，是指小企业实现的净利润，经过弥补亏损、提取法定公积金和任意公积金、向投资者分配利润后，留存在本企业的历年结存的利润。

所有者权益体现的是所有者在企业中的剩余权益，因此，所有者权益的确认、计量主要取决于资产、负债、收入、费用等其他会计要素的确认和计量。例如，企业接受投资者投入的资产，在该资产符合企业资产确认条件时，就相应地符合了所有者权益的确认条件；当该资产的价值能够可靠计量时，所有者权益的金额也就可以确定。企业收入增加时，会导致资产的增加，相应地会增加所有者权益；企业发生费用时，会导致负债增加，相应地会减少所有者权益。

（二）利润表中的会计要素

1．收入

收入是指小企业在日常生产经营活动中形成的、会导致所有者权益增加、与所有者投入资本无关的经济利益的总流入。包括销售商品收入和提供劳务收入。

（1）收入具有以下几方面的特征：

①收入是小企业在日常活动中形成的。日常活动是指小企业为完成其经营目标所从事的经常性活动以及与之相关的活动。

【例3-8】工业企业制造并销售产品、商业企业销售商品、咨询公司提供咨询服务、软件企业开发软件、租赁公司出租资产等，均属于企业的日常活动，而工业企业处理淘汰的生产设备就不属于日常经营活动范围。

②收入会导致所有者权益的增加。不会导致所有者权益增加的经济利益流入不符合收入的定义。

【例3-9】甲公司向乙公司借款50万元用于购买生产设备，虽然也导致了经济利益50万元的流入，但同时也行成了对乙公司的负债，所有者权益并没有增加，因而不应确认为收入。

③收入是与所有者投入资本无关的经济利益的总流入。收入应当会导致经济利益的流入，从而导致资产的增加。

【例3-10】甲公司销售商品收到银行存款50万元，直接导致50万元的经济利益流入，应该确认为收入。

（2）收入的确认条件：

通常，小企业应当在发出商品且收到货款或取得收款权利时，确认销售商品收入。这一收入确认原则表明，确认销售商品收入有两个标志：一是物权的转移，表现为发出商品；二是收到货款或取得收款权利。这两个标志是经济利益能够流入小企业最直接的标志，小企业销售商品同时满足这两个条件时，通常就应当确认收入。

（3）各种销售方式下销售商品收入确认的时点：

①采用现金、支票、汇兑、信用证等方式销售商品，在商品办完发出手续时确认收入。

②销售商品采用托收承付方式的，在办妥托收手续时确认收入。

③销售商品采取预收款方式的，在发出商品时确认收入。

④销售商品采用分期收款方式的，在合同约定的收款日期确认收入。

⑤销售商品需要安装和检验的，在购买方接受商品以及安装和检验完毕时确认收入。安装程序比较简单的，可在发出商品时确认收入。

⑥销售商品采用支付手续费方式委托代销的，在收到代销清单时确认收入。

⑦销售商品以旧换新的，销售的商品作为商品销售处理，回收的商品作为购进商品处理。

⑧采取产品分成方式取得的收入，在分得产品之日按照产品的市场价格或评估价值确定销售商品收入金额。

2. 费用

费用是指小企业在日常生产经营活动中发生的、会导致所有者权益减少、与向所有者分配利润无关的经济利益的总流出。

小企业费用包括：营业成本、营业税金及附加、销售费用、管理费用、财务费用等。

（1）费用具有以下几方面的特征：

①费用是小企业在日常活动中形成的。费用必须是企业在其日常活动中所形成的，这些日常活动的界定与收入定义中涉及的日常活动的界定一致。因日常活动所产生的费用通常包括销售成本（营业成本）、职工薪酬、折旧费、无形资产摊销费等。将费用界定为日常活动所形成的，目的是为了将其与营业外支出相区分，企业非日常活动所形成的经济利益的流出不能确认为费用，而应当计入营业外支出。

②费用会导致所有者权益的减少。费用的发生应当会导致经济利益的流出，从而导致资产的减少或者负债的增加，最终会导致所有者权益的减少。

③费用是与向所有者分配利润无关的经济利益的总流出。费用的发生应当会导致经济利益的流出，其表现形式包括现金或者现金等价物的流出，存货、固定资产和无形资

产等的流出或者消耗等。企业向所有者分配利润的经济利益的流出属于所有者权益的抵减项目，不应确认为费用。

（2）费用的确认原则。

通常，小企业发生的费用应当在发生时进行确认。应用费用确认原则时，应重点掌握两点：

第一，符合费用的定义。

第二，费用确认的时点是费用发生之时。包括三种情形：

①实际支付相关费用，如小企业招待客户支付的业务招待费。

②虽然没有实际支付，但是小企业应当承担相应义务。例如，小企业当月耗用的自来水和电力，到月末虽然还没有实际支付，但应在当月作为水电费确认；再如，小企业经营所用的固定资产，虽然每个月不需要支付折旧费，但应在月末计提折旧费予以确认。

③虽然没有实际支付，但是小企业为与收入相配比，结转已销售商品的成本或已提供劳务的成本。主要体现为营业成本的确认，即确认主营业务成本或其他业务成本。

3. 利润

利润是指小企业在一定会计期间的经营成果。包括：营业利润、利润总额和净利润。反映的是企业的经营业绩情况，是业绩考核的重要指标。

（1）营业利润，是指营业收入减去营业成本、营业税金及附加、销售费用、管理费用、财务费用，加上投资收益（或减去投资损失）后的金额。其中：营业收入，是指小企业销售商品和提供劳务实现的收入总额；投资收益，是由小企业股权投资取得的现金股利（或利润）、债券投资取得的利息收入和处置股权投资和债券投资取得的处置价款扣除成本或账面余额、相关税费后的净额三部分构成。

（2）利润总额，是指营业利润加上营业外收入，减去营业外支出后的金额。

营业外收入，是指小企业非日常生产经营活动形成的、应当计入当期损益、会导致所有者权益增加、与所有者投入资本无关的经济利益的净流入。

小企业的营业外收入包括：非流动资产处置净收益、政府补助、捐赠收益、盘盈收益、汇兑收益、出租包装物和商品的租金收入、逾期未退包装物押金收益、确实无法偿付的应付款项、已作坏账损失处理后又收回的应收款项、违约金收益等。

营业外支出，是指小企业非日常生产经营活动发生的、应当计入当期损益、会导致所有者权益减少、与向所有者分配利润无关的经济利益的净流出。

小企业的营业外支出包括：存货的盘亏、毁损、报废损失，非流动资产处置净损失，坏账损失，无法收回的长期债券投资损失，无法收回的长期股权投资损失，自然灾害等不可抗力因素造成的损失，税收滞纳金，罚金，罚款，被没收财物的损失，捐赠支出，赞助支出等。

（3）净利润，是指利润总额减去所得税费用后的净额。

（三）会计要素的计量

小企业在将符合确认条件的会计要素登记入账并列报于财务报表时，应当按照规定的会计计量属性进行计量，确定其金额。

小企业在对会计要素进行计量时，一般应当采用历史成本。在某些特殊情况下，小企业会计准则允许采用其他计量属性。比如，投资者投入存货的成本，应当按照评估价值确定；盘盈存货的成本，应当按照同类或类似存货的市场价格或评估价值确定。

二、会计等式

（一）资产＝负债＋所有者权益

在所有公司的资产负债表中，我们可以发现一个有趣的现象，即"资产总计"与"负债和所有者权益（或股东权益）总计"两栏相等。这便是企业会计等式之一的"资产＝负债＋所有者权益"。

这一等式，称为财务状况等式，它反映了资产、负债和所有者权益三个会计要素之间的关系，揭示了企业在某一特定时点的财务状况。具体而言，它表明了企业在某一特定时点所拥有的各种资产以及债权人和投资者对企业资产要求权的基本状况，表明企业所拥有的全部资产都是由投资者和债权人提供的。

【例3-11】举个通俗的例子，你自己拿出100万元的本钱（相当于注册资本），另外向朋友借钱50万元（相当于负债），购买了120万元的产品，这批产品卖了150万元，归还朋友20万元，此时，你手里的现金是100＋50－120＋150－20＝160万元，欠朋友50－20＝30万元，这笔业务你赚了150－120＝30万元（相当于未分配利润），则现在你手里的现金160万元（资产），就是你欠朋友的30万元（负债）、你的本钱100万元和盈利30万元（所有者权益）之和。

可见，企业的资产来源于所有者投入的资本和企业借入的资金，以及企业在生产经营中所产生效益的积累。资产来源于所有者权益和债权人权益两部分，归属于所有者的部分形成所有者权益，归属于债权人的部分形成债权人权益（即企业的负债）。因而，资产与权益（负债＋所有者权益）必然相等。

资产、负债和所有者权益三者之间存在的这种平衡关系，正是复式记账法的理论基础，也是编制资产负债表的基础。

（二）收入－费用＝利润

在利润表中，我们可以发现另一个会计等式，即"收入－费用＝利润"。这一会计等式，称为财务成果等式，它反映了收入、费用和利润三个会计要素的关系，揭示了企业在某一特定期间的经营成果。

【例3-12】也举一个通俗的例子，你花100万元购买了一批产品，最后卖了140万元，另外发生产品储藏费用2万元、产品运输途中损耗1万元、租赁运输车辆支付租赁费4万元，则这笔业务你的利润为收入扣除所发生的各项费用后的净额＝140－100－2－1－4＝33万元。

可见，企业一定时期的收入扣除所发生的各项费用后的净额，经过调整后等于利润。在不考虑调整因素的情况下，收入减去费用等于利润，即：收入－费用＝利润。

调整因素通常包括处置固定资产净收益（净损失）、固定资产盘盈（盘亏）、出售无形资产收益（损失）、自然灾害损失等直接计入当期利润的营业外收入和营业外支出，所以，收入减去费用，并经过调整后，才等于利润。

收入、费用和利润之间的上述关系，是编制利润表的基础。

三、会计科目与账户

（一）会计科目

会计科目是指对会计要素的具体内容进行分类的项目。也是设置会计账户的依据。设置会计科目与会计账户是会计核算的一种专门方法。

1. 会计科目的分类

（1）会计科目按其所提供信息的详细程度及其统驭关系不同，分为总分类科目和明细分类科目。

总分类科目是对会计要素内容进行总括分类形成的项目，应根据统一会计制度规定设置。我们从甲公司的资产负债表"资产"、"负债及所有者权益"两列和利润表"项目"列可以看到总分类科目，比如：短期投资、应收账款、固定资产、在建工程、短期借款、应付账款、应付职工薪酬、应交税费、营业收入（"主营业务收入"、"其他业务收入"）、营业税金及附加、管理费用等。

明细分类科目是对会计要素内容进行详细分类形成的项目，可根据会计制度规定和企业会计核算的实际需求设置。

【例3-13】应交税费——应交增值税（销项税额），应交税费为一级明细科目，应交增值税为二级明细科目，销项税额为三级明细科目，企业在经营不同税率产品时，还可以按税率17％、13％等自行设置四级明细科目。

（2）会计科目按其所反映的经济内容不同，分为资产类、负债类、所有者权益类、成本类、损益类等科目。

2. 会计科目的设置原则

（1）合法性原则，指所设置的会计科目应当符合国家统一的会计制度的规定。

（2）相关性原则，指所设置的会计科目应为提供有关各方所需要的会计信息服务，满足对外报告与对内管理的要求。

（3）实用性原则，指所设置的会计科目应符合单位自身特点，满足单位实际需要。

（4）稳定性原则，指所设置的会计科目应保持相对稳定性。

小企业会计准则对总分类科目做了统一设置，一般不需要企业自行设置，企业只需要根据实际需要设置明细科目即可。

【例3-14】管理费用根据企业具体事项可以设置"职工工资、职工福利费、业务招待费、差旅费、修理费、办公费、劳动保险费、工会经费、研究开发费、排污费"等二级明细科目，为了便于考核各部门的费用，还按部门可以设置"财务部、销售部、生产部、办公室"等三级明细科目。

3. 会计科目代码设置

会计明细科目代码是企业进行会计明细分类核算的依据，需要在一级会计科目代码的基础上根据本企业的实际需要自行设计。企业常用的代码设置原则为"4 级 10 位码"，其中，一级码 4 位，二级、三级、四级码都为 2 位。

【例 3-15】以"生产成本"科目编制明细科目代码为例说明，见表 3-1。

表 3-1   生产成本明细科目代码表

科目代码				科目名称			
一级科目	二级科目	三级科目	四级科目	一级科目	二级科目	三级科目	四级科目
4001				生产成本			
	400101				基本生产成本		
		40010101				一车间	
			4001010101				直接材料
			4001010102				直接人工
			4001010103				制造费用
		40010102				二车间	
			4001010201				直接材料
			4001010202				直接人工
			4001010203				制造费用
	400102				辅助生产成本		
		40010201				锅炉车间	
			4001020101				直接材料
			4001020102				直接人工
			4001020103				制造费用
		40010202				机修车间	
			4001020201				直接材料
			4001020202				直接人工
			4001020203				制造费用

4. 小企业会计准则会计科目及其核算内容

为了规范小企业会计确认、计量和报告行为，促进小企业可持续发展，发挥小企业在国民经济和社会发展中的重要作用，根据《中华人民共和国会计法》及其他有关法律和法规，财政部制定了《小企业会计准则》，自 2013 年 1 月 1 日起在小企业范围内施行。笔者为了便于读者阅读，整理了《小企业会计准则会计科目及其核算内容表》，详见附录 1。

（二）账户

账户是根据会计科目设置的，具有一定格式和结构，用于分类、连续地记录经济业务，反映会计要素增减变动情况及其结果的载体。

1. 账户的分类

账户的分类同会计科目的分类相对应。账户按其所提供信息的详细程度及其统驭关系不同分为总分类账户（简称总账账户或总账）和明细分类账户（简称明细账）；按其所反映的经济内容不同分为资产类账户、负债类账户、所有者权益类账户、成本类账户、损益类账户等。

2. 账户的基本结构

账户的基本结构包括左右两部分，分别反映数额的增减情况。一般来说规定账户的左方为"借方"，账户的右方为"贷方"，即"左借右贷"。如果我们在账户的借方记录经济业务，可以称为"借记某账户"；在账户的贷方记录经济业务，则可以称为"贷记某账户"。账户哪一方登记数额的增加，哪一方登记数额的减少，取决于账户的性质。资产、成本、费用类账户借方登记增加额，贷方登记减少额；负债、所有者权益、收入类账户借方登记减少额，贷方登记增加额。

需要注意的是：某些资产类账户比较特殊，借方登记减少数，贷方登记增加数，这些特殊的账户有个共同的特点，它们均为资产类账户的抵减账户，主要包括"累计折旧"、"生产性生物资产累计折旧"、"累计摊销"等。

3. 账户基本结构包括的内容

账户基本结构包括的内容：账户的名称（即会计科目）、记录经济业务的日期、所依据记账凭证的编号、经济业务摘要、增加和减少的金额、余额（包括期初余额和期末余额）。

账户中登记本期增加的金额，称为本期增加发生额；登记本期减少的金额，称为本期减少发生额；增减相抵后的差额，称为余额，余额按照时间不同，分为期初余额和期末余额。"本期增加发生额、本期减少发生额、期初余额、期末余额"称为会计账户的四个金额要素，其基本关系为：

$$期末余额＝期初余额＋本期增加发生额－本期减少发生额$$

对于资产、成本、费用类账户：

$$期末余额＝期初余额＋本期借方发生额－本期贷方发生额$$

对于负债、所有者权益、收入类账户：

$$期末余额＝期初余额＋本期贷方发生额－本期借方发生额$$

即"同向相加，反向相减"。

4. 账户的基本格式

会计账户的基本格式，包括账户基本结构中的全部内容，以便详细、完整地记录企业发生的经济业务。会计账户的基本格式见表3-2。

表 3-2   账户名称（会计科目）

年		凭证号数		摘要	借方	贷方	借或贷	余额
月	日	字	号					

在实际工作中，企业可以根据实际需要将会计账户的基本格式简化为简化格式。

简化格式与大写的字母"T"形似，也称为 T 形账户，其内容中只包括账户的名称、增加和减少的金额、期初余额、期末余额，不包括记录经济业务的日期、所依据记账凭证的编号以及经济业务摘要。在企业采用科目汇总表的账务处理程序进行会计核算时，在登记总账之前，先将会计要素增减变动情况登记于 T 形账户，再对其进行汇总，并按其结果登记总分类账。会计账户的基本格式见表 3-3。

表 3-3   T 形账户

借方	账户名称（会计科目）	贷方
资产的增加		资产的减少
负债的减少		负债的增加
所有者权益的减少		所有者权益的增加
成本费用支出的增加		成本费用支出的减少
收入的减少		收入的增加

下面分别说明各类账户的简化格式。

（1）资产类账户的简化格式。

资产类账户，借方登记资产的增加额，贷方登记资产的减少额，账户一般为借方余额。每一会计期间借方合计金额称为借方本期发生额，贷方合计金额称为贷方本期发生额。资产类账户的简化格式见表 3-4。

表 3-4   资产类账户

借方	账户名称（会计科目）	贷方
期初余额：		
本期增加额：		本期减少额：
本期发生额：		本期发生额：
期末余额：		

（2）权益类账户的简化格式。

权益类账户，包括所有者权益类账户和负债类账户，贷方登记权益的增加额，借方登记权益的减少额，账户一般为贷方余额。权益类账户的简化格式见表 3-5。

表 3-5 权益类账户

借方	账户名称（会计科目）	贷方
	期初余额：	
本期减少额：	本期增加额：	
本期发生额：	本期发生额：	
	期末余额：	

（3）成本、费用、支出等账户简化格式。

成本、费用、支出类账户，借方登记成本费用支出的增加额，贷方登记成本费用支出的减少额或转销额，期末一般没有余额，因为期末要将其余额转入有关所有者权益账户计算当期损益。只有企业存在半成品等情况下，生产成本等账户期末才可能有借方余额，表示期末资产余额。除季节性生产的小企业外，制造费用账户期末应无余额。成本费用支出类账户的简化格式见表 3-6。

表 3-6 成本费用支出类账户

借方	账户名称（会计科目）	贷方
本期增加额：	本期减少额或转销额：	
本期发生额：	本期发生额：	

（4）收入类账户简化格式。

收入类账户简化格式，贷方登记收入的增加额，借方登记收入的减少额或转销额。期末，本期收入的增加额与减少额的差额转入有关所有者权益账户，因此，期末没有余额。收入类账户的简化格式见表 3-7。

表 3-7 收入类账户

借方	账户名称（会计科目）	贷方
本期减少额或转销额：	本期增加额：	
本期发生额	本期发生额	

（5）双重性质账户。

双重性质账户，是指账户性质不确定，要根据期末余额的方向来判断其性质的账户。比如，当与同一个企业发生债权与债务的业务关系时，只需将与该企业发生的往来款项合并在同一账户中进行核算即可，而不必为该企业设置两个账户，若该账户期末余额在借方，反映企业的债权，属资产类账户；若期末余额在贷方，则反映企业的债务，属负债类账户。双重性质账户见表 3-8。

表 3-8 双重性质账户

借方（应收）	往来款项	贷方（应付）
期初余额：		期初余额：
本期增加额：		本期减少额：
本期发生额：		本期发生额：
期末余额：		期末余额：

从以上各类账户的结构和格式可以看出，资产和权益两类账户的结构是相反的，成本费用支出类账户和收入类账户的结构也是相反的。

5. 账户与会计科目的联系和区别

会计科目与账户都是对会计对象具体内容的科学分类，口径一致且性质相同，会计科目是账户的名称，也是设置账户的依据，账户则是会计科目的具体运用。两者的区别是：会计科目仅仅是账户的名称，不存在结构；而账户则具有一定的格式和结构。会计科目的作用主要是设置账户、填制凭证；而账户的作用主要是提供具体会计科目的增减变动及结余情况的会计资料，并以此为依据编制财务报表。其实在实际会计工作中，对会计科目和账户并没有必要严格区分。

四、借贷记账法与会计分录

在设置会计科目和开设账户之后，接下来就是怎样通过账户来记录经济业务引起的会计要素具体内容增减变动情况及其结果，也就是我们日常中所说的记账方法。

所谓记账方法，就是指在交易或事项发生后，采用一定的记账符号和计量单位，利用文字和数字，根据一定的记账原理和规则，将其所引起的会计要素的增减变动在账簿中记录的方法。

（一）借贷记账法

根据我国小企业会计准则和国家统一会计制度的规定，我国采用借贷记账法进行会计核算。借贷记账法，是指以"借"、"贷"作为记账符号，反映各项会计要素增减变动情况的一种复式记账法。

1. 借贷记账法的记账规则——"有借必有贷，借贷必相等"

"有借必有贷"是指：在运用借贷记账法记账时，对非常简单的经济业务，只需要将其登记在一个账户的借方和另一个账户的贷方（一借一贷），对有些复杂的经济业务，则需要将其登记在一个账户的借方和多个账户的贷方（一借多贷），或者登记在一个账户的贷方和多个账户的借方（多借一贷），更复杂的经济业务则需要登记在多个账户的借方和多个账户的贷方（多借多贷）。

"借贷必相等"是指：运用借贷记账法记账，借贷双方的金额必须相等。即对发生的每一笔经济业务，都要以相等的金额，借贷相反的方向，在两个或两个以上相互联系的账户中进行连续、分类的登记。

总之，"有借必有贷，借贷必相等"的记账规则的含义是：对发生的每一笔经济业务，记入一个（多个）账户的借（贷）方，同时记入一个（多个）账户的贷（借）方，并且记入借方的金额合计数同记入贷方的金额合计数必须相等。

2. 借贷记账法记录经济业务的方法

用"借"、"贷"反映经济业务时，"借"表示资产、费用的增加和负债、所有者权益、收入减少，"贷"表示负债、所有者权益、收入的增加和资产、费用的减少，具体来说就是：

"借"表示：①资产的增加；②费用的增加；③负债的减少；④所有者权益的减少；⑤收入、利润的减少。通过账户记录时，上述内容应登记在账户的借方（左方）。

"贷"表示：①资产的减少；②费用的减少；③负债的增加；④所有者权益的增加；⑤收入、利润的增加。通过账户记录时，上述内容应登记在账户的贷方（右方）。

3. 掌握借贷记账法的秘诀，只需一句话

对于财务这个专业来说，掌握借贷的方向是最基础的知识，对于会计初学者来说，掌握借贷方向是一个重点，同时更是一个难点，在现实生活中，甚至已经通过会计从业资格考试的人员中仍有不少人分不清借贷的方向，这固然有学习者自身的原因，但也与授课老师讲解不清和教材讲述方式的因素。

大多授课老师和会计用书讲解借贷记账法时都是讲借方记什么增加（减少），贷方记什么减少（增加），在什么情况下记入借方，在什么情况下记入贷方，借贷方余额表示什么意思，等等。会计初学者往往掉进了"糊涂锅"里，越听越糊涂，理解不了，又记不住，从而使很多会计初学者深感头疼。

那么，怎样才能迅速掌握借贷的方向呢，其实很简单，这里将为读者朋友们讲解我的秘诀，这个秘诀是读者在课堂上听不到的，在其他会计图书中也不会看到的。

秘诀其实很简单，就是不要去管像上面"借贷记账法记录经济业务的方法"之类的话语（本书写上是为了与秘诀比较，突出秘诀在会计学习中的优势，仅供参考），而仅仅看资产负债表（参见第二章表 2-1）和利润表（表 2-2）就足够了。

我们可以参照资产负债表和利润的格式，只需记住一句话就足够了："资产负债表左方科目和利润表减项科目之增加记入借方"。记住这句话，就掌握了借贷方向问题，且终生不会遗忘和混淆。

对这句话讲解如下：（1）"资产负债表的左方科目（资产）之增加记入借方"，则可以反向推知其左方科目（资产）金额减少记入贷方，同时反向推知右方科目（负债和权益）金额增加记入贷方，减少记入借方。（2）"利润表的减项科目之增加记入借方"，则可以反向推知其金额减少记入贷方，同时反向推知其他科目增加记入贷方，减少记入借方。利润表的减项科目是指能够使利润减少的成本费用类科目，在利润表中科目之前往往有"减"或"－"标示，其他科目是指利润表中除减项科目之外的其他科目。对于"累计折旧"、"累计摊销"等抵减类科目的方向可以根据其分录对应科目"管理费用"、"生产成本"等反向推之。

会计初学者可以将资产负债表和利润表置于书桌上，这样掌握借贷记账法是不是就非常省事了呢！熟能生巧，相信用不了几天你就可以摆脱两份报表，对各科目运用自如了。

4. 借贷记账法应用举例

【例 3-16】甲公司销售商品开具增值税专用发票，专用发票注明不含税金额 512 820.51 元，销项税额 87 179.49 元，收到银行存款 600 000 元。

销售商品收到银行存款这笔业务，涉及"银行存款"、"主营业务收入"和"应交税费"三个科目，且这三个科目发生金额均为增加。"银行存款"为资产负债表左方科目（资产类科目），则增加记入借方，"主营业务收入"为利润表其他科目（收入类科目），则金额增加记入贷方，"应交税费"为资产负债表右方科目（负债类科目），则金额增加记入贷方，这项经济业务的登记结果如下：

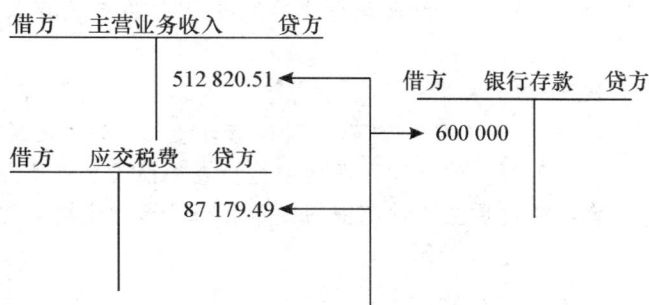

```
          借方    主营业务收入    贷方
                    512 820.51 ◄──────┐   借方    银行存款    贷方
                                      │          ├──► 600 000
          借方    应交税费    贷方      │
                    87 179.49 ◄────────┘
```

【例 3-17】甲公司生产车间领用原材料 20 602.02 元。

生产车间领用原材料应计入生产成本，生产成本（成本类科目）最终要转到库存商品中去，其包含在资产负债表内的存货项目中，可以看作资产负债表左方科目，所以应记入借方，原材料也包含在资产负债表左方存货（资产类科目）项目中，所以减少应记入贷方，这项经济业务的登记结果如下所示：

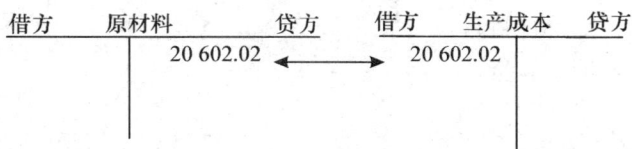

```
          借方    原材料    贷方      借方    生产成本    贷方
                    20 602.02 ◄────►  20 602.02
```

【例 3-18】甲公司 2 月份管理用固定资产计提折旧 369 元。

管理用固定资产计提折旧涉及科目为"管理费用"和"累计折旧"，管理费用为利润表减项科目（费用类科目），增加记入借方，则累计折旧记入相反方向贷方。也可以这样理解，累计折旧为固定资产抵减项目所以增加应该记入贷方，这项经济业务的登记结果如下：

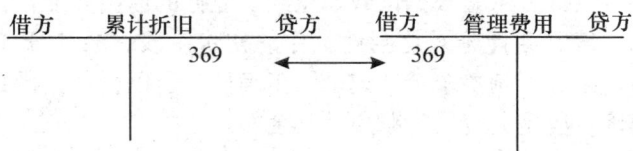

```
          借方    累计折旧    贷方      借方    管理费用    贷方
                    369 ◄──────────►  369
```

5. 借贷记账法下的账户对应关系

从以上几个例子我们看到，采用借贷记账法，对于每一项经济业务都涉及应借和应贷的相互关系。账户之间这种相互依存、相互对照的关系，称为账户的对应关系。发生对应关系的账户，称为对应账户。例如，生产车间领用原材料 20 602.02 元用于生产产品，对这项经济业务，应记入"生产成本"账户借方 20 602.02 元和"原材料"账户贷方 20 602.02 元，这项经济业务使"生产成本"和"原材料"这两个账户发生了应借、应贷的相互关系，这两个账户就叫做对应账户。

利用账户的对应关系和对应账户，可以了解经济业务的内容和会计要素具体项目增减变动的来龙去脉，又可以检查账户中所记录的经济业务的合法性和合理性。

【例 3-19】通过借记"银行存款"账户 100 万元和贷记"实收资本——A"账户 100 万元，便可以了解这笔经济业务的内容是企业的所有者 A 将款项存入企业的开户银行向企业投入资金。

【例 3-20】通过借记"应付账款——甲公司"账户 20 万元和贷记"库存现金"账户 20 万元，便可以了解这笔经济业务的内容是以库存现金 20 万元偿还甲公司货款，同时，又可以对这项经济业务的合法性和合理性进行检查。很明显这项经济业务违反了国家现金管理制度的规定，超过现金支付范围的款项，必须通过银行办理结算，不得直接支付现金。

（二）会计分录

我们发现，经济业务发生之后直接登记账户的方法比较繁琐，在企业业务繁多的情况下，非常不便且易出错，为了清晰地反映账户之间的对应关系，保证账户对应关系的正确性，我们找到了一种较为简单方便的方法——编制会计分录。

1. 会计分录的构成要素

所谓会计分录，是指对某项经济业务事项标明其应借应贷账户及其金额的记录，简称分录。会计分录有三个的构成要素：

（1）账户名称，即会计科目；

（2）记账符号，即借和贷；

（3）应记金额。

2. 会计分录的分类

按照所涉及账户的多少，会计分录分为简单会计分录和复合会计分录。

（1）简单会计分录，是指只涉及一个账户借方和另一个账户贷方的会计分录，即一借一贷的会计分录，参见例 3-22 第（1）笔业务分录。

（2）复合会计分录，是指由两个以上（不含两个）对应账户所组成的会计分录，即一借多贷、一贷多借或多借多贷的会计分录，参见例 3-22 第（13）笔业务分录。

在实际工作中，会计分录是根据记载各项经济业务的原始凭证，在具有一定格式的记账凭证中编制的。编制会计分录是会计工作的初步阶段。会计分录是记账的直接依据，会计分录错了，必然影响整个会计记录的正确性。所以会计分录必须如实地反映经济业务内容，正确确定应借、应贷的账户及其金额。

3. 会计分录的编制步骤

编制会计分录，一般应按以下步骤：

（1）分析经济业务事项涉及的是资产（费用、成本）还是负债或所有者权益（收入）；

（2）确定涉及哪些账户，是增加，还是减少（记借方还是记贷方）；

（3）确定记入哪个（或哪些）账户的借方，哪个（或哪些）账户的贷方；

（4）确定应借应贷账户是否正确，借贷方金额是否相等。

4. 会计分录的书写格式

会计分录有其规范的书写格式，必须按照规定书写：

（1）上下结构，上借下贷；

（2）记账符号后加冒号，冒号后面写会计科目和金额，会计科目和金额错开写；

（3）记账符号"贷"和贷方会计科目及贷方金额要比上方的"借"方会计科目和借方金额向右错开一格；

（4）一借多贷、多借一贷、多借多贷的分录，借方或贷方会计科目的名称和金额数字必须对齐，以便试算平衡；

（5）总分类会计科目和明细会计科目之间要用横线连接。

5. 会计分录编制应用举例

【例3-21】我们为例3-16、例3-17、例3-18分别编制会计分录如下：

（1）借：银行存款 600 000
  贷：主营业务收入 512 820.51
    应交税费——应交增值税（销项税额） 87 179.49

（2）借：生产成本 20 602.02
  贷：原材料 20 602.02

（3）借：管理费用 369
  贷：累计折旧 369

为了更好地帮助读者掌握会计分录的编制方法，再以甲公司201×年4月发生的经济业务为例进行说明。

【例3-22】甲公司（小规模纳税人）201×年4月发生下列经济业务：

（1）4月3日，甲公司收到公司股东王某投资款500 000元，存入银行。

企业接受投资者以银行存款方式投入资本，一方面会引起企业实收资本（所有者权益）的增加，应记入"实收资本"账户贷方；另一方面会引起企业银行存款（资产）的增加，应记入"银行存款"账户的借方。

  借：银行存款 500 000
  贷：实收资本——王某 500 000

（2）4月5日，甲公司向银行借入款项200 000元，期限为半年，已转入企业的存款账户。

企业从银行取得半年期借款时，企业的短期借款（负债）增加，应记入"短期借款"账户的贷方。企业向银行借入资金，应先转入"银行存款"账户，使企业的银行存款（资产）增加，应记入"银行存款"账户的借方。

  借：银行存款 200 000
  贷：短期借款 200 000

（3）4月7日，甲公司（假设甲公司为小规模纳税人）从乙公司购买A材料2 000千克，每千克40元，B材料1 000千克，每千克20元，共计100 000元，材料已验收入库，货款尚未支付。

企业购入材料，因银行存款不足或其他原因，货款尚未支付，一方面使企业的原材料（资产）增加，记入"原材料"账户的借方，另一方面使企业的应付账款（负债）增加，记入"应付账款"账户的贷方。

  借：原材料——A材料 80 000
    ——B材料 20 000

　　　　　贷：应付账款——乙公司　　　　　　　　　　　　　　　　　　100 000

　　（4）4月9日，甲公司以银行存款支付以前所欠乙公司的货款100 000元。

　　企业以银行存款支付以前所欠货款，一方面会引起企业应付账款（负债）的减少，应记入"应付账款"账户借方；另一方面会引起企业银行存款（资产）的减少，应记入"银行存款"账户的贷方。

　　　　　借：应付账款——乙公司　　　　　　　　　　　　　　　　　　100 000
　　　　　　　贷：银行存款　　　　　　　　　　　　　　　　　　　　　100 000

　　（5）4月10日，甲公司以银行存款偿还到期的短期借款40 000元。

　　企业以银行存款偿还到期的短期借款，一方面会引起企业短期借款（负债）减少，应记入"短期借款"账户借方；另一方面会引起企业银行存款（资产）减少，应记入"银行存款"账户的贷方。

　　　　　借：短期借款　　　　　　　　　　　　　　　　　　　　　　　40 000
　　　　　　　贷：银行存款　　　　　　　　　　　　　　　　　　　　　40 000

　　（6）4月10日，甲公司按销售合同规定以银行存款预付丙公司购货款120 000元。

　　企业在购料前，按销售合同规定，预先向销货方支付一定的定金，一方面使企业的预付账款（资产）增加，形成企业的债权，记入"预付账款"账户的借方；另一方面使企业的银行存款（资产）减少，记入"银行存款"账户的贷方。

　　　　　借：预付账款——丙公司　　　　　　　　　　　　　　　　　　120 000
　　　　　　　贷：银行存款　　　　　　　　　　　　　　　　　　　　　120 000

　　（7）4月14日，丙公司按合同要求发来A材料4 000千克，每千克40元，B材料3 000千克，每千克20元，C材料1 000千克，每千克40元，共计260 000元，已验收入库。甲公司用银行存款支付剩余货款140 000元。

　　在实际工作中，预付账款采用"多退少补"方式进行结算，有预付账款的先冲减预付账款，不足部分用银行存款支付，多余部分则退回。当企业收到销货方发来的原材料时，一方面引起企业的原材料（资产）增加，记入"原材料"账户的借方；另一方面引起企业预付账款（资产）减少，记入"预付账款"的贷方，不足部分用银行存款支付，使企业的银行存款（资产）减少，记入"银行存款"账户的贷方。

　　　　　借：原材料——A材料　　　　　　　　　　　　　　　　　　　160 000
　　　　　　　　　——B材料　　　　　　　　　　　　　　　　　　　　60 000
　　　　　　　　　——C材料　　　　　　　　　　　　　　　　　　　　40 000
　　　　　　　贷：预付账款——丙公司　　　　　　　　　　　　　　　　120 000
　　　　　　　　　银行存款　　　　　　　　　　　　　　　　　　　　　140 000

　　（8）4月16日，甲公司从银行提取现金2 000元，以备使用。

　　企业从银行提取现金，一方面使企业的库存现金（资产）增加，记入"库存现金"账户的借方，另一方面使企业的银行存款（资产）减少，记入"银行存款"账户的贷方。

　　　　　借：库存现金　　　　　　　　　　　　　　　　　　　　　　　2 000
　　　　　　　贷：银行存款　　　　　　　　　　　　　　　　　　　　　2 000

（9）4 月 20 日，甲公司以现金 800 元支付零星办公费用。

企业以现金支付零星办公费用，一方面使企业的管理费用（费用）增加，记入"管理费用"账户的借方；另一方面使企业的库存现金（资产）减少，记入"库存现金"账户的贷方。

借：管理费用   800

  贷：库存现金   800

（10）4 月 22 日，甲公司按合同规定，向丁公司销售甲产品 53 000 元和乙产品 50 000 元，共计 103 000 元，已经收到银行存款。

企业销售产品收到银行存款，一方面使企业的银行存款（资产）增加，记入"银行存款"账户的借方；另一方面使企业的主营业务收入（收入）和应交税费（负债）增加，分别记入"主营业务收入"和"应交税费"账户的贷方。

借：银行存款   103 000

  贷：主营业务收入   100 000

    应交税费——应交增值税   3 000

（11）4 月 24 日，甲公司用现金购买办公用品 1 000 元，其中车间用 800 元，行政管理部门 200 元。

用现金购买办公用品用于车间和管理部门，一方面引起车间制造费用（成本）和行政管理部门管理费用的增加，分别记入"制造费用"、"管理费用"账户的借方；另一方面引起企业库存现金减少，记入"库存现金"账户的贷方。

借：制造费用   800

  管理费用   200

  贷：库存现金   1 000

（12）4 月 27 日，甲公司以银行存款向"希望工程"捐赠 10 000 元。

以银行存款向"希望工程"捐赠，属于与企业生产经营活动没有直接关系的支出，一方面使企业支出增加，记入"营业外支出"账户的借方；另一方面使企业的银行存款减少，记入"银行存款"账户的贷方。

借：营业外支出   10 000

  贷：银行存款   10 000

（13）4 月 30 日，甲公司结转本月从仓库领用原材料的实际成本 242 000 元，领用原材料种类及用途见表 3-9。

表 3-9   原材料领用汇总表
201×年 4 月 30 日

用途	A 材料			B 材料			C 材料			合计
	数量（千克）	单位成本	金额（元）	数量（千克）	单位成本	金额（元）	数量（千克）	单位成本	金额（元）	
甲产品耗用	3 000	40	120 000	1 000	20	20 000				140 000
乙产品耗用	2 000	40	80 000	500	20	10 000				90 000

续表

用途	A材料			B材料			C材料			合计
	数量（千克）	单位成本	金额（元）	数量（千克）	单位成本	金额（元）	数量（千克）	单位成本	金额（元）	
车间一般耗用							200	40	8 000	8 000
管理部门耗用							100	40	4 000	4 000
合计	5 000	40	200 000	1 500	20	30 000	300	40	12 000	242 000

领用原材料，一方面，生产车间和企业管理部门的成本费用增加，应分别记入"生产成本"、"制造费用"、"管理费用"账户的借方，另一方面，企业的库存材料减少，记入"原材料"账户的贷方。

借：生产成本——甲产品　　　　　　　　　　　　　　　　　　140 000
　　　　　　——乙产品　　　　　　　　　　　　　　　　　　 90 000
　　制造费用　　　　　　　　　　　　　　　　　　　　　　　　8 000
　　管理费用　　　　　　　　　　　　　　　　　　　　　　　　4 000
　　贷：原材料——A材料　　　　　　　　　　　　　　　　　 200 000
　　　　　　　——B材料　　　　　　　　　　　　　　　　　　30 000
　　　　　　　——C材料　　　　　　　　　　　　　　　　　　12 000

（14）4月30日，甲公司计提本月职工工资36 000元，其中公司行政管理人员工资8 000元，生产车间管理人员工资4 000元，甲产品生产车间工人工资15 000元，乙产品生产车间工人工资9 000元。

计提本月职工工资，一方面使工资作为劳动耗费使企业成本、费用增加，应按其用途归集，产品生产工人工资应记入"生产成本"账户的借方，生产车间管理人员工资应记入"制造费用"账户的借方，企业管理人员工资记入"管理费用"账户的借方；另一方面，在工资尚未实际发放前形成了对职工的一种债务，即引起应付职工薪酬的增加，记入"应付职工薪酬"账户的贷方。

借：生产成本——甲产品　　　　　　　　　　　　　　　　　　15 000
　　　　　　——乙产品　　　　　　　　　　　　　　　　　　　9 000
　　制造费用　　　　　　　　　　　　　　　　　　　　　　　　4 000
　　管理费用　　　　　　　　　　　　　　　　　　　　　　　　8 000
　　贷：应付职工薪酬——职工工资　　　　　　　　　　　　　　36 000

（15）4月30日，通过银行发放工资。

通过银行发放工资时，一方面引起应付职工薪酬减少，记入"应付职工薪酬"账户的借方；另一方面引起企业银行存款减少，记入"银行存款"账户的贷方。

借：应付职工薪酬——职工工资　　　　　　　　　　　　　　　36 000
　　贷：银行存款　　　　　　　　　　　　　　　　　　　　　　36 000

（16）4月30日，甲公司用银行存款支付本月电费6 000元，其中车间用电4 000元，行政管理部门用电2 000元。

支付本月电费，一方面引起车间和行政管理部门发生费用增加，分别记入"制造费用"、"管理费用"账户借方；另一方面引起企业银行存款减少，记入"银行存款"账户贷方。

借：制造费用   4 000

    管理费用   2 000

   贷：银行存款   6 000

（17）4月30日，甲公司按规定计提本月固定资产折旧费12 000元，其中车间用固定资产计提10 000元，行政管理部门用固定资产计提2 000元。

按规定企业必须每月计提折旧费用，折旧是指固定资产在生产过程中逐渐损耗的那部分价值，因计提折旧而减少的价值并不直接冲减固定资产的原值，而是设置"累计折旧"账户作为"固定资产"账户的抵减账户进行核算，因此，该账户虽然属于资产类账户，但结构与"固定资产"账户的结构相反，增加记贷方，减少记借方。企业每月计提折旧时，一方面折旧费用增加，记入"累计折旧"账户的贷方，另一方面，按固定资产的用途，生产用固定资产和管理用固定资产的折旧费用分别记入"制造费用"、"管理费用"等账户的借方。

借：制造费用   10 000

    管理费用   2 000

   贷：累计折旧   12 000

（18）4月30日，甲公司将本月发生的制造费用26 800元按机器工时比例法在甲、乙产品之间分配，转入甲、乙产品的生产成本。

按机器工时比例法编制制造费用分配表，见表3-10。

表3-10　　　　　　　　　　　**制造费用分配表**　　　　　　　　　金额单位：元

借方科目	机器工时	分配金额（分配率：10）
生产成本		
——甲产品	1 400	14 000
——乙产品	1 280	12 800
合计	2 680	26 800

制造费用是产品成本的组成部分，月末应将"制造费用"账户贷方余额转入"生产成本"账户借方，以便计算产品的生产成本。一方面，制造费用减少，应记入"制造费用"账户的贷方；另一方面，生产成本增加，应记入"生产成本"账户的借方。

借：生产成本——甲产品   14 000

        ——乙产品   12 800

   贷：制造费用   26 800

（19）4月30日，本月生产的甲、乙两种产品全部完工并验收入库，结转其实际生产成本。

产品生产完工并验收入库后，一方面使企业的库存商品增加，应按完工产品在生产过程所发生的实际成本记入"库存商品"借方，另一方面将原记入"生产成本"账户借方的该批产品成本通过"生产成本"账户的贷方转出。

```
借：库存商品——甲产品                              169 000
        ——乙产品                              111 800
  贷：生产成本——甲产品                            169 000
        ——乙产品                            111 800
```

（20）4月30日，结转本月销售甲乙产品的成本80 000元。

结转销售成本时，一方面使企业的主营业务成本增加，记入"主营业务成本"账户的借方，另一方面使企业的库存商品减少，记入"库存商品"账户的贷方。

```
借：主营业务成本                                    80 000
  贷：库存商品                                      80 000
```

（21）4月30日，甲公司计提本月应交的城市维护建设税210元、教育费附加90元、地方教育费附加60元。

计提附加税，一方面使企业费用增加，记入"营业税金及附加"账户借方，另一方面，在尚未缴纳之前，使企业的负债增加，记入"应交税费"账户的贷方。

```
借：营业税金及附加                                    360
  贷：应交税费——应交城市维护建设税                     210
        ——应交教育费附加                          90
        ——应交地方教育费附加                        60
```

（22）4月30日，将上述举例中涉及的损益类账户的余额结转到"本年利润"账户。

当企业某个会计期间的所有收入、费用等损益类科目都归集完毕后，为了反映该会计期间内最终的经营成果，期末要将各损益类账户的余额转入"本年利润"账户。收入类账户的贷方余额，应从各收入类账户的借方，转入"本年利润"账户的贷方；费用类账户的借方余额，应从各费用类账户的贷方，转入"本年利润"账户的借方。结转后各损益类账户应无余额。结转后，"本年利润"账户贷方余额－7 360元，即企业的利润总额为－7 360元。

```
借：本年利润                                      107 360
  贷：主营业务成本                                  80 000
      营业税金及附加                                 360
      管理费用                                   17 000
      营业外支出                                  10 000
借：主营业务收入                                   100 000
  贷：本年利润                                    100 000
```

温馨提醒

通过以上举例，总结会计分录的编制方法20字诀："确定科目、明确方向、上借下贷、借贷错开、金额相等"。

五、总分类账户与明细分类账户的平行登记

在实际工作中，会计分录是在具有一定格式的记账凭证中编制的。仅有记账凭证并不能系统地反映某一账户业务的发生过程和结果，企业会计还需要以记账凭证作为记账依据，登记到总分类账户与明细分类账户中去，以满足企业生产经营管理对会计资料的需求。

在实际工作中，为了满足各方面对会计资料的不同需要，企业既要提供总括的核算资料，也要提供明细的核算资料，比如，"原材料"账户反映了企业在一定期间内原材料的收发结存情况，仅泛泛了解原材料总量的变化情况是不够的，还必须详细了解各种原材料的收发结存情况，只有这样才能及时了解其能否满足生产经营的需求，合理安排不同原材料的采购计划，因此在"原材料"总分类账户下，按照原材料的类别、品种、规格设置明细分类账户，进行明细分类核算。在会计工作中，要同时设置总分类账户与明细分类账户，而且总分类账户与其所属的明细分类账户必须采用平行登记的方法，以便于账户记录的核对，确保会计核算资料的正确性和完整性。

所谓平行登记，是指对所发生的每项经济业务，都要以记账凭证为依据，一方面记入有关的总分类账户，另一方面还要记入总分类账户所属的明细分类账户的方法。

总分类账户与明细分类账户平行登记要求做到："同依据、同方向、同期间、同金额"，即所依据记账凭证相同、借贷方向相同、所属会计期间相同、记入总分类账户的金额与记入其所属明细分类账户的合计金额相等。

按照平行登记方法登账的结果，总分类账户和明细分类账户之间关系如下：

（1）总分类账户期初余额＝所属明细分类账户期初余额合计

（2）总分类账户本期发生额＝所属明细分类账户本期发生额合计

（3）总分类账户期末余额＝所属明细分类账户期末余额合计

总分类账户和明细分类账户之间的这种关系，是检查总分类账户和明细分类账户登记是否完整和准确的重要方法。

【例3-23】现以"原材料"账户为例来说明总分类账户和明细分类账户的平行登记和相互核对。201×年4月1日甲公司的"原材料"期初结存为已知条件，根据例3-22甲公司原材料收发业务登记原材料总分类账户和明细分类账户，登记结果见表3-11～表3-14。

表3-11　　　　　　　　　　　原材料明细分类账

明细账户：A材料　　　　　　　　计量单位：千克　　　　　　　金额单位：元

201×年		凭证字号	摘要	收入			发出			结存		
月	日			数量	单价	金额	数量	单价	金额	数量	单价	金额
4	1		期初结存							1 000	40	40 000
4	7	3	购入材料	2 000	40	80 000				3 000	40	120 000
4	14	7	购入材料	4 000	40	160 000				7 000	40	280 000
4	30	13	生产领料				5 000	40	200 000	2 000	40	80 000
			本月合计	6 000		240 000	5 000		200 000	2 000	40	80 000

表 3-12　　　　　　　　　　　　　原材料明细分类账

明细账户：B 材料　　　　　　　　　计量单位：千克　　　　　　　　　金额单位：元

201×年		凭证字号	摘要	收入			发出			结存		
月	日			数量	单价	金额	数量	单价	金额	数量	单价	金额
4	1		期初结存							1 500	20	30 000
4	7	3	购入材料	1 000	20	20 000				2 500	20	50 000
4	14	7	购入材料	3 000	20	60 000				5 500	20	110 000
4	30	13	生产领料				1 500	20	30 000	4 000	20	80 000
			本月合计	4 000		80 000	1 500		30 000	4 000	20	80 000

表 3-13　　　　　　　　　　　　　原材料明细分类账

明细账户：C 材料　　　　　　　　　计量单位：千克　　　　　　　　　金额单位：元

201×年		凭证字号	摘要	收入			发出			结存		
月	日			数量	单价	金额	数量	单价	金额	数量	单价	金额
4	1		期初结存							15	40	600
4	14	7	购入材料	1 000	40	40 000				1 015	40	40 600
4	30	13	领用材料				300	40	12 000	715	40	28 600
			本月合计	1 000		40 000	300		12 000	715	40	28 600

表 3-14　　　　　　　　　　　　　总分类账

账户名称：原材料　　　　　　　　　　　　　　　　　　　　　　　　单位：元

201×年		凭证字号	摘要	借方	贷方	借或贷	余额
月	日						
4	1		期初余额			借	70 600
4	7	3	购入材料	100 000		借	170 600
4	14	7	购入材料	260 000		借	430 600
4	30	13	领用材料		242 000	借	188 600
4	30		本月合计	360 000	242 000	借	188 600

　　我们按照"同依据、同方向、同期间、同金额"的平行登记要求登记完毕总分类账户及其明细分类账户后，可以通过编制总分类账户与明细分类账户发生额及余额对照情况表，如表 3-15 所示。

表 3-15　　　　　　　总分类账户与明细分类账户发生额及余额对照情况表

201×年 4 月

账户名称	期初余额	借方发生额	贷方发生额	期末余额
原材料总账	70 600	360 000	242 000	188 600
A 材料	40 000	240 000	200 000	80 000
B 材料	30 000	80 000	30 000	80 000
C 材料	600	40 000	12 000	28 600
明细账合计	70 600	360 000	242 000	188 600

通过核对，可以检查总分类账户及其明细分类账户平行登记结果是否正确，如不正确，要立即查明原因予以更正。

六、试算平衡表

所谓试算平衡，就是根据资产和权益之间的恒等关系和借贷记账法的记账规则来检查所有账户记录是否正确、完整的过程。

在借贷记账法下，每一项经济业务都是按照"有借必有贷，借贷必相等"的记账规则编制会计分录的，因此借贷双方的发生额必然相等，在一个会计期间内，所有会计分录都记入有关账户后，所有账户的借方本期发生额合计数与贷方本期发生额合计数也必然是相等的；从借贷记账法下的账户结构可以看出，余额在借方的账户都是企业的资产类账户，余额在贷方的账户都是企业的权益类账户，按照"资产＝权益"的会计等式，所有资产类账户的借方余额合计和所有权益类账户的贷方余额合计也必然是相等的。

由此可见，借贷记账法试算平衡的方法有发生额试算平衡法和余额试算平衡法两种。

1. 发生额试算平衡法

发生额试算平衡法，是根据"有借必有贷，借贷必相等"记账规则，检查所有账户的借贷方本期发生额是否正确的方法。其计算公式如下：

所有账户借方本期发生额合计＝所有账户贷方本期发生额合计

2. 余额试算平衡法

余额试算平衡法，是根据资产与权益的平衡关系，检查全部账户的借方期末余额和贷方期末余额合计是否正确的方法。其计算公式如下：

所有账户借方期末（初）余额合计＝所有账户贷方期末（初）余额合计

【例 3-24】在实际工作中，这两种方法通常是一起进行的，在月末结出各个账户的本月发生额和月末余额后，合并编制总分类账户本期发生额和余额试算平衡表，见表3-16，其中：期初余额为已知条件，本期发生额是根据例 3-22 所涉及的会计分录编制而成的。

表 3-16　　　　　总分类账户本期发生额和余额试算平衡表

编制单位：甲公司　　　　　　　　　201×年 4 月　　　　　　　　凭证编号 1～22 号

| 账户名称 | 期初余额 | | 本期发生额 | | 期末余额 | |
(会计科目)	借方	贷方	借方	贷方	借方	贷方
库存现金	1 600		2 000	1 800	1 800	
银行存款	102 000		803 000	454 000	451 000	
原材料	70 600		360 000	242 000	188 600	
预付账款			120 000	120 000		
库存商品	56 000		280 800	80 000	256 800	

续表

账户名称 （会计科目）	期初余额		本期发生额		期末余额	
	借方	贷方	借方	贷方	借方	贷方
固定资产	278 000				278 000	
累计折旧		46 000		12 000		58 000
短期借款		40 000	40 000	200 000		200 000
应付账款		20 000	100 000	100 000		20 000
应付职工薪酬			36 000	36 000		
应交税费		2 200		3 360		5 560
生产成本			280 800	280 800		
制造费用			26 800	26 800		
实收资本		400 000		500 000		900 000
本年利润			107 360	100 000		−7 360
主营业务收入			100 000	100 000		
主营业务成本			80 000	80 000		
营业税金及附加			360	360		
管理费用			17 000	17 000		
营业外支出			10 000	10 000		
合计	508 200	508 200	2 364 120	2 364 120	1 176 200	1 176 200

温馨提醒

通过编制试算平衡表，若发现发生额和余额借贷双方不平衡，则说明在记账过程中发生差错，应及时找出差错及其原因，并予以更正，否则无法继续进行编制财务报表等后续工作。若发现发生额和余额借贷双方平衡，则说明记账工作基本正确，但不能肯定账户记录一定无误，要检查有无出现漏记、重记或将借贷方向记反等并不影响账户平衡的错误。

附录　　　　　　　　　　　小企业会计准则会计科目及其核算内容表

序号	编号	会计科目名称	核算内容	备注
		一、资产类		
1	1001	库存现金	小企业的库存现金。	
2	1002	银行存款	小企业存入银行或其他金融机构的各种款项。	
3	1012	其他货币资金	小企业的银行汇票存款、银行本票存款、信用卡存款、信用证保证金存款、外埠存款、备用金等其他货币资金。	

续表

序号	编号	会计科目名称	核算内容	备注
4	1101	短期投资	小企业购入的能随时变现并且持有时间不准备超过1年（含1年，下同）的投资。	
5	1121	应收票据	小企业因销售商品（产成品或材料，下同）、提供劳务等日常生产经营活动而收到的商业汇票（银行承兑汇票和商业承兑汇票）。	
6	1122	应收账款	小企业因销售商品、提供劳务等日常生产经营活动应收取的款项。	
7	1123	预付账款	小企业按照合同规定预付的款项。包括：根据合同规定预付的购货款、租金、工程款等。	预付款项情况不多的小企业，也可以不设置本科目，将预付的款项直接记入"应付账款"科目借方。
8	1131	应收股利	小企业应收取的现金股利或利润。	
9	1132	应收利息	小企业债券投资应收取的利息。	购入的一次还本付息债券投资持有期间的利息收入，在"长期债券投资"科目核算，不在本科目核算。
10	1221	其他应收款	小企业除应收票据、应收账款、预付账款、应收股利、应收利息等以外的其他各种应收及暂付款项。包括：各种应收的赔款、应向职工收取的各种垫付款项等。	小企业出口产品或商品按照税法规定应予退回的增值税款，也通过本科目核算。
11	1401	材料采购	小企业采用计划成本进行材料日常核算、购入材料的采购成本。	
12	1402	在途物资	小企业采用实际成本进行材料、商品等物资的日常核算、尚未到达或尚未验收入库的各种物资的实际采购成本。	小企业（批发业、零售业）在购买商品过程中发生的费用（包括：运输费、装卸费、包装费、保险费、运输途中的合理损耗和入库前的挑选整理费等），在"销售费用"科目核算，不在本科目核算。
13	1403	原材料	小企业库存的各种材料。包括：原料及主要材料、辅助材料、外购半成品（外购件）、修理用备件（备品备件）、包装材料、燃料等的实际成本或计划成本。	购入的工程用材料，在"工程物资"科目核算，不在本科目核算。

序号	编号	会计科目名称	核算内容	备注
14	1404	材料成本差异	小企业采用计划成本进行日常核算的材料计划成本与实际成本的差额。	小企业也可以在"原材料"、"周转材料"等科目设置"成本差异"明细科目。
15	1405	库存商品	小企业库存的各种商品的实际成本或售价。包括：库存产成品、外购商品、存放在门市部准备出售的商品、发出展览的商品以及寄存在外的商品等。不包括小企业（批发业、零售业）在购买商品过程中发生的费用（运输费、装卸费、包装费、保险费、运输途中的合理损耗和入库前的挑选整理费等在"销售费用"科目核算）。	接受来料加工制造的代制品和为外单位加工修理的代修品，在制造和修理完成验收入库后，视同小企业的产成品，也通过本科目核算。可以降价出售的不合格品，也在本科目核算，但应与合格产品分开记账。已经完成销售手续，但购买单位在月末未提取的库存产成品，应作为代管产品处理，单独设置代管产品备查簿，不再在本科目核算。小企业（农、林、牧、渔业）可将本科目改为"1405　农产品"科目。
16	1407	商品进销差价	小企业采用售价进行日常核算的商品售价与进价之间的差额。	
17	1408	委托加工物资	小企业委托外单位加工的各种材料、商品等物资的实际成本。	
18	1411	周转材料	小企业库存的周转材料的实际成本或计划成本。包括：包装物、低值易耗品，以及小企业（建筑业）的钢模板、木模板、脚手架等。	各种包装材料，如纸、绳、铁丝、铁皮等，应在"原材料"科目内核算；用于储存和保管产品、材料而不对外出售的包装物，应按照价值大小和使用年限长短，分别在"固定资产"科目或本科目核算。小企业的包装物、低值易耗品，也可以单独设置"1412　包装物"、"1413　低值易耗品"科目。包装物数量不多的小企业，也可以不设置本科目，将包装物并入"原材料"科目核算。
19	1421	消耗性生物资产	小企业（农、林、牧、渔业）持有的消耗性生物资产的实际成本。	
20	1501	长期债券投资	小企业准备长期（在1年以上，下同）持有的债券投资。	

续表

序号	编号	会计科目名称	核算内容	备注
21	1511	长期股权投资	小企业准备长期持有的权益性投资。	
22	1601	固定资产	小企业固定资产的原价（成本）。小企业应当根据小企业会计准则规定的固定资产标准，结合本企业的具体情况，制定固定资产目录，作为核算依据。	小企业购置计算机硬件所附带的、未单独计价的软件，也通过本科目核算。小企业临时租入的固定资产和以经营租赁租入的固定资产，应另设备查簿进行登记，不在本科目核算。
23	1602	累计折旧	小企业固定资产的累计折旧。	
24	1604	在建工程	小企业需要安装的固定资产、固定资产新建工程、改扩建等所发生的成本。	小企业购入不需要安装的固定资产，在"固定资产"科目核算，不在本科目核算。小企业已提足折旧的固定资产的改建支出和经营租入固定资产的改建支出，在"长期待摊费月"科目核算，不在本科目核算。
25	1605	工程物资	小企业为在建工程准备的各种物资的成本。包括：工程用材料、尚未安装的设备以及为生产准备的工器具等。	
26	1606	固定资产清理	小企业因出售、报废、毁损、对外投资等原因处置固定资产所转出的固定资产账面价值以及在清理过程中发生的费用等。	
27	1621	生产性生物资产	小企业（农、林、牧、渔业）持有的生产性生物资产的原价（成本）。	
28	1622	生产性生物资产累计折旧	小企业（农、林、牧、渔业）成熟生产性生物资产的累计折旧。	
29	1701	无形资产	小企业持有的无形资产成本。	
30	1702	累计摊销	小企业对无形资产计提的累计摊销。	
31	1801	长期待摊费用	小企业已提足折旧的固定资产的改建支出、经营租入固定资产的改建支出、固定资产的大修理支出和其他长期待摊费用等。	
32	1901	待处理财产损溢	小企业在清查财产过程中查明的各种财产盘盈、盘亏和毁损的价值。	所采购物资在运输途中因自然灾害等发生的损失或尚待查明的损耗，也通过本科目核算。

续表

序号	编号	会计科目名称	核算内容	备注
		二、负债类		
33	2001	短期借款	小企业向银行或其他金融机构等借入的期限在 1 年内的各种借款。	
34	2201	应付票据	小企业因购买材料、商品和接受劳务等日常生产经营活动开出、承兑的商业汇票（银行承兑汇票和商业承兑汇票）。	
35	2202	应付账款	小企业因购买材料、商品和接受劳务等日常生产经营活动应支付的款项。	
36	2203	预收账款	小企业按照合同规定预收的款项。包括：预收的购货款、工程款等。	预收账款情况不多的，也可以不设置本科目，将预收的款项直接记入"应收账款"科目贷方。
37	2211	应付职工薪酬	小企业根据有关规定应付给职工的各种薪酬。	小企业（外商投资）按照规定从净利润中提取的职工奖励及福利基金，也通过本科目核算。
38	2221	应交税费	小企业按照税法等规定计算应缴纳的各种税费。包括：增值税、消费税、营业税、城市维护建设税、企业所得税、资源税、土地增值税、城镇土地使用税、房产税、车船税、教育费附加、矿产资源补偿费、排污费等。	小企业代扣代缴的个人所得税等，也通过本科目核算。
39	2231	应付利息	小企业按照合同约定应支付的利息费用。	
40	2232	应付利润	小企业向投资者分配的利润。	
41	2241	其他应付款	小企业除应付账款、预收账款、应付职工薪酬、应交税费、应付利息、应付利润等以外的其他各项应付、暂收的款项，如应付租入固定资产和包装物的租金、存入保证金等。	
42	2401	递延收益	小企业已经收到、应在以后期间计入损益的政府补助。	
43	2501	长期借款	小企业向银行或其他金融机构借入的期限在 1 年以上的各项借款本金。	

续表

序号	编号	会计科目名称	核算内容	备注
44	2701	长期应付款	小企业除长期借款以外的其他各种长期应付款项。包括：应付融资租入固定资产的租赁费、以分期付款方式购入固定资产发生的应付款项等。	
		三、所有者权益类		
45	3001	实收资本	小企业收到投资者按照合同协议约定或相关规定投入的、构成注册资本的部分。	小企业（股份有限公司）应当将本科目的名称改为"3001 股本"科目。
46	3002	资本公积	小企业收到投资者出资超出其在注册资本中所占份额的部分。	
47	3101	盈余公积	小企业（公司制）按照公司法规定在税后利润中提取的法定公积金和任意公积金。	小企业（外商投资）按照法律规定在税后利润中提取储备基金和企业发展基金也在本科目核算。
48	3103	本年利润	小企业当期实现的净利润（或发生的净亏损）。	
49	3104	利润分配	小企业利润的分配（或亏损的弥补）和历年分配（或弥补）后的余额。	
		四、成本类		
50	4001	生产成本	小企业进行工业性生产发生的各项生产成本。包括：生产各种产品（产成品、自制半成品等）、自制材料、自制工具、自制设备等。	小企业对外提供劳务发生的成本，可将本科目改为"4001 劳务成本"科目，或单独设置"4002 劳务成本"科目进行核算。
51	4101	制造费用	小企业生产车间（部门）为生产产品和提供劳务而发生的各项间接费用。	小企业行政管理部门为组织和管理生产经营活动而发生的管理费用，在"管理费用"科目核算，不在本科目核算。
52	4301	研发支出	小企业进行研究与开发无形资产过程中发生的各项支出。	
53	4401	工程施工	小企业（建筑业）实际发生的各种工程成本。	
54	4403	机械作业	小企业（建筑业）及其内部独立核算的施工单位、机械站和运输队使用自有施工机械和运输设备进行机械作业（含机械化施工和运输作业等）所发生的各项费用。	

续表

序号	编号	会计科目名称	核算内容	备注
		五、损益类		
55	5001	主营业务收入	小企业确认的销售商品或提供劳务等主营业务的收入。	
56	5051	其他业务收入	小企业确认的除主营业务活动以外的其他日常生产经营活动实现的收入。包括：出租固定资产、出租无形资产、销售材料等实现的收入。	
57	5111	投资收益	小企业确认的投资收益或投资损失。	
58	5301	营业外收入	小企业实现的各项营业外收入。包括：非流动资产处置净收益、政府补助、捐赠收益、盘盈收益、汇兑收益、出租包装物和商品的租金收入、逾期未退包装物押金收益、确实无法偿付的应付款项、已作坏账损失处理后又收回的应收款项、违约金收益等。	小企业收到出口产品或商品按照规定退回的增值税款，在"其他应收款"科目核算，不在本科目核算。
59	5401	主营业务成本	小企业确认销售商品或提供劳务等主营业务收入应结转的成本。	
60	5402	其他业务成本	小企业确认的除主营业务活动以外的其他日常生产经营活动所发生的支出。包括：销售材料的成本、出租固定资产的折旧费、出租无形资产的摊销额等。	
61	5403	营业税金及附加	小企业开展日常生产经营活动应负担的消费税、营业税、城市维护建设税、资源税、土地增值税、城镇土地使用税、房产税、车船税、印花税和教育费附加、矿产资源补偿费、排污费等相关税费。	与最终确认营业外收入或营业外支出相关的税费，在"固定资产清理"、"无形资产"等科目核算，不在本科目核算。
62	5601	销售费用	小企业在销售商品或提供劳务过程中发生的各种费用。包括：销售人员的职工薪酬、商品维修费、运输费、装卸费、包装费、保险费、广告费和业务宣传费、展览费等费用。	小企业（批发业、零售业）在购买商品过程中发生的费用（包括：运输费、装卸费、包装费、保险费、运输途中的合理损耗和入库前的挑选整理费等），也在本科目核算。

续表

序号	编号	会计科目名称	核算内容	备注
63	5602	管理费用	小企业为组织和管理生产经营发生的其他费用。包括：小企业在筹建期间内发生的开办费、行政管理部门发生的费用（包括：固定资产折旧费、修理费、办公费、水电费、差旅费、管理人员的职工薪酬等）、业务招待费、研究费用、技术转让费、相关长期待摊费用摊销、财产保险费、聘请中介机构费、咨询费（含顾问费）、诉讼费等费用。	小企业（批发业、零售业）管理费用不多的，可不设置本科目，本科目的核算内容可并入"销售费用"科目核算。
64	5603	财务费用	小企业为筹集生产经营所需资金发生的筹资费用。包括：利息费用（减利息收入）、汇兑损失、银行相关手续费、小企业给予的现金折扣（减享受的现金折扣）等费用。	小企业为购建固定资产、无形资产和经过1年期以上的制造才能达到预定可销售状态的存货发生的借款费用，在"在建工程"、"研发支出"、"制造费用"等科目核算，不在本科目核算。小企业发生的汇兑收益，在"营业外收入"科目核算，不在本科目核算。
65	5711	营业外支出	小企业发生的各项营业外支出。包括：存货的盘亏、毁损、报废损失，非流动资产处置净损失，坏账损失，无法收回的长期债券投资损失，无法收回的长期股权投资损失，自然灾害等不可抗力因素造成的损失，税收滞纳金，罚金，罚款，被没收财物的损失，捐赠支出，赞助支出等。	
66	5801	所得税费用	小企业根据企业所得税法确定的应从当期利润总额中扣除的所得税费用。	小企业根据企业所得税法规定补交的所得税，也通过本科目核算。小企业按照规定实行企业所得税先征后返的，实际收到返还的企业所得税，在"营业外收入"科目核算，不在本科目核算。

4

第四章
会计凭证，会计分录的化身

    会计凭证，是用来记录经济业务的发生或完成情况的书面证明，是登记会计账簿的基本依据。取得、填制和审核会计凭证是会计基础工作的重要内容。为了正确使用和填制会计凭证，有必要对会计凭证进行分类，会计凭证按照编制的程序和用途不同，可以分为原始凭证和记账凭证两大类。

    原始凭证是编制会计分录的依据，记账凭证是会计分录的载体，记账凭证是会计分录更加详细的表达，因而，可以说会计凭证其实就是会计分录的化身。

    大家可以这样理解：会计分录就是记账凭证的简化形式，原始凭证就是会计分录编制的依据，原始凭证作为附件粘贴在记账凭证之后。下面我们详细介绍原始凭证和记账凭证的分类。

一、原始凭证

    原始凭证，又称单据，是在经济业务发生或完成时取得或填制的，用以记录或证明经济业务已经发生或完成情况的一种凭证，是会计核算的重要原始资料，是编制记账凭证和登记账簿的原始依据。凡是能够表明会计经济业务发生或完成情况的单据均为原始凭证。有的经济业务只需一张原始凭证即可记录清楚、完整；有的经济业务同时需要几张原始凭证才能证明其发生或完成情况；有的原始凭证本身还需要相关的单据作补充和说明。

    根据不同的管理目的，可对原始凭证进行如下分类：

（一）原始凭证的种类

1. 原始凭证按取得的来源可分为自制原始凭证和外来原始凭证

    （1）自制原始凭证，是本单位内部在执行或完成某项经济业务时，由本单位内部经办业务的部门和人员填制的，仅供内部使用的原始凭证，如仓库保管人员填制的收料单、领料部门填制的领料单、出差人员填制的差旅费报销单、产成品入库时填制的产品入库单、计提折旧时编制的折旧计算表等等。

    （2）外来原始凭证，是与其他单位发生经济业务时，从其他单位或个人取得的原始凭证，如购买材料取得的增值税专用发票、支付款项时取得的收款方开具的收据和银行转来的结算凭证、出差人员报销的车票等等。

2. 原始凭证按填制手续可分为一次凭证、累计凭证和汇总凭证

（1）一次凭证，是指填制手续一次完成，一次只记录一笔经济业务的原始凭证。一次凭证是一次有效的凭证，已填列的凭证不能重复使用。外来的原始凭证大都是一次凭证，自制原始凭证也有许多是一次凭证，比如收料单（见表4-1）、领料单（见表4-2）、发货票、银行结算凭证、增值税专用发票（见表4-3）等等都是一次凭证。

表 4-1

收料单

会计科目：原材料　　　　　　　供应单位：　　　　　　　　　　　收料仓库：
材料类别：　　　　发票号数：　　　　　年　月　日　　　　　　编　　号：

原材料编号	原材料名称	单位	规格	数量		实际成本				计划成本	
				应收	实收	买价		采购费用	合计	单价	金额
						单价	金额				
合计											

供应部门负责人：　　　　　　　保管员：　　　　　　　采购员：

表 4-2

领料单

领料单位：　　　　　　　　　　　　　　　　　　　　　编　　号：
用　途：　　　　　　　　年　月　日　　　　　　发料仓库：

材料编号	材料类别	名称	规格	计量单位	数量		金额		备注
					请领	实发	单价	金额	
合计									

主管：　　　记账：　　　领料单位负责人：　　　　领料人：　　　发料人：

表4-3
1400080002

××增值税专用发票

No 00000617

此联不作报销、扣税凭证使用

第一联：记账联　销货方记账凭证

开票日期：20×2年12月24日

加密版本：01
1400080002
500000617

国税函〔20×0〕×××号　××印钞厂

购货单位	名称：L市双福有限公司 纳税人识别号：370000000000YY 地址、电话：L市开发区工业园 05XX−XXXXYXY 开户行及账号：中国YY银行开发区支行 XXX−XXXXXYY		密码区	＊/80＊211242−/35＞3893÷2−6164 ＋64＜56−2052102−2112＋544221＊ ＋5＋5552＊4965256＊4561＜＞5566−85＋644＞ ＋9＊589−8＜＋74＋759−＊−＊			
货物或应税劳务名称	规格型号	单位	数量	单价	金额	税率	税额
B产品		件	1 600.00	1 250.00	2 000 000.00	17%	340 000.00
合计					￥2 000 000.00		￥340 000.00
价税合计（大写）	⊗贰佰叁拾肆万元整				（小写）￥2 340 000.00		
销货单位	名称：L市雨泽有限公司 纳税人识别号：370000000000088 地址、电话：L市XX区XX路6号 05XX−6660000 开户行及账号：中国XX银行XX支行 370000008000660000XXX		备注				

收款人：娜娜　　　　复核：何花　　　　开票人：丹丹　　　　销货单位：（章）

（2）累计凭证，是在一定时期内，多次记录重复发生的同类型经济业务的原始凭证，累计凭证的填制手续不是一次完成的，而是把经常发生的相同经济业务连续填制在同一张凭证上，可以随时计算累计数及结余数，并按照费用限额、定额、计划、预算进行费用、消耗等控制，填制手续一般要到期末才能完成，期末依据累计凭证的实际发生额记账。采用累计凭证，可以减少凭证的填制手续，起到控制费用支出、节约开支的作用，像制造业的限额领料单就是典型的累计凭证。限额领料单一般格式见表4-4。

表4-4 限额领料单

材料类别：　　　　　　　　　　　　　　　　　　　　　　编　　号：
领料部门：　　　　　　　　　　　　　　　　　　　　　　发料仓库：
用　　途：　　　　　　　　　　　　　年　月

材料编号	材料名称及规格	计量单位	领用限额	计划单位成本	备注		
日期	实发				限额结余	退库	
	数量	金额	发料人	领料人		数量	领料单编号
合计							

供应部门：　　　　　　　　　生产计划部门：　　　　　　　　　仓库：

（3）汇总凭证，是将一定时期内记录同类经济业务的若干张原始凭证汇总起来编制的原始凭证，如工资结算汇总表、发出材料汇总表（见表4-5）、原材料领用汇总表（见表4-6）、差旅费报销单等。

表4-5 发出材料汇总表

年　月　　　　　　　　　　　　　　　　　单位：元

应借科目	应贷科目			
	原材料			
	原料及主要材料	辅助材料	燃料	合计
生产成本——基本生产				
1—15日				
16—31日				
合计				
生产成本——辅助生产				
1—5日				

续表

应借科目	应贷科目			
	原材料			
	原料及主要材料	辅助材料	燃料	合计
16—31 日				
合计				
制造费用				
1—15 日				
16—31 日				
合计				
管理费用				
1—15 日				
16—31 日				
合计				
总计				
备注：				

表 4-6　　　　　　　　　原材料领用汇总表
年　　月　　日

用途	A 材料			B 材料			C 材料			合计
	数量（千克）	单位成本	金额（元）	数量（千克）	单位成本	金额（元）	数量（千克）	单位成本	金额（元）	
A 产品耗用										
B 产品耗用										
车间一般耗用										
管理部门耗用										
合计										

记账：　　　　　　　　　复核：　　　　　　　　　制单：

3. 原始凭证按照格式不同，可以分为通用凭证和专用凭证

（1）通用凭证，是指由有关部门统一印制、在一定范围内（全国、某一地区、某一行业等）使用的具有统一格式和使用方法的原始凭证。这些凭证一般单位不能自行印制。如增值税专用发票、各省市统一印制的定额发票、全国统一的异地结算银行凭证等。

（2）专用凭证，是指由单位自行印制、仅在本单位内部使用的原始凭证。这些凭证由单位根据实际需要自行印制，往往没有统一的格式和使用方法，不同的单位会有不同的格式。如单位自行印制的费用报销单、领料单、折旧计算表、工资费用分配表等。

（二）原始凭证的填制

1. 记录真实、手续完备

必须真实、准确地填写经济业务发生的日期、内容、数量、单价、金额等要素，手续要完备，比如，自制原始凭证必须有经办业务部门和人员的签章、主管领导的签字；外来原始凭证必须有对方单位的公章（或财务专用章、发票专用章）、本单位领导和经办人员签字；对外开出的原始凭证必须加盖本单位公章（或财务专用章、发票专用章）。

2. 内容完整、清楚规范

原始凭证的内容必须逐项填写完整，不可遗漏。原始凭证应按规定的格式填写，字迹必须清晰、工整，不得任意涂改、刮擦或挖补。

原始凭证有错误的，应当按规定方法更正，并在更正处加盖出具单位印章，但是原始凭证金额有错误的，应当由出具单位重开，不得更正。有关现金、银行存款收支业务的凭证，填写错误的也不能直接在原始凭证上更正，应当作废重填。

3. 编号连续、及时填制

预先编号的原始凭证，必须按照编号顺序填写，发生隔号或填写错误时，不得撕毁，应当加盖"作废"戳记作废，保存备查。

及时填制原始凭证，不得提前或拖延。

4. 清晰工整、数字规范

（1）阿拉伯数字应当一个一个地写，不得连笔写。阿拉伯金额数字前面应当书写货币币种符号或者货币名称简写和币种符号。币种符号与阿拉伯金额数字之间不得留有空白。凡阿拉伯数字前写有币种符号的，数字后面不再写货币单位。

（2）所有以元为单位（其他货币种类为货币基本单位，下同）的阿拉伯数字，除表示单价等情况外，一律填写到角分；无角分的，角位和分位可写"00"，或者符号"—"；有角无分的，分位应当写"0"，不得用符号"—"代替。

（3）汉字大写数字金额如零、壹、贰、叁、肆、伍、陆、柒、捌、玖、拾、佰、仟、万、亿等，一律用正楷或者行书体书写，不得用0、一、二、三、四、五、六、七、八、九、十等简化字代替，不得任意自造简化字。大写金额数字到元或者角为止的，在"元"或者"角"字之后应当写"整"字或者"正"字；大写金额数字有分的，分字后面不写"整"或者"正"字。

（4）大写金额数字前未印有货币名称的，应当加填货币名称，货币名称与金额数字之间不得留有空白。

（5）阿拉伯金额数字中间有"0"时，汉字大写金额要写"零"字；阿拉伯数字金额中间连续有几个"0"时，汉字大写金额中可以只写一个"零"字；阿拉伯金额数字元位是"0"，或者数字中间连续有几个"0"、元位也是"0"但角位不是"0"时，汉字大写金额可以只写一个"零"字，也可以不写"零"字。

（6）凡填有大写和小写金额的原始凭证，大写与小写金额必须相符。

（三）原始凭证的审核

取得的原始凭证必须经过会计人员的审核，只有经审核无误后的原始凭证，才能作为编制记账凭证和登记账簿的依据。原始凭证的主要审核内容：

（1）审核原始凭证的合法性、合理性。经济业务是否符合国家有关政策、法规、制度的规定，有无违反财经制度规定；经济业务是否符合企业生产经营活动的需要，是否符合有关的计划和预算，是否按成本开支范围办事，是否贯彻专款专用原则，是否存在贪污盗窃、虚报冒领、伪造凭证等违纪行为。

（2）审核原始凭证的完整性。原始凭证的内容是否齐全，有无漏记项目、有关签章是否齐全等。

（3）审核原始凭证的正确性。原始凭证上有关数量、单价、金额是否正确无误、书写是否规范、联次是否正确、有无刮擦、涂改和挖补等。

（4）审核原始凭证的真实性。日期是否真实、业务内容是否真实、数据是否真实等。

（四）不符合规定的原始凭证的处理方法

（1）对于真实、合法、合理但内容不完整、手续不完备、填写有错误的原始凭证，会计人员应退回给经办人员，要求经办人补办手续或进行更正。

（2）对于不真实、不合法、不合理的原始凭证，会计人员不予办理，涉及弄虚作假、严重违法的原始凭证还应当予以扣留，并及时向单位负责人或有关部门报告。

（五）原始凭证中容易出现的错误与舞弊

原始凭证中容易出现的错误与舞弊主要有：

（1）发票台头不是本单位。

（2）摘要记载过于简单或含糊不清。

（3）数量、单价与金额不符。

（4）无收款单位签章。

（5）开具阴阳发票。

（6）重复报销。例如，一式几联的原始凭证，只能以一联作为报销凭证，有的业务人员故意使用不同联次多次报销。

（7）在整理和粘贴原始凭证过程中进行作弊。例如，利用单位原始凭证粘贴、整理不规范的弱点，在进行粘贴、整理时，采用移花接木的手法，故意将个别原始凭证抽出，等以后再重复报销；或在汇总原始凭证金额时，故意多汇或少汇，达到贪污其差额的目的。

（8）模仿领导笔迹签字冒领。

（9）涂改原始凭证上的时间、数量、单价、金额，或添加内容和金额。

二、记账凭证

记账凭证又称记账凭单，或分录凭单，是会计人员根据审核无误的原始凭证按照经济业务事项的内容加以归类，并据以确定会计分录、并据以登记账簿的会计凭证。

在实际工作中，为了便于登记账簿，需要将来自不同的单位、种类繁多、数量庞大、格式不一的原始凭证加以归类、整理，填制具有统一格式的记账凭证，确定会计分录并将相关的原始凭证附在记账凭证后面。

（一）记账凭证的种类

记账凭证按其反映经济业务的内容不同，可以分为收款凭证、付款凭证和转账凭证、通用记账凭证。

1. 收款凭证

收款凭证是指用于记录现金和银行存款收款业务的会计凭证。

收款凭证又可分为现金收款凭证和银行存款收款凭证。现金收款凭证是根据现金收入业务的原始凭证（如现金收据、以现金结算的发票记账联等）编制的收款凭证；银行存款收款凭证是根据银行存款收入业务的原始凭证（如银行进账通知单等）编制的收款凭证。收款凭证格式见表4-7。

表 4-7

收款凭证

201×年 4 月 3 日

借方账户：银行存款

银收字第 01 号
附 件 1 张

摘要	借方账户		金额	记账
	一级账户	明细账户		
收到股东投资款	实收资本	王某	500 000.00	√
合计			500 000.00	

会计主管：朱慧　　　　记账：何花　　　　出纳：娜娜　　　　审核：何花　　　　制单：丹丹

2. 付款凭证

付款凭证是指用于记录现金和银行存款付款业务的会计凭证。

付款凭证又可分为现金付款凭证和银行存款付款凭证。现金付款凭证是根据现金付出业务的原始凭证（如以现金结算的发票联等）编制的付款凭证；银行存款付款凭证是根据银行存款付出业务的原始凭证（如现金支票、转账支票存根等）编制的付款凭证。付款凭证格式见表4-8。

表 4-8

付款凭证

201×年 4 月 30 日

银付字第 15 号
附 件 2 张

贷方账户：银行存款

摘要	借方账户		金额	记账
	一级账户	明细账户		
支付工资薪酬	应付职工薪酬	职工工资	36 000.00	√
合计			36 000.00	

会计主管：朱慧　　　　记账：何花　　　　出纳：娜娜　　　　审核：何花　　　　制单：丹丹

3. 转账凭证

转账凭证是指用于记录不涉及现金和银行存款业务的会计凭证。它是根据不需要收付现金或银行存款的各项转账业务的原始凭证（如企业内部的领料单、出库单等、固定资产折旧计提表等）填制的会计凭证。转账凭证格式见表4-9。

表 4-9

转账凭证

201×年 4 月 30 日

转　字第 19 号
附　件　1 张

摘要	一级账户	明细账户	借方金额	贷方金额	记账
产成品入库	库存商品	甲产品	169 000		√
产成品入库	库存商品	乙产品	111 800		√
产成品入库	生产成本	甲产品		169 000	√
产成品入库	生产成本	乙产品		111 800	√
	合计		280 800	280 800	

会计主管：朱慧　　　　　记账：何花　　　　　审核：何花　　　　　制单：丹丹

4. 通用记账凭证

通用记账凭证是指用于记录所有经济业务的会计凭证。

通用记账凭证不再分别现金、银行存款、转账业务。通常适用于经济业务较简单、规模较小、收付业务较少的单位。通用记账凭证的格式与转账凭证基本相同，见表 4-10。

表 4-10

记账凭证

201×年 4 月 30 日

记　字第 19 号
附　件　1 张

摘要	一级账户	明细账户	借方金额	贷方金额	记账
产成品入库	库存商品	甲产品	169 000		√
产成品入库	库存商品	乙产品	111 800		√
产成品入库	生产成本	甲产品		169 000	√
产成品入库	生产成本	乙产品		111 800	√
	合计		280 800	280 800	

会计主管：朱慧　　　　　记账：何花　　　　　审核：何花　　　　　制单：丹丹

上述收款凭证、付款凭证和转账凭证、通用记账凭证都是复式凭证，是实际工作中应用最普遍的记账凭证。复式凭证可集中反映一项经济业务的科目对应关系，便于分析对照，了解有关经济业务的全貌，减少凭证数量。另外还有一种单式凭证，这种记账凭证只填列经济业务事项所涉及的一个会计科目及其金额，填列借方科目的称为借项记账凭证，填列贷方科目的称为贷项记账凭证，这种单式凭证现在很少使用，不再赘述。

（二）记账凭证的填制

记账凭证的内容必须具备：填制凭证的日期；凭证编号；经济业务摘要；会计科目；金额；所附原始凭证张数；填制凭证人员、稽核人员、记账人员、会计机构负责人、会计主管人员签名或者盖章。收款和付款记账凭证还应当由出纳人员签名或者盖章。

填制记账凭证要严格按照规定的格式和内容进行，必须做到记录真实、内容完整、填制及时、书写清楚，填制的具体方法如下。

1. 填制日期

记账凭证是在哪一天编制的，填制日期就填哪一天，而非一定与原始凭证日期相同。记账凭证应及时填制，填制日期一般应稍后于原始凭证日期或与原始凭证日期相同。

2. 凭证编号

记账凭证必须连续编号，企业可以按收款、付款、转账三类业务分别编号，也可以细分为现收、现付、银收、银付、转账五类分别编号。一笔经济业务需要填制两张以上记账凭证的，可以采用分数编号法编号。

3. 经济业务摘要

"摘要"栏是对经济业务内容的简要说明，在填写"摘要"时，文字应当简明、全面、清楚，能够正确、完整地反映经济活动和资金变化的来龙去脉，切忌含糊不清。比如，购入原材料要写明品名、数量、单价；支付款项，要注明现金、支票、汇票等；冲销前期凭证，应写明冲销的凭证日期、凭证号码和业务内容。

4. 会计科目及其记账方向

会计科目应当根据经济业务的内容确定，必须正确使用，不得任意改变、简化会计科目的名称，有关的二级或明细账户也要填写齐全。会计科目借贷方向要正确、对应关系要清晰。

5. 附件

除结账和更正错误的记账凭证可以没有附件（原始凭证）外，其他记账凭证必须附有原始凭证。

记账凭证可以根据每一张原始凭证填制，也可以根据若干张同种类别的原始凭证汇总编制，还可以根据原始凭证汇总表填制。但是，不同类别的原始凭证不能汇总填制在一张记账凭证上，这样会使会计科目对应关系不清晰，不方便查阅。

一张原始凭证若涉及几张记账凭证，应把原始凭证附在一张主要的记账凭证后面，并在其他相关记账凭证上注明该主要记账凭证的编号或者将该原始凭证的复印件附后。

一张原始凭证所列费用若需要与其他单位共同负担，应由保存该原始凭证的单位开具"原始凭证分割单"给其他应负担的单位作为附件。"原始凭证分割单"必须具备原始凭证的基本内容：凭证名称、填制凭证日期、填制凭证单位名称或者填制人姓名、经办人的签名或者盖章、接受凭证单位名称、经济业务内容、数量、单价、金额和费用分摊情况等。

每张记账凭证都要注明附件张数，以便于日后查对。

6. 在填制记账凭证时发生错误，应当重新填制

已经登记入账的记账凭证，在当年内发现填写错误时，可以用红字填写一张与原内容相同的记账凭证，在摘要栏注明"注销某月某日某号凭证"字样，同时再用蓝字重新

填制一张正确的记账凭证，注明"订正某月某日某号凭证"字样。如果会计科目没有错误，只是金额错误，也可以将正确数字与错误数字之间的差额，另编一张调整的记账凭证，调增金额用蓝字，调减金额用红字。发现以前年度记账凭证有错误的，应当用蓝字填制一张更正的记账凭证。

7. 空行的处理

记账凭证填制完经济业务事项后，如有空行，应当自金额栏最后一笔金额数字下的空行处至合计数上的空行处划线注销。

8. 其他要求

填制记账凭证，字迹必须清晰、工整，数字规范，相关要求同原始凭证。

实行会计电算化的单位，对于机制记账凭证，要认真审核，做到会计科目使用正确，数字准确无误。打印出的机制记账凭证要由制单人员、审核人员、记账人员及会计机构负责人、会计主管人员印章或者签字。

（三）记账凭证的审核

所有填制好的记账凭证，都必须经过其他会计人员认真的审核。只有经过审核无误后的记账凭证，才能作为登记账簿的依据。记账凭证审核的主要内容有：

（1）记账凭证是否附有原始凭证，所附原始凭证的内容与记账凭证的内容是否一致。

（2）所用会计科目是否正确，对应关系是否清晰、金额是否正确。

（3）记账凭证中的项目是否填制完整，摘要是否清楚，有关人员的签章是否齐全。

（四）记账凭证中容易出现的错误与舞弊

记账凭证中容易出现的错误与舞弊主要有：

（1）会计科目运用错误。

（2）合计金额计算错误。

（3）记账凭证与所附原始凭证单据不符。

（4）在汇总凭证中进行作弊。例如，在汇总若干费用报销单据时，故意多汇总，使付款凭证上的金额大于所附原始凭证的合计金额，以达到贪污其差额的目的。又如，在汇总若干张收款原始凭证时，故意少汇总，使收款凭证上的金额小于所附原始凭证的实际金额，以达到贪污其差额的目的。

（5）记账凭证中的"摘要"失真，编造虚假记账凭证。

CHAPTER

5

第五章
会计账簿，续写记账凭证的故事

通过会计凭证，我们可以逐笔记录企业每天发生的经济业务，便于明确经济责任。但是会计凭证数量繁多、缺乏系统性，难以直观地反映其各个会计科目的发生额和余额，难以提供一定时期内经济活动的详细情况，难以反映一定时间的财务状况和一定时期的经营成果，因此，需要设置会计账簿，以全面、系统、连续地核算和监督单位的经济活动及其财务收支情况。

会计账簿，是指由一定格式的账页组成的，以会计凭证为依据，全面、系统、连续地记录各项经济业务的簿籍，简称账簿。

因此，我们可以说，会计账簿，只是重复记账凭证的故事。学会了编制和审核记账凭证，登记会计账簿就是一件相当容易的事情了。

一、会计凭证、会计账簿与账户的关系

会计凭证、会计账簿与账户有着十分密切的关系。账户是根据会计凭证记载的会计事项分别不同会计科目登记的，而账户正是根据会计科目开设的，账簿中的每一账页就是账户的存在形式和载体，若干账页组成了账簿。具体来说就是下面四点：

（1）根据所发生的会计事项分别归类到不同的会计科目，然后把归类的会计事项用会计科目记录在会计凭证上。

（2）在会计账簿上按不同的会计科目开设会计账户用来记录会计事项的发生。

（3）根据会计凭证上对会计事项的记载分别不同会计科目登记到会计账户中。

（4）会计凭证、会计账簿和会计账户之间是基础递进关系，它们相互勾稽、相辅相成，不可舍其一而成立。

二、会计账簿的设置

新建单位在成立后和原有单位在年度开始时，会计人员均应根据企业具体情况和将来可能发生的会计业务情况，按照相关会计处理程序，设置能满足企业核算工作需求的会计账簿，即平常会计人员所说的"建账"。

（一）建账时需要遵循的原则

任何一个企业在成立初始，都会面临一个同样的问题，那就是建账。这看似是一个非常简单的问题，但是从建账过程可以看出会计人员对会计业务的熟练程度和日常财务处理能力以及对企业所属行业业务的熟悉程度。企业应该如何建账呢？无论什么类型什么规模什么行业的企业，在建账时都要遵循以下原则：

（1）与企业规模相适应。企业规模与业务量是成正比的，规模大的企业，业务量就大，财务处理程序复杂，需要的会计人员也多，会计人员分工明细，会计账簿需要的册数自然也多。企业规模小，业务量就小，有的企业，一个会计可以处理所有经济业务，财务处理程序也简单，设置账簿时就没有必要设置许多账，所有的明细账合成一、两本就足够了。

（2）以满足经营管理需要为前提。建立账簿是为了满足企业经营管理需要，为经营管理提供有用的会计信息，所以在建账时应以满足经营管理需要为前提，防止该设的账簿漏设，不能为经营者提供足够、详细的信息，也要避免重复设账，造成资源浪费，降低工作效率。

（3）依据账务处理程序。企业业务量大小不同，所采用的账务处理程序也不同。企业一旦选择了账务处理程序，也就选择了账簿的设置，若采用日记总账账务处理程序，就必须设计一本日记总账，再考虑其他账簿；若采用多栏式日记账账务处理程序，就必须设计四本多栏式日记账，分别记录现金收付和银行存款收付业务，然后再考虑设其他账簿；如果企业采用记账凭证账务处理程序，其总账就要根据记账凭证序时登记，需要准备一本序时登记的总账。

（二）建账的基本程序

（1）按照需用的各种账簿的格式要求，购置所需要的账簿，使用财务软件核算的企业虽然不需要购置账簿，但也要初始化设置会计账簿。

所需要的账簿至少有四类：现金日记账、银行存款日记账、总分类账、活页明细账。

无论什么企业，都离不开货币资金的核算，所以都必须设置现金和银行存款日记账，另外还需设置相关的总账和明细账。明细账有许多账页格式，如借贷余三栏式、多栏式、数量金额式等，要选择最适合企业需要的格式的账页、封面和装订钉或装订线。另外，建账初始，必须要购置的还有记账凭证、记账凭证封面、记账凭证汇总表、记账凭证装订线、装订工具。对EXCLE软件不熟练的会计，还应购买空白资产负债表、利润表（损益表）、现金流量表等相关财务报表（对EXCLE软件熟练的会计和企业使用财务软件的，可以自行设置EXCLE电子报表表格，不必购买）。另外，记账凭证包括收款凭证、付款凭证、转账凭证、记账凭证（通用），可以根据情况选择购买。我推荐大家使用记账凭证（通用），好用方便。

活页明细账主要包括：原材料分类明细账（收、发、存，数量金额式）、原材料多栏式分类明细账（收、发、存，数量金额式）、库存商品分类明细账（收、发、存，数量金额式）、周转材料明细分类账（在库、在用）、材料成本差异明细账、委托加工物资明细账、固定资产明细分类账（登记固定资产原值与计算折旧）、生产成本明细账、制造费用明细账、管理费用明细账、销售费用明细账、应付职工薪酬明细账、应交增值税明细账等。

不同的企业在建账时所需要购置的账簿是不相同的，总体讲要依企业类型、企业规模、经济业务的繁简程度、会计人员多少、采用的核算形式及电算化程度来确定。

就企业类型来讲，工业企业设置明细账品类最多；商业企业则有些账簿不必设置，如生产成本明细账和制造费用明细账等；而房地产、金融保险等特殊行业则需要设置特殊的明细账，如开发成本明细账、保费收入明细账等。

就企业规模来讲，小企业几种明细账可以合并为一册（但是专用式的明细账不可合并）；大企业则要明细账分别一册或者几册。

就电算化程度来讲，手工记账为主的企业，账册准备得要多一些；用财务软件记账的可以根据需要准备账册，大多数账册从财务软件中自动生成，只需打印装订即可。

专用的明细账主要包括固定资产明细账、销售明细账、多栏式明细账（主要是成本费用类科目使用）、数量金额式明细账（主要是存货类科目使用）、周转材料明细账、应交增值税明细账等，这些专用的明细账一般不能合并。除专用的明细账以外的其他明细账就可以根据需要合并，比如应收账款、应付账款、其他应收款、其他应付款等一些只有金额的科目可以按往来账大类设一个账本。

（2）启用会计账簿，应当在账簿封面上写明单位名称和账簿名称。在账簿扉页上应当附启用表，内容包括：启用日期、账簿页数、记账人员和会计机构负责人、会计主管人员姓名，并加盖名章和单位公章。记账人员或者会计机构负责人、会计主管人员调动工作时，应当注明交接日期、接办人员或者监交人员姓名，并由交接双方人员签名或者盖章。

启用订本式账簿，应当从第一页到最后一页顺序编定页数，不得跳页、缺号。使用活页式账页，应当按账户顺序编号，并须定期装订成册。装订后再按实际使用的账页顺序编定页码。另加目录，记明每个账户的名称和页次。

（3）严格按照《小企业会计准则》中会计科目表的顺序（便于记账和查询）、科目名称，建立总账账户；再根据总账账户明细核算的要求建立明细账户。

会计科目应当根据企业的实际情况来确定，不要全部照搬，否则很多用不到的科目将造成空页码，有碍翻查。一般企业用到的会计科目大致只是会计科目表中科目数量的$1/3 \sim 2/3$。但也应注意会计科目之间留有空页，防止出现新业务需要新设会计科目，造成顺序错乱，不利于查找。

在建立总账账户和明细账账户后，要按会计科目表编号顺序编写总账和明细账账户目录及账内各科目页码。这样比较有利于查找。

原有单位在年度开始要重新建账，上年度账簿应在最后一笔业务记录（本年累计栏）的下一行盖"结转下年"章，建完新账账户后，应将上年账户余额正确结转过来，日期写1月1日，摘要栏写"上年结转"，金额栏填写上期结存余额。

一般来说，总账、日记账和多数明细账应每年更换一次。但有些财产物资明细账和债权债务明细账，如固定资产、原材料、应收账款、应付账款等账簿，由于固定资产、材料品种、规格和往来单位较多，更换新账抄写工作量大，因此可以跨年使用，另外各种备查簿也可以连续使用。

（4）订本式账簿（现金、银行存款日记账，总账一般采用此类型），应从第一页起到最后一页止按顺序编定号码，不得跳页、缺号；活页式账簿（明细账一般是此类型），应按账户顺序编制页次号码。各账户编列号码后，应填"账户目录"，将账户名称依次登入目录，并粘贴口取纸（账户标签），写明账户名称，以便于检索查找。

会计人员应估计每一个账户的业务量大小，用口取纸将每一个账户分开，并在口取纸上写明每一个账户的会计科目名称，以便在登记时能够及时找到账页。以明细账为例，明细账账页从第1页到第3页登记短期投资业务，我们就在目录中填写"短期投资……1～3"，并且在明细账账页的第一页贴上口取纸，口取纸上写清楚"短期投资"；第4页到10页为应收票据业务，我们就在目录中写清楚"应收票据……4～10"，并且在账页的第4页贴上写有"应收票据"的口取纸，"应收票据"下再列客户名称和页次，依此类推，明细账就建好了。

（三）建账举例——工业企业建账

工业企业，也有人称其为制造业，这类企业主要从事产品的制造、加工、销售，财务流程最为完整，财务核算也最为复杂，一方面会计核算涉及内容多，另一方面又涉及成本归集分配问题，这也是许多会计图书都以工业企业为例讲述会计业务的原因，工业企业会计相比其他行业难度高，用会计人员自己的话说，"掌握了工业会计，其他企业会计都不怕"，"在工业企业做会计一年顶在其他企业做十年"，所以工业企业建账是最复杂的，也是最具有代表意义的。因此，我们以工业企业建账为例。

1. 总分类账

只要是企业涉及的会计科目都要有相应的总账科目与之对应，一般企业只需要设置一本总账即可，因为总账登记的一般都是一级科目，每月只需登记1～3次即可，摘要可以写"1—10日汇总"、"本月汇总"。

如果业务量确实很大，企业核算要求又比较高、比较细，则相应设置账户就多，像有的公司存货所占比重较大，还需要配合成本计算设置成本总账。原材料、在途物资、材料采购、委托加工物资、周转材料、自制半成品、产成品等存货要根据账户设置相应的总账。基本生产成本、辅助生产成本等成本计算账户也要设置相应的总账。这种情况就需要多设置几本总账。

为了方便登记总账，在设置总账账页时，最好按资产、负债、所有者权益、收入、费用的顺序（即资产负债表和利润表的顺序）来分页，在口取纸选择上也可将资产、负债、所有者权益、收入、费用按不同颜色区分开来，便于登记总账和查找。

总账的登记方法可以根据科目汇总表登记，也可以根据汇总记账凭证进行登记，还可以根据记账凭证逐笔登记。这里我推荐用科目汇总表的方法登记，这种方法可以提高效率，简单而实用。

总账的格式，一般采用三栏式（见表5-1），也可采用双栏式（见表5-2）、棋盘式。其中三栏式是普遍采用的基本格式；双栏式仅适用于期末没有余额的账户（收入、费用等过渡性账户）；棋盘式有利于体现账户间的对应关系，但账页庞大，工作量大，仅适用于业务量少、运用科目也很少的企业，因此棋盘式很少有企业使用，格式此处不列出。笔者推荐使用三栏式总分类账（见表5-1）。

表 5-1　　　　　　　　　　　　　　　　总分类账

账户名称：　　　　　　　　　　　　　　　　　　　　　　　　　　　　　　　　　第　　页

年		凭证		摘要	借方金额	贷方金额	借或贷	余额
月	日	字	号					

表 5-2　　　　　　　　　　　　　　　　总分类账

账户名称：　　　　　　　　　　　　　　　　　　　　　　　　　　　　　　　　　第　　页

年		凭证		摘要	借方金额	贷方金额
月	日	字	号			

2. 现金日记账和银行存款日记账

现金日记账和银行存款日记账是企业必须具备的两种账簿。现金日记账账本一般购买一本就可以了。银行存款日记账则需要根据企业银行存款账户的多少和发生业务的多少决定，也可以先购买一本，若不够使用，用完这一本后再购入新账本也不迟。现金日记账格式见表5-3。

表 5-3　　　　　　　　　　　　　　　　现金日记账

年		凭证		对方科目	摘要	借方	贷方	借或贷	余额
月	日	字	号						

银行存款日记账的格式与现金日记账基本相同，有时为了便于提供数据和进行查对、汇总，也可以相应增加每笔收支业务所采用的结算方式一栏，其基本格式可参照现金日记账。

3. 明细分类账

每一个总账科目都对应着一个或几个明细分类账科目，各个账户明细账的期末余额之和应与其总账的期末余额相等。

明细分类账的设置不仅要适合企业自身管理的需要，还要满足税务、工商、银行、统计等各部门对企业信息资料的需要。

需设置的明细账和设置项目举例：

（1）资产类。

短期投资根据股票、债券、基金等短期投资种类进行设置；应收账款、预付账款根据客户名称设置；其他应收款根据应收部门、个人、项目来设置；原材料根据原材料的种类品名设置；长期股权投资根据被投资单位设置；固定资产根据固定资产的种类、型号设置（固定资产明细账每年不必更换新的账页）。

以原材料明细账举例，见表5-4。

表5-4　　　　　　　　　　　　　原材料明细账

明细科目：A材料

年		凭证		摘要	借方			贷方			借或贷	余额		
月	日	字	号		数量	单价	金额	数量	单价	金额		数量	单价	金额

（2）负债类。

短期借款根据短期借款的种类或对象设置；长期借款根据借款种类、贷款人和币种等明细科目设置；应付账款、预收账款根据客户名称设置；其他应付款根据应付的内容设置；应付职工薪酬根据工资、职工福利、社会保险费、住房公积金、工会经费、职工教育经费等明细科目结合所属部门设置；应交税费根据税费的种类设置。以应付职工薪酬明细账、应交增值税明细账举例，分别见表5-5、表5-6。

表5-5　　　　　　　　　　　　应付职工薪酬明细账

明细科目：

年		凭证		摘要	借方金额	贷方金额	借或贷	余额
月	日	字	号					

表 5-6 应交增值税明细账

年		凭证		摘要	借方			贷方				借或贷	余额
月	日	字	号		合计	进项税额	已交税金	合计	销项税额	出口退税	进项税额转出		

（3）成本类。

①制造费用明细账的设置。制造费用科目应按车间、部门设置多栏式明细账，按费用项目（职工薪酬、折旧费、修理费、办公费、水电费、机物料消耗、劳动保护费、低值易耗品摊销费、季节性和修理期间的停工损失等）设置专栏进行明细分类核算。制造费用明细账基本格式见表 5-7。

表 5-7 制造费用明细账
车间名称：

年		凭证		摘要	借方金额					余额
月	日	字	号		合计	职工薪酬	折旧费	机物料消耗	……	

②生产成本明细账的设置。"生产成本"科目应设置"基本生产成本"和"辅助生产成本"两个明细科目。"基本生产成本"科目用以核算生产产品的基本生产车间发生的费用，"辅助生产成本"科目用以核算动力、修理、运输等为生产服务的辅助生产车间发生的费用。

"基本生产成本"明细科目应按照基本生产车间和成本核算对象（产品的品种、类别、订单、批别、生产阶段等）设立三级明细，并按规定的成本项目（直接人工、直接材料、制造费用）在各三级明细中设立专栏核算；"辅助生产成本"明细科目应按辅助生产提供的劳务和产品（动力、修理、运输、自制工具、自制材料等）为成本计算对象设立三级明细，并按规定的成本项目（直接人工、直接材料、制造费用）在各三级明细中设立专栏核算。各公司可根据自身情况设置生产成本明细账，生产成本明细账基本格式见表 5-8。

表 5-8　　　　　　　　　　　　　　　　生成成本明细账

产品名称：

| 年 | | 凭证 | | 摘要 | 借方金额 | | | | | 余额 |
月	日	字	号		合计	直接材料	直接人工	制造费用	其他直接费用	

生产成本明细账的贷方，因一般只在期末结转一次完工产品成本时使用，为简化格式可不设贷方，生产成本从借方转出或冲销的发生额可在借方用红字（负数）登记。

（4）损益类。

明细账有主营业务收入、主营业务成本、销售费用、管理费用、财务费用、其他业务收入、其他业务成本、营业外收入、营业外支出、投资收益等。主营业务收入与主营业务成本明细账可根据产品的品种、批别、类别来设置；销售费用、管理费用、财务费用按照费用的种类设置；其他业务收入和其他业务成本根据业务内容来设置；营业外收入、营业外支出根据收入与支出的种类设置；投资收益则根据投资的性质与投资的种类来设置。以管理费用明细账为例，见表5-9。

表 5-9　　　　　　　　　　　　　　　管理费用明细账

| 年 | | 凭证 | | 摘要 | 借方金额 | | | | | | 余额 |
月	日	字	号		合计	职工薪酬	折旧费	办公费	差旅费	水电费	……	

温馨提醒

需要说明的是，企业应当根据自身的实际需要增减明细账的设置。以工业企业特有的两类明细账举例说明：

在采用实际成本计价的企业设置原材料明细账，核算各种材料的实际成本。而在按计划成本计价的企业，要增设材料采购明细账和材料成本差异明细账，按材料的品种、规格、型号登记材料采购的计划成本和发出材料的计划成本，并根据实际成本和计划成本的差异反映材料成本差异。材料成本差异明细账是原材料的备抵账户，同原材料相同，也是按材料的品种、规格、型号设置，反映各类或各种材料实际成本与计划成本的差异。

在规模比较小、成本核算要求较低的企业，只需设置生产成本明细账就可以了；而在对产品成本核算要求较高的企业，要分别设置基本生产成本明细账（也称产品成本明细分类账或产品成本计算表）和辅助生产成本明细账。基本生产成本明细账还要分车间、品种、批别、生产步骤再设置明细账。辅助生产成本明细账，还应根据配电、机修等辅助生产部门设置。

在对产品成本核算要求较高的企业，成本流程和核算比较复杂，所以在企业建账时，为了提高工作效率，规范成本计算过程，达到准确核算的目的，需要设计一些常用的计算表格，如材料费用分配表、工资费用分配表、折旧费用分配表、废品损失计算表、辅助生产费用分配表、产品生成成本表（见表5-10）、产品成本计算表等相关成本计算表格。推荐用EXCLE软件设计表格，相互关联的表格设在同一个文件里，每一个表内设置公式，工作表之间也设置公式，并用不同颜色标注，没有公式部分可以填写数字，需要的数字就能够自动生成了，达到事半功倍的效果。为了避免有公式区域不慎改动，除了设置不同颜色加以区分外，强烈建议使用"隐藏公式"和"保护工作表"功能将有公式区域的公式隐藏并保护起来。

表5-10   **产品生产成本表**

单位名称：   年   月   日   单位：元

项目	行次	上年实际	本月实际	本年累计实际
生产费用：				
直接材料	1			
其中：原材料	2			
燃料及动力	3			
直接人工	4			
制造费用	5			
生产费用合计	6			
加：在产品、自制半成品期初余额	7			
减：在产品、自制半成品期末余额	8			
产品生产成本合计	9			

4. 会计备查账簿

根据规定，所有企业都必须设置法定的会计账簿，包括总账、明细账、日记账和备查账簿。但是，有些企业不设置或很少设置备查账簿，这是会计基础工作弱化的表现，既不利于企业正确组织会计核算，也影响对企业经济活动的控制与监督。

备查账簿的作用是对序时账簿和分类账簿进行补充说明。备查账簿的设计，主要包括下列情形：

（1）所有权不属于本企业，但由企业暂时使用或代为保管的财产物资，如代管商品备查簿。

（2）对同一业务需要进行多方面登记的备查账簿，一般适用于大宗、贵重物资，如固定资产保管登记卡等。

（3）出于经营管理上的需要而设置的备查簿，如发票备查簿、应收票据备查簿等。

财务人员应该根据本企业的实际情况，设置必要的会计备查账簿，其设计方式可以灵活机动，不拘一格。常见的备查账簿有：

（1）设置"发票备查簿"，详细登记增值税专用发票、普通发票领购、填开、作废、缴销、结存等情况。

（2）设置"应收票据备查簿"，逐笔登记商业汇票的种类、号数和出票日、票面金额、交易合同号和付款人、承兑人、背书人的姓名或单位名称、到期日、背书转让日、贴现日、贴现率、贴现净额、收款日期、收回金额以及退票情况等资料。商业汇票到期结清票款或退票后，在备查簿中应予注销。应收票据备查簿格式见表5-11。

表5-11　　　　　　　　　　　　　　　　应收票据备查簿

种类	编号	出票日期	出票人	票面金额	到期日期	利率	付款人	承兑人	背书人	贴现			收回		注销	备注
										日期	贴现率	贴现额	日期	金额		

（3）设置"出租出借包装物备查簿"，包装物出租、出借和收回时，应在备查簿上进行登记。

（4）设置"在用低值易耗品备查簿"，在库、在用低值易耗品，使用部门退回仓库的低值易耗品，应在备查账簿上进行登记，以加强实物管理，低值易耗品损坏时及时作账务处理。

（5）设置"代管商品备查簿"，逐笔登记已经完成销售手续，但购买单位在月末未提取的库存商品。

（6）设置"分期收款发出商品备查簿"，详细记录分期收款发出商品的数量、成本、售价、代垫运杂费、已收取的货款和尚未收取的货款等有关情况。

（7）设置"租入租出固定资产备查簿"，登记租入和出租的固定资产名称、规格型号、原值、出租或租入日期、租赁到期日、对方单位名称等信息。出租固定资产登记簿格式见表5-12。

表 5-12   出租固定资产登记簿

资产名称	规格型号	合同号	承租单位	租赁开始日	租期	租赁到期日	租金	原值	折旧	备注

（8）设置"应付票据备查簿"，详细登记商业汇票的种类、号数和出票日期、到期日、票面金额、交易合同号、收款人姓名或单位名称以及付款日期和金额等资料，商业汇票到期结清票款后，在备查簿中应予注销。

（9）设置"企业所得税调整事项备查簿"，详细记录发生的企业所得税调整事项的原因、金额、预计转回期限、已转回金额等信息。

（10）短期投资的市场价格、存货的市场价格、应收账款账龄、固定资产折旧等也需要建立备查簿，以弥补由于历史成本计量导致不能真实反映资产质量的不足。

（11）固定资产保管登记卡。

其他行业可以参照工业企业建账，建账过程基本相同，只是使用会计科目和核算方法存在差异，只要广大会计人员举一反三，融会贯通，什么行业建账都不是难事。

三、会计账簿的记账规则

会计人员应当根据审核无误的会计凭证登记会计账簿。登记账簿的基本要求是：

1. 登记会计账簿时，应当将会计凭证日期、编号、业务内容摘要、金额和其他有关资料逐项记入账内，做到数字准确、摘要清楚、登记及时、字迹工整。

2. 登记完毕后，要在记账凭证上签名或者盖章，并注明已经登账的符号，表示已经记账。

3. 账簿中书写的文字和数字上面要留有适当空格，不要写满格，一般应占格距的二分之一。

4. 登记账簿要用蓝黑墨水或者碳素墨水书写，不得使用圆珠笔（银行的复写账簿除外）或者铅笔书写。

5. 下列情况，可以用红色墨水记账：

（1）按照红字冲账的记账凭证，冲销错误记录；

（2）在不设借贷等栏的多栏式账页中，登记减少数；

（3）在三栏式账户的余额栏前，如未印明余额方向的，在余额栏内登记负数余额；

（4）根据国家统一会计制度的规定可以用红字登记的其他会计记录。

6. 各种账簿按页次顺序连续登记，不得跳行、隔页。如果发生跳行、隔页，应当将空行、空页划线注销，或者注明"此行空白"、"此页空白"字样，并由记账人员签名或者盖章。

7. 凡需要结出余额的账户，结出余额后，应当在"借或贷"等栏内写明"借"或者"贷"等字样。没有余额的账户，应当在"借或贷"等栏内写"平"字，并在余额栏内用"－0－"表示。

现金日记账和银行存款日记账必须逐日结出余额。

8. 每一账页登记完毕结转下页时，应当结出本页合计数及余额，写在本页最后一行和下页第一行有关栏内，并在摘要栏内注明"过次页"和"承前页"字样；也可以将本页合计数及金额只写在下页第一行有关栏内，并在摘要栏内注明"承前页"字样。

对需要结计本月发生额的账户，结计"过次页"的本页合计数应当为自本月初起至本页末止的发生额合计数；对需要结计本年累计发生额的账户，结计"过次页"的本页合计数应当为自年初起至本页末止的累计数；对既不需要结计本月发生额也不需要结计本年累计发生额的账户，可以只将每页末的余额结转次页。

9. 实行会计电算化的单位，总账和明细账应当定期打印。

发生收款和付款业务的，在输入收款凭证和付款凭证的当天必须打印出现金日记账和银行存款日记账，并与库存现金核对无误。

10. 账簿记录发生错误，不准涂改、挖补、刮擦或者用药水消除字迹，不准重新抄写，必须按照下列方法进行更正：

（1）登记账簿时发生错误，应当将错误的文字或者数字划红线注销，但必须使原有字迹仍可辨认；然后在划线上方填写正确的文字或者数字，并由记账人员在更正处盖章。对于错误的数字，应当全部划红线更正，不得只更正其中的错误数字。对于文字错误，可只划去错误的部分。

（2）由于记账凭证错误而使账簿记录发生错误，应当按更正的记账凭证登记账簿。

四、对账

企业应当定期将会计账簿记录的有关数字与库存实物、货币资金、有价证券、往来单位或者个人等进行相互核对，保证账证相符、账账相符、账实相符。对账工作每年至少进行一次。

1. 账证核对

核对会计账簿记录与原始凭证、记账凭证的时间、凭证字号、内容、金额是否一致，记账方向是否相符。

2. 账账核对

核对不同会计账簿之间的账簿记录是否相符，包括：总账有关账户的余额核对，总账与明细账核对，总账与日记账核对，会计部门的财产物资明细账与财产物资保管和使用部门的有关明细账核对等。

3. 账实核对

核对会计账簿记录与财产等实有数额是否相符。包括：现金日记账账面余额与现金实际库存数相核对；银行存款日记账账面余额定期与银行对账单相核对；各种财物明细账账面余额与财物实存数额相核对；各种应收、应付款明细账账面余额与有关债务、债权单位或者个人核对等。

五、结账

1. 结账前

结账前必须将本期内所发生的各项经济业务全部登记入账。

2. 结账时

结账时应当结出每个账户的期末余额。需要结出当月发生额的，应当在摘要栏内注明"本月合计"字样，并在下面通栏划单红线。需要结出本年累计发生额的，应当在摘要栏内注明"本年累计"字样，并在下面通栏划单红线，12月末的"本年累计"就是全年累计发生额，全年累计发生额下面应当通栏划双红线。年度终了结账时，所有总账账户都应当结出全年发生额和年末余额。

3. 年度终了

年度终了要把各账户的余额结转到下一会计年度，并在摘要栏注明"结转下年"字样；在下一会计年度新建有关会计账簿的第一行余额栏内填写上年结转的余额，并在摘要栏注明"上年结转"字样。

6

第六章
差错查找与更正，让差错现出原形

有些人说"记账容易查账难"，意思是说会计记账稍有不慎而出现的差错，虽然有时金额不大性质也不严重，但是查起来却很费时费力，甚至有时为查一笔错账，花很大精力，半天都毫无头绪，加班加点直到深夜。因此，我们要求尽量不要出现差错，俗话说"亡羊补牢不如防患于未然"就是这个道理，所以要以防为主。但是万一出现差错，也不要着急上火，而要平心静气，仔细分析可能出错的原因，运用合理的查错账的方法，找出查错账的捷径，减少查错账的时间，从而将更多的时间和精力用在财务分析和财务管理上。因此，在实际工作中我们既要尽力防止错账的发生，也要善于把握错账发生的规律，善于总结查找错的方法，将错账及时更正。

一、会计差错的类型及预防措施

会计差错是会计人员由于工作失误（比如粗心大意）或业务水平不高而在计量、确认、记录等方面出现的非主观差错。

（一）常见的由于工作失误而导致的会计差错

1. 常见的由于工作失误而导致的会计差错

（1）抄写错误。

（2）错记借贷方向，红蓝字错用。

（3）错记账户。

（4）漏记、重记。

2. 根据在实际工作中发生的此类会计差错的各种情形，总结几条预防发生错账的方法

（1）思想集中。会计工作时思想必须高度集中，绝不可以"在聊天时工作，在工作时聊天"。

（2）书写规范。编制记账凭证、登记账簿、科目汇总、编制报表，步步数字书写都要做到标准、规范、清晰，不要写模糊数字，而让其他人员误认误记，比如"6"写得像"0"，"7"写得像"1"。

（3）时刻提醒。对"反向、红蓝、移位、颠倒、错格、串户"等差错的发生保持警惕，有效减少差错发生几率。

（4）加强复核。设置复核岗位，人员少的也要采取相互复核或自我复核。复核必须对编制记账凭证、科目汇总、记账、结账、报表层层进行复核。

（5）内部控制。建立健全会计内部控制制度，加强会计质量监控。

（二）常见的由于业务水平不高导致的会计差错

常见的由于业务水平不高导致的会计差错主要包括：

1. 账户分类以及计算错误

例如，根据小企业会计准则规定，固定资产的大修理支出应计入长期待摊费用，却计入了制造费用，导致账户分类上的错误。

2. 资本性支出与收益性支出划分差错

例如，企业购入的计算机，符合固定资产确认条件，但在记账时却记入了管理费用，导致账户分类上的错误，并导致在资产负债表和利润表上固定资产和管理费用的分类也有误，即多列支当期费用，少计提累计折旧，从而虚减当期利润。

3. 误用会计政策

例如，按照小企业会计准则规定，为购建固定资产而发生的借款费用，在固定资产尚未交付使用前发生的，应予资本化，计入所购建固定资产的成本。在固定资产交付使用后发生的，计入当期损益。如果企业固定资产尚未交付使用前发生的借款费用，也计入当期损益，予以费用化，则属于误用会计政策。

4. 对会计事项误解

例如，企业对某项建造工程应按建造合同规定的方法确认营业收入，但该企业按确认商品销售收入的原则确认收入。

5. 漏记已完成的交易或事项

例如，企业采用预收账款方式销售一批商品，商品已经发出，商品销售收入确认条件已经满足，但企业会计人员在期末时未将已实现的销售收入入账。

6. 会计期间内的业务区分不当

例如，在采用委托代销销售方式下，尚未收到货款，也没有超过180天，应以收到代销单位的代销清单时，确认销售收入的实现，如果企业在发出委托代销商品时即确认为收入，则为提前确认尚未实现的收入。

7. 会计估计错误

例如，企业在估计某项固定资产的尚可使用年限时，多估计或少估计了尚可使用年限，从而造成会计估计错误。

8. 其他由于业务水平不高导致的会计差错类型

对于此类会计差错，由于发生的原因是会计人员业务水平所致，所以预防此类错账的方法只能是：强化后续教育，加强会计知识学习，掌握最新财税政策，不断提高自身业务素质。

二、会计差错的查找方法

这里主要讲述因工作失误而导致的会计差错的查找方法。

在日常的会计核算中，差错时有发生。如果产生差错通常按照以下步骤进行查找：

第一步，确认差错的金额；

第二步，确认错在借方还是贷方；

第三步，根据差错的具体情况，分析产生差错的可能原因，采取相应的最佳查找方法，减少查账工作量，提高查账工作效率。

选择最佳查找方法是关键的一步，查找会计差错的方法有很多，现介绍几种常用的方法。

（一）顺查法（亦称正查法）

顺查法是按照账务处理的顺序（记账凭证—账簿—财务报表）进行查找的方法。即首先检查记账凭证是否正确，然后将记账凭证、原始凭证同账簿记录逐笔进行核对，最后检查有关账户的发生额和余额。这种检查方法的优点是检查的范围大，不易遗漏；缺点是工作量大，需要的时间比较长。所以在实际工作中，这种方法并不常用，只有在采用其他方法查找不到错误的情况下才采用这种方法。

（二）逆查法（亦称反查法）

这种方法与顺查法相反，是按照与账务处理相反的顺序（财务报表—账簿—凭证）查找的方法。即先检查有关账户的余额和发生额是否正确，然后再查有关账簿记录，最后查找记账凭证，与原始凭证进行逐笔核对，确定有关记账凭证的填制是否正确。这种方法的优缺点与顺查法基本相同。

（三）抽查法

抽查法是根据出现差错的具体情况分段、有重点地抽取一部分账簿记录进行局部检查的方法。这种方法的优点是有针对性、范围小，可以节省时间，减少工作量。

【例 6-1】 在核对账目时经常遇到仅相差几分钱的错账，这类错账一般来说是数字书写不规范而造成形状相像而发生的差错，这类账就可以用抽查法查找。某公司"应收账款"科目总账为 235 626.32 元，明细账之和为 235 626.23 元，差错是在角、分位上，只要查找元以下尾数即可，元以上数字不用逐项或逐笔地查找了；同理，如果差错是整数的千位、万位，只需查找千位、万位数即可。

（四）除二法

记账时稍有不慎，很容易将借贷方记反或红蓝字记反，总账一方记反账，则在试算平衡时发现借贷双方发生不平衡，出现差额。有一个特定的规律就是这个差额一定是偶数，能被 2 整除，所得的商数则在账簿上有记录，如果借方大于贷方，则说明将贷方错记为借方；反之，则说明将借方错记为贷方。如果明细账记反了，而总账记录正确，则总账发生额试算是正确的，可用总账与明细账核对的方法查找。

由于将差用二除得的商就是错账数，所以称这种查账方法为除二法，这是一种最常见而简便的查错账方法。

【例 6-2】 某公司 12 月试算平衡表借贷两方余额不平衡，其错账差数是 300.68 元，这个差数是偶数，300.68/2＝150.34 元，这样只要去查找 150.34 元这笔账是否记反方向就可以了。如果其错账差数是 300.67 元，错误差数是奇数，那就不能用"除二法"来查了。

（五）除九法

1. 两数前后颠倒

两数前后颠倒是指在登记账簿时把相邻的两个数字互换了位置。如"63"错记为"36"，或把"69"错记为"96"。把错误数与正确数之中的大数减去小数的差额是一个正数，这个数我们叫作错账差数，我们可以看到一个规律：错账差数能够被9整除，并且错账差数用九除得的商是错数前后两数之差。例如：

（1）差数是9那么错数前后两数之差是1。如10，21，32，43，54，65，76，87，89及其各"倒数"。

（2）差数是18，18/9＝2，那么错数前后两数之差是2。如20，31，42，53，64，75，86，97及其各"倒数"。

……

③差数是72/9＝8，那么错数前后两数之差是8，如80，91及其各"倒数"。

④差数是81/9＝9，那么错数前后两数之差是9，如90及其各"倒数"。

（这里的"倒数"是指相邻的两个数字颠倒的错数）

【例6-3】某公司总账借贷科目平衡，但总账与明细账不等，应收账款的总账科目余额为968.26万元，而明细账合计数为1 040.26万元。有关应收账款明细账的资料如下：

户名	金额（万元）
A	600.35
B	180.23
C	146.20
D	113.48
合计	1 040.26

查找步骤：

第一步，求错账差数：1 040.26－968.26＝72万元。

第二步，错账差数用九除：72万元/9＝8万元。

第三步，根据"错账差数用九除得的商是错数前后两数之差"在明细账中查找有无相邻两数相差为"8"的数字。经查，B客户"180.23"中的"8"－"0"＝8。可能是将"108.23"误写为"180.23"。

第四步，检查B客户有关记账凭证，明细账有误，B客户更正为"108.23"，重新加总，其合计数为968.26。

2. 隔位数字颠倒

隔位数字颠倒的一个规律是：隔位数字颠倒的错账差数都是99的倍数，错账差数中间数字必然是9，错账差数以9除之所得的商数必然是两位相同的数，如22，33，44，55，66……，并且错账差数以99除之所得的商是三位数中前后两数之差。例如：

（1）隔位数字之差是1，那么数字颠倒后的差数是99，如201与102、291与192、324与423、495与594、695与596的差数都是99。以9除之则商数为11。

（2）隔位数字之差是2，那么数字颠倒后的差数则是99×2＝198，如321与123、

654 与 456、567 与 765、705 与 507 的差数都是 198。以 9 除之则商数为 22。

（3）隔位数字之差是 3，那么数字颠倒后的差数则是 99×3＝297，如 451 与 154、562 与 265、693 与 396、764 与 467 的差数都是 297。以 9 除之则商数为 33。

（4）隔位数字之差是 4，那么数字颠倒后的差数则是 99×4＝396，如 561 与 165、682 与 286、763 与 367、965 与 569 的差数都是 396。以 9 除之则商数为 44。

（5）依此类推，隔位数字之差是 5，那么数字颠倒后的差数则是 99×5＝495；隔位数字之差是 6，那么数字颠倒后的差数则是 99×6＝594；隔位数字之差是 7，那么数字颠倒的差是 99×7＝693；隔位数字之差是 8，那么数字颠倒的差是 99×8＝792；隔位数字之差是 9，那么数字颠倒的差是 99×9＝891。

【例 6-4】 某公司总账借贷科目平衡，但应收账款总账与明细账相差 297 万元，有关应收账款明细账的资料如下：

户名	金额（万元）
A	451.35
B	182.23
C	467.20

查找方法：

错账差数 297 以 99 除之则商数为 3，根据"错账差数以 99 除之所得的商是三位数中前后两数之差"，于是可以在 A 客户 451.35，C 客户 467.20 中发现错误，其他客户不必检查，节约了时间。

3. 数字移位

数字移位又称错位，俗称大小数，即应记的位数不是前移就是后移，即小记大或大记小。例如，把千位数变成了百位数（大变小），把 1 900 记成 190；或把百位数变成千位数（小变大），把 190 记成 1 900。这是日常工作中较容易发生的差错，它的一个规律是：差数和差数每个数字之和是 9 的倍数，只要将错账差数用 9 除得的商就是错账数，错账数再乘以 10，得到的数与账上错误恰好相等。

【例 6-5】 会计将应收账款——某公司 6 000 元错记为 600 元，其差数为 5 400，这一差数和每个数字之和都是 9 的倍数，将差数分别用 9 除得的商则是 600，只要查找数字 600 就查到数字移位的错误了。

数字移位危害很大，向前移一位它的差数就虚增了 9 倍，向后移一位就虚减了 90%，如不及时查处会严重影响会计核算的正确性，甚至带来巨大的财产损失。因此，对这类错账必须高度警惕，要及早发现纠正，确保会计核算的正确性，减少不必要的损失。

（六）差数法

根据错账差数推测与差错有关的记录而直接查找的方法叫做差数法。这种方法主要适用于漏记、重记、串户的查找。

1. 漏记或重记

因记账疏忽而漏记或重记一笔账，只要直接查找到差数就可以了，这类错账最容易发生在本期内同样数字的账发生了若干笔的情况下，就容易发生漏记或重记。

（1）漏记的查找。①总账一方漏记。在试算平衡时，借贷双方发生额不平衡，出现一个差额，在总账与明细账核对时，某一总账所属明细账的借（或贷）方发生额合计数与总账的借（或贷）方发生额也出现一个差额，这两个差额正好相等。而且在总账与明细账中有与这个差额相等的发生额，则说明总账一方的借（或贷）漏记，借（或贷）方哪一方的数额小，漏记就在哪一方。②明细账一方漏记。总账试算平衡，但某一总账借（或贷）方发生额大于其所属各明细账借（或贷）发生额之和，则说明明细账一方可能漏记。

（2）重记的查找。①总账一方重记。在试算平衡时，借贷双方发生额不平衡，出现一个差额；在总账与明细账核对时，某一总账所属明细账的借（或贷）方发生额合计数小于该总账的借（或贷）方发生额，也出现一个差额，这两个差额正好相等，而且在总账与明细账中有与这个差额相等的发生额记录，则说明总账借（或贷）方重记，借（或贷）方哪一方的数额大，重记就在哪一方。②明细账一方重记。总账试算平衡，但某一总账借（或贷）方发生额小于其所属明细账借（或贷）方发生额之和，则可能是明细账一方记重。

【例6-6】某公司总账试算平衡，但应收账款总账借方发生额大于应收账款各明细账借方发生额之和，错账差数是1 000元，本期内应收账款借方发生额发生1 000元的账有6笔，则只需要查找借方发生额为1 000元的6笔明细账是否漏记就可以了。

说明：整个记账凭证重记或漏记，则没有明显的错误特征，只能用顺查法或逆查法逐笔查找。

2．串户

串户有两种情况：记账串户和科目汇总串户。

（1）记账串户。

【例6-7】某公司12月试算平衡表是平衡的，但总账与分户明细账核对时却发现应收账款与应付账款各发生差数6 600元，可以运用差数法到应收账款或应付款账户中直接查找6 600元的账是否串户。果然，记账凭证是"借：应收账款——某公司6 600元"，而记账时误记入"借：应付账款——某公司6 600元"。

（2）科目汇总串户。

【例6-8】某公司科目汇总时将"借：应收账款——某公司6 600元"误作为"借：应付账款——某公司6 600元"汇总了，在总账与分类明细账核对时这两科目同时发生差数6 600元，经过查对记账凭证，记账没有发生串户，那么必定是科目汇总时发生差错。

（七）源头法

有时候，对本期发生额查了半天都没有查出问题，但报表就是不平衡，在这种情况下不妨追查一下上期结转数字，核对一下是否在结转记账时有差错，也许问题恰恰出在那个"源头"。

三、会计差错的更正原则

（一）针对性原则

更正会计差错首先要认真判断是哪类差错，针对不同的差错类别，对症下药，选用不同的更正方法。

（二）规范化原则

要按规范纠正会计差错，严禁挖、擦、补、涂改等不规范的做法。财政部发布的《小企业会计准则》、《会计基础工作规范》和国家税务总局发布的《增值税日常稽查办法》等法律法规是会计差错更正必须遵守的法律法规。只有遵从这些统一的规定，会计工作才具有规范化，更正后的会计信息才符合可比性的质量要求。而不规范的做法，则会导致账务混乱，是很不利于纠错的。

（三）及时性原则

错账查出后必须及时纠正，从而消除错误的会计信息，真实地反映会计核算情况，维护和保证会计信息质量，为报表使用人决策提供更有价值的参考。

（四）符合性原则

更正会计差错，往往需要作出新的账务处理，新的账务处理必须符合会计原理和核算程序。只有符合会计原理和核算程序，才能反映账务处理的来龙去脉，才能清晰地表达账务处理的思路，才能做到账务核算准确，才能使账务处理保持连续性和完整性。

四、会计差错的更正方法

《小企业会计准则》第八十八条规定，小企业对会计政策变更、会计估计变更和会计差错更正应当采用未来适用法进行会计处理。

《会计基础工作规范》规定，如果账簿记录发生错误，则应按照规定采用划线更正法进行更正；已经登记入账的记账凭证，在当年内发现填写错误时，可以用红字填写一张与原内容相同的记账凭证，在摘要栏注明"注销某月某日某号凭证"字样，同时再用蓝字重新填制一张正确的记账凭证，注明"订正某月某日某号凭证"字样；如果会计科目没有错误，只是金额错误，也可以将正确数字与错误数字之间的差额，另编一张调整的记账凭证，调增金额用蓝字，调减金额用红字；发现以前年度记账凭证有错误的，应当用蓝字填制一张更正的记账凭证。

参照《会计基础工作规范》规定，总结更正会计差错的技术方法包括划线更正法、补记差额法、差额红字冲正法、补结余额法、红字注销法、蓝字更正法、综合调整法等。更正账簿差错的方法有划线更正法、补记差额法、差额红字冲正法、补结余额法等；更正记账凭证差错的方法有红字注销法、蓝字更正法、综合调整法等。详细说明如下：

1. 划线更正法

在错账的数字上划一条红线注销，然后在错账上方记上正确的数字，并在红线末端加盖记账人印章。

2. 补记差额法

发现错账连续几次少记差额，若用红线更正，已结余额必须全部划红线重结余额，严重影响账册整洁清晰，所以建议采用补记差额法，在补记账的摘要栏说明"补记某月某日某号凭证少记差额"。

3. 差额红字冲正法

发现错账连续几次多记差额，若用划红更正，已结余额必须全部划红线重结余额，严重影响账册整洁清晰，就在相同方向将多记差额用红字冲正，在补记账的摘要栏说明"冲销某月某日某号凭证多记差额"。

4. 补结余额法

发现错账仅属余额错结，如错结余额不多可用划红线更正，如已错结余额账很多，用划红线更正将严重影响账册整洁清晰，所以建议采用补结正确余额的办法，在补记账的摘要栏说明"某月某日某号凭证错结余额特更正"。

5. 红字注销法

如果会计科目没有错误，只是金额多记，可以将正确数字与错误数字之间的差额，另编一张调整的记账凭证用红字调减金额，摘要栏要说明"冲销某月某日某号凭证多记金额"

6. 蓝字更正法

如果会计科目没有错误，只是金额少记，可以将正确数字与错误数字之间的差额，另编一张调整的记账凭证用蓝字调增金额，摘要栏要说明"更正某年某月某日某号凭证少记金额"。

7. 综合调整法

发现错误的会计分录，先将错误会计分录用红字冲销，摘要栏要说明"冲销某月某日某号凭证"，而后用蓝字编制正确的会计分录，摘要栏要说明"订正某月某日某号凭证"。

举例如下：

【例 6-9】 20×2 年 4 月，发现 20×2 年 2 月份管理部门固定资产应计提折旧 10 000 元，实际计提折旧 1 000 元。发现差错，应及时调整。

(1) 蓝字更正法

借：管理费用   9 000

    贷：累计折旧   9 000

(2) 综合调整法

借：管理费用   1 000（红字）

    贷：累计折旧   1 000（红字）

借：管理费用   10 000（蓝字）

    贷：累计折旧   10 000（蓝字）

总之，更正会计差错首先要确定差错类型，然后根据差错类型及时、科学、合理地选取会计差错更正的规范方法，严禁挖、擦、补、涂等不规范的方法。当然，会计差错更正只是纠错的补救措施，加强日常财务管理和监督工作，预防控制会计差错的发生才是纠错的根本之道。最后，在实际工作中，希望大家不断总结经验，掌握查账技巧，灵活运用，得心应手，提高工作效率，尽量避免差错，将更多的时间用于财务管理中去。

7

第七章
账务处理程序，选择最适合你的

我国常用的账务处理程序（会计核算形式）一般有以下五种：

（1）记账凭证账务处理程序；

（2）汇总记账凭证账务处理程序；

（3）科目汇总表账务处理程序；

（4）多栏式日记账账务处理程序；

（5）日记总账账务处理程序。

我们主要讲述前三种账务处理程序，后两种账务处理程序使用的企业较少，这里不讲述。

一、记账凭证账务处理程序

记账凭证账务处理程序是根据原始凭证或汇总原始凭证编制记账凭证，然后直接根据记账凭证逐笔登记总分类账的一种账务处理程序。

这是最基本的一种会计账务处理程序，其他各种账务处理程序，都是以它为基础发展演化而成的。

（一）记账凭证账务处理程序需要设置的凭证与账簿

采用记账凭证账务处理程序时，需要设置三类记账凭证，即收款凭证、付款凭证和转账凭证，以便据以登记总账。

在这种账务处理程序下，需要设置的账簿主要包括特种日记账（现金日记账和银行存款日记账）和分类账（总分类账和明细分类账）。其中特种日记账一般采用三栏式；总账采用三栏式，并按照各个总账科目（一级科目）开设账页；明细账则可视业务特点和管理需要，采用三栏式、数量金额式或多栏式。

（二）记账凭证核算形式账务处理程序

在记账凭证核算形式账务处理程序下，会计处理的一般程序包括以下七个基本步骤：

（1）根据原始凭证编制汇总原始凭证；

（2）根据审核无误的原始凭证或者汇总原始凭证，编制记账凭证（包括收款、付款和转账凭证三类）；

（3）根据收、付款凭证逐日逐笔登记现金日记账和银行存款日记账；

（4）根据原始凭证、汇总原始凭证和记账凭证编制有关的明细分类账；

（5）根据记账凭证逐笔登记总分类账；

（6）期末，将日记账的余额以及各种明细账的余额合计数，分别与总账中有关账户的余额核对相符；

（7）期末，根据经核对无误的总账和有关明细账的记录，编制财务报表。

（三）记账凭证账务处理程序的优缺点和适用范围

1. 优点

采用记账凭证账务处理程序，简单明了，易于理解，总分类账可以较详细地记录和反映企业发生的经济业务。

2. 缺点

总分类账是根据记账凭证逐笔登记的，工作量较大。

3. 适用范围

记账凭证账务处理程序适用于规模较小、经济业务量较少的企业。

二、汇总记账凭证账务处理程序

汇总记账凭证账务处理程序是根据原始凭证或汇总原始凭证编制记账凭证，定期根据记账凭证分类编制汇总收款凭证、汇总付款凭证和汇总转账凭证，再根据汇总记账凭证登记总分类账的一种账务处理程序。

（一）汇总记账凭证账务处理程序需要设置的凭证与账簿

在汇总记账凭证账务处理程序中，除设置收款凭证、付款凭证和转账凭证外，还应设置汇总收款凭证、汇总付款凭证和汇总转账凭证。

账簿的设置与记账凭证账务处理程序基本相同。

（二）汇总记账凭证账务处理程序

在汇总记账凭证账务处理程序下，会计处理的一般程序包括以下八个基本步骤：

（1）根据原始凭证编制汇总原始凭证；

（2）根据原始凭证或汇总原始凭证，编制记账凭证；

（3）根据收款凭证、付款凭证逐笔登记现金日记账和银行存款日记账；

（4）根据原始凭证、汇总原始凭证和记账凭证，登记各种明细分类账；

（5）根据各种记账凭证编制有关汇总记账凭证；

（6）根据各种汇总记账凭证登记总分类账；

（7）期末，现金日记账、银行存款日记账和明细分类账的余额同有关总分类账的余额核对相符；

（8）期末，根据总分类账和明细分类账的记录，编制财务报表。

（三）汇总记账凭证账务处理程序的优缺点和适用范围

优点：减轻了登记总分类账的工作量，便于记账凭证的归类整理，账户之间的对应关系明确。

缺点：增加填制汇总记账凭证的工作，比较繁琐；不利于会计核算的日常分工。

适用范围：规模较大、经济业务较多的单位。

三、科目汇总表账务处理程序

科目汇总表账务处理程序，是指定期地将所有记账凭证汇总编制成科目汇总表，据以登记总分类账的一种账务处理程序。

这种账务处理程序在实际工作中应用范围比较广泛，这是企业最常用的账务处理程序，也是笔者最为推崇的一种。

（一）科目汇总表账务处理程序需要设置的账簿

企业应设置现金、银行存款日记账，各种总分类账和明细分类账。

现金日记账、银行存款日记账一般采用三栏式的账页。由于据以登记总分类账的科目汇总表只汇总填列各科目的借方发生额和贷方发生额，而不反映它们的对应关系，所以在这种会计核算形式下，总分类账一般采用不设"对方科目"的三栏式格式。各种明细分类账应根据所记录的经济业务内容和经营管理上的要求，可采用三栏式、数量金额式或多栏式的账页。

（二）科目汇总表的编制方法

科目汇总表，是指根据记账凭证定期汇总编制，以表格形式列示有关总分类账户的本期发生额合计数，据以登记总分类账的一种汇总记账凭证。

科目汇总表，是根据一定时期内（一般为每月）的全部记账凭证，按照相同的会计科目归类，定期汇总每一个会计科目的借方发生额和贷方发生额，并将发生额填入科目汇总表的相应栏目内。由于借贷记账法的记账规则是"有借必有贷，借贷必相等"，所以在编制的科目汇总表内，全部总账科目的借方发生额合计数与贷方发生额合计数相等。

（三）科目汇总表核算形式账务处理程序

在科目汇总表账务处理程序下，会计处理的一般程序包括以下七个基本步骤：

（1）根据原始凭证或原始凭证汇总表，编制记账凭证（收款凭证、付款凭证和转账凭证或通用记账凭证等）。

（2）根据收款凭证和付款凭证，逐笔登记现金日记账和银行存款日记账。

（3）根据记账凭证及其所附的原始凭证或原始凭证汇总表登记各种明细账。

（4）根据一定时期内的全部记账凭证，汇总编制科目汇总表。

（5）根据定期编制的科目汇总表，登记总分类账。

（6）月终，将现金日记账、银行存款日记账的余额，以及各种明细分类账户余额合计数，分别与总分类账中有关科目的余额核对相符。

（7）月终，根据核对无误的总分类账和各种明细分类账编制财务报表。

（四）科目汇总表账务处理程序的优缺点和适用范围

1. 优点

采用科目汇总表账务处理程序，可以大大减少登记总账的工作量，还可以定期就科目汇总表进行试算平衡，便于及时发现问题，采取措施。

2. 缺点

科目汇总表是按总账科目汇总编制的，不能反映账户之间的对应关系，只能作为登记总账和试算平衡的依据，不便于分析和检查经济业务的来龙去脉，不便于查对账目。

3. 适用范围

科目汇总表核算形式适用于业务频繁、规模大的大中型企业，尤其适用于经济业务较多的企业。

目前，在实际会计工作中，不管企业大小、业务多少、行业类别，实际上大都采用这种财务处理程序，其他五种核算程序已经很少使用。

CHAPTER

8

第八章
财务报表编制，只需一点点时间

在第二章我们已经看到了资产负债表、利润表、现金流量表的格式，下面我们就来分别看看这三大报表的编制方法及财务报表附注的编写，最后告诉大家快速、准确编制财务报表的秘诀。

一、资产负债表的编制

资产负债表的编制，参见"资产负债表项目内容与填列方法"（见表 8-1）。

表 8-1   资产负债表项目内容与填列方法

项目	内容	填列方法
货币资金	反映小企业库存现金、银行存款、其他货币资金的合计数。	根据"库存现金"、"银行存款"和"其他货币资金"科目的期末余额合计填列。
短期投资	反映小企业购入的能随时变现并且持有时间不准备超过 1 年的股票、债券和基金投资的余额。	根据"短期投资"科目的期末余额填列。
应收票据	反映小企业收到的未到期收款也未向银行贴现的应收票据（银行承兑汇票和商业承兑汇票）。	根据"应收票据"科目的期末余额填列。
应收账款	反映小企业因销售商品、提供劳务等日常生产经营活动应收取的款项。	根据"应收账款"的期末余额分析填列。如"应收账款"科目期末为贷方余额，应当在"预收账款"项目列示。
预付款项	反映小企业按照合同规定预付的款项。包括：根据合同规定预付的购货款、租金、工程款等。	根据"预付账款"科目的期末借方余额填列。如"预付账款"科目期末为贷方余额，应当在"应付账款"项目列示。属于超过 1 年期以上的预付账款的借方余额应当在"其他非流动资产"项目列示。

续表

项目	内容	填列方法
应收股利	小企业应收取的现金股利或利润。	根据"应收股利"科目的期末余额填列。
应收利息	小企业债券投资应收取的利息。小企业购入一次还本付息债券应收的利息，不包括在本项目内。	根据"应收利息"科目的期末余额填列。
其他应收款	小企业除应收票据、应收账款、预付账款、应收股利、应收利息等以外的其他各种应收及暂付款项。包括：各种应收的赔款、应向职工收取的各种垫付款项等。	根据"其他应收款"科目的期末余额填列。
存货	反映小企业期末在库、在途和在加工中的各项存货的成本。包括：各种原材料、在产品、半成品、产成品、商品、周转材料（包装物、低值易耗品等）、消耗性生物资产等。	根据"材料采购"、"在途物资"、"原材料"、"材料成本差异"、"生产成本"、"库存商品"、"商品进销差价"、"委托加工物资"、"周转材料"、"消耗性生物资产"等科目的期末余额分析填列。
其他流动资产	反映小企业除以上流动资产项目外的其他流动资产（含1年内到期的非流动资产）。	根据有关科目的期末余额分析填列。
长期债券投资	反映小企业准备长期持有的债券投资的本息。	根据"长期债券投资"科目的期末余额分析填列。
长期股权投资	反映小企业准备长期持有的权益性投资的成本。	根据"长期股权投资"科目的期末余额填列。
固定资产原价	反映小企业固定资产的原价（成本）。	根据"固定资产"科目的期末余额填列。
累计折旧	反映小企业固定资产计提的累计折旧。	根据"累计折旧"科目的期末余额填列。
固定资产账面价值	反映小企业固定资产原价扣除累计折旧后的余额。	根据"固定资产"科目的期末余额减去"累计折旧"科目的期末余额后的金额填列。
在建工程	反映小企业尚未完工或虽已完工，但尚未办理竣工决算的工程成本。	根据"在建工程"科目的期末余额填列。
工程物资	反映小企业为在建工程准备的各种物资的成本。	根据"工程物资"科目的期末余额填列。
固定资产清理	反映小企业因出售、报废、毁损、对外投资等原因处置固定资产所转出的固定资产账面价值以及在清理过程中发生的费用等。	根据"固定资产清理"科目的期末借方余额填列；如"固定资产清理"科目期末为贷方余额，以"—"号填列。
生产性生物资产	反映小企业生产性生物资产的账面价值。	根据"生产性生物资产"科目的期末余额减去"生产性生物资产累计折旧"科目的期末余额后的金额填列。

项目	内容	填列方法
无形资产	反映小企业无形资产的账面价值。	根据"无形资产"科目的期末余额减去"累计摊销"科目的期末余额后的金额填列。
开发支出	反映小企业正在进行的无形资产研究开发项目满足资本化条件的支出。	根据"研发支出"科目的期末余额填列。
长期待摊费用	反映小企业尚未摊销完毕的已提足折旧的固定资产的改建支出、经营租入固定资产的改建支出、固定资产的大修理支出和其他长期待摊费用。	根据"长期待摊费用"科目的期末余额分析填列。
其他非流动资产	小企业除以上非流动资产以外的其他非流动资产。	根据有关科目的期末余额分析填列。
短期借款	反映小企业向银行或其他金融机构等借入的期限在1年内的、尚未偿还的各种借款本金。	根据"短期借款"科目的期末余额填列。
应付票据	反映小企业因购买材料、商品和接受劳务等日常生产经营活动开出、承兑的商业汇票（银行承兑汇票和商业承兑汇票）尚未到期的票面金额。	根据"应付票据"科目的期末余额填列。
应付账款	反映小企业因购买材料、商品和接受劳务等日常生产经营活动尚未支付的款项。	根据"应付账款"科目的期末余额填列。如"应付账款"科目期末为借方余额，应当在"预付账款"项目列示。
预收款项	反映小企业根据合同规定预收的款项。包括：预收的购货款、工程款等。	根据"预收账款"科目的期末贷方余额填列；如"预收账款"科目期末为借方余额，应当在"应收账款"项目列示。属于超过1年期以上的预收账款的贷方余额应当在"其他非流动负债"项目列示。
应付职工薪酬	反映小企业应付未付的职工薪酬。	根据"应付职工薪酬"科目期末余额填列。
应交税费	反映小企业期末未交、多交或尚未抵扣的各种税费。	根据"应交税费"科目的期末贷方余额填列；如"应交税费"科目期末为借方余额，以"一"号填列。
应付利息	反映小企业尚未支付的利息费用。	根据"应付利息"科目的期末余额填列。
应付利润	反映小企业尚未向投资者支付的利润。	根据"应付利润"科目的期末余额填列。
其他应付款	反映小企业除应付账款、预收账款、应付职工薪酬、应交税费、应付利息、应付利润等以外的其他各项应付、暂收的款项。包括：应付租入固定资产和包装物的租金、存入保证金等。	根据"其他应付款"科目的期末余额填列。

续表

项目	内容	填列方法
其他流动负债	反映小企业除以上流动负债以外的其他流动负债（含1年内到期的非流动负债）。	根据有关科目的期末余额填列。
长期借款	反映小企业向银行或其他金融机构借入的期限在1年以上的、尚未偿还的各项借款本金。	根据"长期借款"科目的期末余额分析填列。
长期应付款	反映小企业除长期借款以外的其他各种应付未付的长期应付款项。包括：应付融资租入固定资产的租赁费、以分期付款方式购入固定资产发生的应付款项等。	根据"长期应付款"科目的期末余额分析填列。
递延收益	反映小企业收到的、应在以后期间计入损益的政府补助。	根据"递延收益"科目的期末余额分析填列。
其他非流动负债	反映小企业除以上非流动负债项目以外的其他非流动负债。	根据有关科目的期末余额分析填列。
实收资本（或股本）	反映小企业收到投资者按照合同协议约定或相关规定投入的、构成小企业注册资本的部分。	根据"实收资本（或股本）"科目的期末余额分析填列。
资本公积	反映小企业收到投资者投入资本超出其在注册资本中所占份额的部分。	根据"资本公积"科目的期末余额填列。
盈余公积	反映小企业（公司制）的法定公积金和任意公积金，小企业（外商投资）的储备基金和企业发展基金。	根据"盈余公积"科目的期末余额填列。
未分配利润	反映小企业尚未分配的历年结存的利润。	根据"利润分配"科目的期余额填列。未弥补的亏损，在本项目内以"－"号填列。

二、利润表的编制

利润表的编制，参见"利润表项目内容与填列方法"（见表8-2）。

表8-2　　　　　　　利润表项目内容与填列方法

项目	内容	填列方法
营业收入	反映小企业销售商品和提供劳务所实现的收入总额。	根据"主营业务收入"科目和"其他业务收入"科目的发生额合计填列。
营业成本	反映小企业所销售商品的成本和所提供劳务的成本。	根据"主营业务成本"科目和"其他业务成本"科目的发生额合计填列。

项目	内容	填列方法
营业税金及附加	反映小企业开展日常生产活动应负担的消费税、营业税、城市维护建设税、资源税、土地增值税、城镇土地使用税、房产税、车船税、印花税和教育费附加、矿产资源补偿费、排污费等。	根据"营业税金及附加"科目的发生额填列。
销售费用	反映小企业销售商品或提供劳务过程中发生的费用。	根据"销售费用"科目的发生额填列。
管理费用	反映小企业为组织和管理生产经营发生的其他费用。	根据"管理费用"科目的发生额填列。
财务费用	反映小企业为筹集生产经营所需资金发生的筹资费用。	根据"财务费用"科目的发生额填列。
投资收益	反映小企业股权投资取得的现金股利（或利润）、债券投资取得的利息收入和处置股权投资和债券投资取得的处置价款扣除成本或账面余额、相关税费后的净额。	根据"投资收益"科目的发生额填列；如为投资损失，以"一"号填列。
营业利润	反映小企业当期开展日常生产经营活动实现的利润。	根据营业收入扣除营业成本、营业税金及附加、销售费用、管理费用和财务费用，加上投资收益后的金额填列。如为亏损，以"一"号填列。
营业外收入	反映小企业实现的各项营业外收入金额。包括：非流动资产处置净收益、政府补助、捐赠收益、盘盈收益、汇兑收益、出租包装物和商品的租金收入、逾期未退包装物押金收益、确实无法偿付的应付款项、已作坏账损失处理后又收回的应收款项、违约金收益等。	根据"营业外收入"科目的发生额填列。
营业外支出	反映小企业发生的各项营业外支出金额。包括：存货的盘亏、毁损、报废损失，非流动资产处置净损失，坏账损失，无法收回的长期债券投资损失，无法收回的长期股权投资损失，自然灾害等不可抗力因素造成的损失，税收滞纳金，罚金，罚款，被没收财物的损失，捐赠支出，赞助支出等。	根据"营业外支出"科目的发生额填列。
利润总额	反映小企业当期实现的利润总额。	根据营业利润加上营业外收入减去营业外支出后的金额填列。如为亏损总额，以"一"号填列。
所得税费用	反映小企业根据企业所得税法确定的应从当期利润总额中扣除的所得税费用。	根据"所得税费用"科目的发生额填列。

续表

项目	内容	填列方法
净利润	反映小企业当期实现的净利润。	根据利润总额扣除所得税费用后的金额填列。如为净亏损，以"—"号填列。

三、现金流量表的编制

现金流量表的编制方法有三种：工作底稿法、T形账户法、分析填列法。

我们知道，在实际工作中，按照工作底稿法、T形账户法编制现金流量表，需要资产负债表、利润表、明细账等大量的基础数据，需要财务人员在平时就要按月做好数据的积累准备工作，工作量可想而知。因此，在实际工作中，很少有人用这两种方法编制现金流量表。也正是因为这种情况的普遍存在，我们在这里只讲解一种方法——分析填列法。这种方法速度快，也是实际工作中会计人员最常用的方法。

就分析填列法而言，许多用前两种方法填列比较困难的经营活动产生的现金流量项目都可以用公式来完成，这样就简单多了，比如"销售产成品、商品、提供劳务收到的现金"、"收到其他与经营活动有关的现金"、"购买原材料、商品、接受劳务支付的现金"、"支付其他与经营活动有关的现金"等项目，而其他的投资或筹资活动项目由于每年发生业务不像经营业务那么频繁，也就几笔业务，填列只需简单分析就可搞定了。

下面我们就来看看分析填列法下的现金流量表各项目的填列方法。

现金流量表的编制，参见"经营活动产生的现金流量项目内容及填列方法"（见表8-3）、"投资活动产生的现金流量项目内容及填列方法"（见表8-4）、"筹资活动产生的现金流量项目内容及填列方法"（见表8-5）。

表8-3　　　　　　　　经营活动产生的现金流量项目内容及填列方法

项目	内容	填列方法
销售产成品、商品、提供劳务收到的现金	反映小企业本期销售产成品、商品、提供劳务收到的现金。主要包含下列项目： 1. 本期收到本期销售产成品、商品、提供劳务的现金；2. 本期收到前期销售产成品、商品、提供劳务的现金；3. 本期预收的货款等。 说明：1. 收到的增值税销项税额不构成本项目的内容，而应属于"收到其他与经营活动有关的现金"项目的构成内容；2. 销售材料收到的现金、代购代销业务收到的现金也构成本项目内容；3. 本期因退回销售的产成品和商品而支付的现金，应从该项目中扣除。	根据"库存现金"、"银行存款"和"主营业务收入"等科目的本期发生额分析填列。 销售产成品、商品、提供劳务收到的现金＝营业收入＋（应收票据期初余额－应收票据期末余额）＋（应收账款期初余额－应收账款期末余额）＋（预收账款期末余额－预收账款期初余额）－本期收到非现金资产抵债减少的应收账款、应收票据的金额－本期发生的现金折扣－本期发生的票据贴现利息（不附追索权）＋收到的带息票据的利息±其他特殊调整业务。 说明：上述公式中的项目均为不含税额。

续表

项目	内容	填列方法
收到其他与经营活动有关的现金	反映小企业本期收到的其他与经营活动有关的现金。主要包含下列项目：1．收到的增值税销项税额；2．收到的各种税费返还及政府补助的其他现金；3．经营租赁收到的现金；4．由个人赔款和保险理赔的现金收入；5．收到捐赠的现金；6．收到的押金、保证金、违约金等。	根据"库存现金"和"银行存款"等科目的本期发生额分析填列。收到其他与经营活动有关的现金＝营业外收入相关明细本期贷方发生额＋其他业务收入相关明细本期贷方发生额＋其他应收款相关明细本期贷方发生额＋其他应付款相关明细本期贷方发生额＋银行存款利息收入＋收到的增值税销项税额。
购买原材料、商品、接受劳务支付的现金	反映小企业本期购买原材料、商品、接受劳务支付的现金。主要包含下列项目：1．本期购买原材料、商品、接受劳务支付的现金；2．本期支付前期购买原材料、商品、接受劳务的未付款项；3．本期支付的预付款项等。说明：1．支付的增值税进项税额不构成本项目的内容，而应属于"支付的税费"项目的构成内容；2．代购代销业务支付的现金也构成本项目的内容；3．本期发生的购货退回收到的现金，应从本项目中扣除；4．已支付的已资本化在存货中的借款费用不构成本项目的内容，而应属于"偿还借款利息支付的现金"项目的构成内容。	根据"库存现金"、"银行存款"、"其他货币资金"、"原材料"、"库存商品"等科目的本期发生额分析填列。购买原材料、商品、接受劳务支付的现金＝营业成本＋（存货期末余额－存货期初余额）＋本期发生的增值税进项税额＋（应付票据期初余额－应付票据期末余额）＋（应付账款期初余额－应付账款期末余额）＋（预付账款期末余额－预付账款期初余额）－本期以非现金资产抵债减少的应付账款、应付票据的金额＋本期支付的应付票据的利息－本期取得的现金折扣＋本期毁损的外购商品成本－本期销售产品成本和期末存货中产品成本中所包含的不属于购买商品、接受劳务支付现金的费用（如当期列入生产成本、制造费用的职工薪酬、折旧费和固定资产修理费等除材料以外的其他费用）±其他特殊调整业务。说明：上述公式中的项目均为不含税额。
支付的职工薪酬	反映小企业本期向职工支付的薪酬。主要包含下列项目：1．支付的职工工资、奖金、津贴、补贴、福利、工会经费、职工教育经费、五险一金等费用；2．因与职工解除劳动关系给与的现金补偿；3．其他与获得职工提供的服务相关而支付的现金等。说明：这里的职工包括小企业中从事在建工程的人员和从事无形资产开发项目的人员。	根据"库存现金"、"银行存款"、"应付职工薪酬"科目的本期发生额填列。

续表

项目	内容	填列方法
支付的税费	反映小企业本期支付的税费。主要包含下列项目： 1. 本期发生并支付的税费；2. 本期支付以前各期发生的税费；3. 本期预交的税费等。 说明：1. 支付的税收滞纳金也构成本项目的内容；2. 代扣代缴的个人所得税也构成本项目的内容；3. 本期退回的税费不构成本项目的内容，而应属于"收到其他与经营活动有关的现金"项目的构成内容。	根据"库存现金"、"银行存款"、"应交税费"等科目的本期发生额填列。
支付其他与经营活动有关的现金	反映小企业本期支付的其他与经营活动有关的现金。即小企业支付的除"购买原材料、商品、接受劳务支付的现金"、"支付的职工薪酬"、"支付的税费"三个项目以外的现金。 说明：小企业（批发业、零售业）在购买商品过程中支付的运输费、包装费、装卸费、保险费等，也构成本项目的内容。	根据"库存现金"、"银行存款"等科目的本期发生额分析填列。 支付其他与经营活动有关的现金 ＝ "管理费用"中除职工薪酬和未支付现金的费用外的其他费用＋"制造费用"中除职工薪酬和未支付现金的费用外的其他费用＋"销售费用"中除职工薪酬和未支付现金的费用外的其他费用＋"财务费用"中支付的结算手续费＋"其他应收款"中支付的职工差旅费等其他费用＋"其他应付款"中支付的租金等其他费用＋"营业外支出"中支付的罚款等其他费用。

表 8-4　　　　　　　　投资活动产生的现金流量项目内容及填列方法

项目	内容	填列方法
收回短期投资、长期债券投资和长期股权投资收到的现金	反映小企业出售、转让或到期收回短期投资、长期股权投资而收到的现金，以及收回长期债券投资本金而收到的现金，不包括长期债券投资收回的利息。到期收回的短期债权性投资和长期债券投资的利息收入不构成本项目的内容，而应属于"取得投资收益收到的现金"项目的构成内容。	根据"库存现金"、"银行存款"、"短期投资"、"长期股权投资"、"长期债券投资"等科目的本期发生额分析填列。
取得投资收益收到的现金	反映小企业因权益性投资和债权性投资取得的现金股利或利润和利息收入。取得的股票股利不产生现金流量，不构成本项目的内容。	根据"库存现金"、"银行存款"、"投资收益"等科目的本期发生额分析填列。
处置固定资产、无形资产和其他非流动资产收回的现金净额	反映小企业处置固定资产、无形资产和其他非流动资产取得的现金，减去为处置这些资产而支付的有关税费等后的净额。	根据"库存现金"、"银行存款"、"固定资产清理"、"无形资产"、"生产性生物资产"等科目的本期发生额分析填列。

续表

项目	内容	填列方法
短期投资、长期债券投资和长期股权投资支付的现金	反映小企业进行权益性投资和债权性投资支付的现金。包括：企业取得短期股票投资、短期债券投资、短期基金投资、长期债券投资、长期股权投资支付的现金。小企业购买股票和债券时，实际支付的价款中包含的已宣告但尚未领取的现金股利或已到付息期但尚未领取的债券利息，不构成本项目的内容，而应属于"支付其他与经营活动有关的现金"项目的构成内容	根据"库存现金"、"银行存款"、"短期投资"、"长期债券投资"、"长期股权投资"等科目的本期发生额分析填列。
购建固定资产、无形资产和其他非流动资产支付的现金	反映小企业购建固定资产、无形资产和其他非流动资产支付的现金。包括：购买机器设备、无形资产、生产性生物资产支付的现金、建造工程支付的现金等现金支出。为购建固定资产、无形资产和其他非流动资产而发生借款费用资本化部分的现金不构成本项目的内容，而应属于"偿还借款利息支付的现金"项目的构成内容；支付给在建工程和无形资产开发项目人员的薪酬不构成本项目的内容，而应属于"支付的职工薪酬"项目的构成内容。	根据"库存现金"、"银行存款"、"固定资产"、"在建工程"、"无形资产"、"研发支出"、"生产性生物资产"等科目的本期发生额分析填列。

表8-5　　　　筹资活动产生的现金流量项目内容及填列方法

项目	内容	填列方法
取得借款收到的现金	反映小企业举借各种短期、长期借款收到的现金。	根据"库存现金"、"银行存款"、"短期借款"、"长期借款"等科目本期发生额分析填列。
吸收投资者投资收到的现金	反映小企业收到的投资者作为资本投入的现金。	根据"库存现金"、"银行存款"、"实收资本"、"资本公积"等科目的本期发生额分析填列。
偿还借款本金支付的现金	反映小企业以现金偿还各种短期、长期借款的本金。	根据"库存现金"、"银行存款"、"短期借款"、"长期借款"等科目的本期发生额分析填列。
偿还借款利息支付的现金	反映小企业以现金偿还各种短期、长期借款的利息。以现金偿还的除利息费用以外的辅助费用等其他借款费用也构成本项目的内容。	根据"库存现金"、"银行存款"、"应付利息"等科目的本期发生额分析填列。
分配利润支付的现金	反映小企业向投资者实际支付的利润。	根据"库存现金"、"银行存款"、"应付利润"等科目的本期发生额分析填列。

四、财务报表附注的编写

附注是财务报表不可或缺的组成部分，是对在资产负债表、利润表和现金流量表中列示项目的文字描述或明细资料，以及对未能在这些报表中列示项目的说明等。附注与资产负债表、利润表、现金流量表具有同等的重要性，是财务报表的重要组成部分。报表使用者了解企业的财务状况、经营成果和现金流量，应当全面阅读附注。

小企业应当按照《小企业会计准则规》定披露附注信息，主要包括下列内容：

1. 遵循小企业会计准则的声明。小企业应当声明编制的财务报表符合小企业会计准则的要求，真实、完整地反映了小企业的财务状况、经营成果和现金流量等有关信息。

2. 短期投资、应收账款、存货、固定资产项目的说明。

（1）短期投资的披露格式见表 8-6。

表 8-6

项目	期末账面余额	期末市价	期末账面余额与市价的差额
1. 股票			
2. 债券			
3. 基金			
4. 其他			
合计			

（2）应收账款按账龄结构披露的格式见表 8-7。

表 8-7

账龄结构	期末账面余额	年初账面余额
1 年以内（含 1 年）		
1 年至 2 年（含 2 年）		
2 年至 3 年（含 3 年）		
3 年以上		
合计		

（3）存货的披露格式见表 8-8。

表 8-8

存货种类	期末账面余额	期末市价	期末账面余额与市价的差额
1. 原材料			
2. 在产品			
3. 库存商品			
4. 周转材料			
5. 消耗性生物资产			
⋮			
合计			

（4）固定资产的披露格式见表 8-9。

表 8-9

项目	原价	累计折旧	期末账面价值
1. 房屋、建筑物			
2. 机器			
3. 机械			
4. 运输工具			
5. 设备			
6. 器具			
7. 工具			
⋮			
合计			

3. 应付职工薪酬、应交税费项目的说明。

（1）应付职工薪酬的披露格式见表 8-10。

表 8-10　　　　　　　　**应付职工薪酬明细表**

会小企 01 表附表 1

编制单位：　　　　　　　　　　　年　　月　　　　　　　　　　单位：元

项目	期末账面余额	年初账面余额
1. 职工工资		
2. 奖金、津贴和补贴		
3. 职工福利费		
4. 社会保险费		
5. 住房公积金		
6. 工会经费		
7. 职工教育经费		
8. 非货币性福利		
9. 辞退福利		
10. 其他		
合计		

（2）应交税费的披露格式见表 8-11。

表 8-11   应交税费明细表

会小企 01 表附表 2

编制单位：   年   月   单位：元

项目	期末账面余额	年初账面余额
1. 增值税		
2. 消费税		
3. 营业税		
4. 城市维护建设税		
5. 企业所得税		
6. 资源税		
7. 土地增值税		
8. 城镇土地使用税		
9. 房产税		
10. 车船税		
11. 教育费附加		
12. 矿产资源补偿费		
13. 排污费		
14. 代扣代缴的个人所得税		
⋮		
合计		

4. 利润分配的说明见表 8-12。

表 8-12   利润分配表

会小企 01 表附表 3

编制单位：   年   月   单位：元

项目	行次	本年金额	上年金额
一、净利润	1		
加：年初未分配利润	2		
其他转入	3		
二、可供分配的利润	4		
减：提取法定盈余公积	5		
提取任意盈余公积	6		
提取职工奖励及福利基金*	7		
提取储备基金*	8		
提取企业发展基金*	9		
利润归还投资**	10		
三、可供投资者分配的利润	11		
减：应付利润	12		
四、未分配利润	13		

*提取职工奖励及福利基金、提取储备基金、提取企业发展基金这三个项目仅适用于小企业（外商投资）按照相关法律规定提取的三项基金。

**利润归还投资这个项目仅适用于小企业（中外合作经营）根据合同规定在合作期间归还投资者的投资。

5. 用于对外担保的资产名称、账面余额及形成的原因；未决诉讼、未决仲裁以及对外提供担保所涉及的金额。

6. 发生严重亏损的，应当披露持续经营的计划、未来经营的方案。

7. 对已在资产负债表和利润表中列示项目与企业所得税法规定存在差异的纳税调整过程。

8. 其他需要说明的事项。

五、快速准确编制财务报表的秘诀

说是秘诀，其实并不难，非常好学、好用。然而，在笔者的身边，却极少有会计想到这种办法，可见我们的会计创新思维的缺乏。还有个别的会计虽然想到了，但是却不知道怎么把想法变成现实。

每当去企业服务，看到有人在按计算器的时候，看到他们在纸上画 T 形账的时候，看到他们为了几分钱几块钱的差额借贷不平苦苦对账的时候，我心里很是替他们着急，就会积极传授给他们我做财务报表的经验，他们才恍然大悟，原来还有这么简单快速准确的方法！运用此法，再也不必按计算器了，再也不必画 T 形账了，再也不会出现借贷不平的情况了，再也不用为编制报表而加班记账了。

这个秘诀就是利用办公软件 Excel 来编制报表，即把每个表作为工作表放到同一个 Excel 文件中，在表间设置好公式，只需录入基础数据，财务报表就会自动生成。用这种方法的好处是：不用登记明细账、总账就能做出准确的财务报表。当然，要记得及时补记明细账和总账。这就大大提高了效率，不用加班加点为了出报表记账了。

当然，在使用财务软件的企业是没有必要使用这种方法的，但是，现在还有很大部分小企业仍然使用手工记账，因此，此法仍是大部分会计人员提高工作效率的好武器。

有的会计可能会认为自己的 Excel 水平很差，这里可以告诉大家，这种方法非常简单，用不了多少 Excel 知识，甚至 Excel 零基础都可以学会的！

当然，对那些 Excel 水平相当高的会计人员来说，甚至可以设计出输入凭证即可自动生成明细账、多栏账、总账、财务报表的电子表格，这需要设计者不但具备高超的 Excel 专业技能，还要掌握一定的财务专业知识，同时具备这两项技能者是少之又少，显然对于广大会计人员来说并不现实，因此，这里不作介绍。

其实对大部分会计来说，只需掌握本书介绍的简单秘诀就足够了。

下面来介绍这个秘诀：

秘诀思路：设置"科目登记汇总表"、"科目本期发生额和余额表"、"明细账基础数据表"、"资产负债表"、"利润表"、"现金流量表"六个工作表于同一个工作簿（命名为"财务报表编制模板"）中，设置表间表内公式，只需录入基础数据，财务报表即可自动生成。

第一步，按企业常用科目顺序编制科目登记汇总表。

编制科目登记汇总表时，要考虑企业可能用到的所有会计科目，并且按照会计科目表的顺序编制。而我们在这里仅为了说明快速准确编制财务报表的方法，没有必要列出所有会计科目，因此，我们假设甲公司仅用到表 8-13 中的会计科目。

表 8-13　　　　　　　　　　科目登记汇总表

编制单位：甲公司　　　　　　　　　年　　月　　日　　　　　　　　单位：元

库存现金			银行存款			短期投资		
号码	借方	贷方	号码	借方	贷方	号码	借方	贷方
小计			小计			小计		
应收账款			**预付账款**			**原材料**		
号码	借方	贷方	号码	借方	贷方	号码	借方	贷方
小计			小计			小计		
库存商品			**周转材料**			**固定资产**		
号码	借方	贷方	号码	借方	贷方	号码	借方	贷方
小计			小计			小计		
累计折旧			**应付账款**			**应付职工薪酬**		
号码	借方	贷方	号码	借方	贷方	号码	借方	贷方
小计			小计			小计		
应交税费			**实收资本**			**本年利润**		
号码	借方	贷方	号码	借方	贷方	号码	借方	贷方
小计			小计			小计		

续表

利润分配			生产成本			制造费用		
号码	借方	贷方	号码	借方	贷方	号码	借方	贷方
小计			小计			小计		
主营业务收入			主营业务成本			营业税金及附加		
号码	借方	贷方	号码	借方	贷方	号码	借方	贷方
小计			小计			小计		
销售费用			管理费用			所得税费用		
号码	借方	贷方	号码	借方	贷方	号码	借方	贷方
小计			小计			小计		

说明：

1. 此表格使用 Excel 编制（下同），号码填写"凭证号码"，小计为"会计科目本期发生额小计"（设置颜色），设置好公式并锁定。然后再将所有小计借方合计作为"借方发生额合计"，将所有小计贷方合计作为"贷方发生额合计"，再设置公式"借方发生额合计－贷方发生额合计"作为平衡检查，设置颜色并锁定。这样将记账凭证逐份录入此表中，可以随时通过设置的平衡检查表格检查录入凭证是否正确，再也不用担心记账借贷不平问题！

2. 在做凭证时，一定要记住：成本、费用类科目在借方登记（减少时，借记负数），收入类科目在贷方登记（减少时，贷记负数）。

3. 行数不够可以直接插入行，公式会跟着进行正确的设置，大家可以放心使用。

第二步，按科目登记汇总表中科目顺序编制科目本期发生额和余额表，见表8-14。

表 8-14   科目本期发生额和余额表

编制单位：甲公司   年   月   单位：元

账户名称（会计科目）	期初余额		本期发生额		期末余额	
	借方	贷方	借方	贷方	借方	贷方
库存现金						
银行存款						
短期投资						
应收账款						
预付账款						
原材料						
库存商品						
周转材料						
固定资产						
累计折旧						
应付账款						
应付职工薪酬						
应交税费						
实收资本						
本年利润						
利润分配						
生产成本						
制造费用						
主营业务收入						
主营业务成本						
营业税金及附加						
销售费用						
管理费用						
所得税费用						
合计						

说明：

1. 把这个表的期末余额栏设置公式：期末余额（借方）＝期初余额（借方）＋本期发生额（借方）－本期发生额（贷方），期末余额（贷方）＝期初余额（贷方）＋本期发生额（贷方）－本期发生额（借方）；每个科目的本期发生额借方（贷方）＝"科目登记汇总表"中相应科目的小计借方（贷方）。将设置好公式的区域设置颜色并锁定。

2. 初次使用此方法时，期初余额的录入一定要记住：资产、成本科目在借方录入（为贷方的，应以负数录入），负债、权益科目在贷方录入（为借方的，应以负数录入），损益类科目一般无余额。

3. 以后每月期初余额不必录入，可以将上月的期末余额直接使用"选择性粘贴——数值"粘贴过来。

第三步：将资产负债表（见表 8-15）、利润表（见表 8-16）和科目本期发生额和余额表（表 8-14）设置表间公式。

表 8-15　　　　　　　　　　　　　资产负债表

会小企 01 表

编制单位：甲公司　　　　　　　　　　　年　月　日　　　　　　　　　　　单位：元

资产	行次	期末余额	年初余额	负债和所有者权益	行次	期末余额	年初余额
流动资产：				流动负债：			
货币资金	1			短期借款	31		
短期投资	2			应付票据	32		
应收票据	3			应付账款	33		
应收账款	4			预收账款	34		
预付账款	5			应付职工薪酬	35		
应收股利	6			应交税费	36		
应收利息	7			应付利息	37		
其他应收款	8			应付利润	38		
存货	9			其他应付款	39		
其中：原材料	10			其他流动负债	40		
在产品	11			流动负债合计	41		
库存商品	12			非流动负债：			
周转材料	13			长期借款	42		
其他流动资产	14			长期应付款	43		
流动资产合计	15			递延收益	44		
非流动资产：				其他非流动负债	45		
长期债券投资	16			非流动负债合计	46		
长期股权投资	17			负债合计	47		
固定资产原价	18						
减：累计折旧	19						
固定资产账面价值	20						
在建工程	21						
工程物资	22						
固定资产清理	23						
生产性生物资产	24			所有者权益（或股东权益）：			
无形资产	25			实收资本（或股本）	48		
开发支出	26			资本公积	49		
长期待摊费用	27			盈余公积	50		
其他非流动资产	28			未分配利润	51		
非流动资产合计	29			所有者权益（或股东权益）合计	52		
资产总计	30			负债和所有者权益（或股东权益）总计	53		

表 8-16　　　　　　　　　　　　**利润表**

会小企 02 表

编制单位：甲公司　　　　　　　　　　年　　月　　　　　　　　　　单位：元

项目	行次	本年累计金额	本月金额
一、营业收入	1		
减：营业成本	2		
营业税金及附加	3		
其中：消费税	4		
营业税	5		
城市维护建设税	6		
资源税	7		
土地增值税	8		
城镇土地使用税、房产税、车船税、印花税	9		
教育费附加、矿产资源补偿费、排污费	10		
销售费用	11		
其中：商品维修费	12		
广告费和业务宣传费	13		
管理费用	14		
其中：开办费	15		
业务招待费	16		
研究费用	17		
财务费用	18		
其中：利息费用（收入以"—"号填列）	19		
加：投资收益（损失以"—"号填列）	20		
二、营业利润（亏损以"—"号填列）	21		
加：营业外收入	22		
其中：政府补助	23		
减：营业外支出	24		
其中：坏账损失	25		
无法收回的长期债券投资损失	26		
无法收回的长期股权投资损失	27		
自然灾害等不可抗力因素造成的损失	28		
税收滞纳金	29		
三、利润总额（亏损总额以"—"号填列）	30		
减：所得税费用	31		
四、净利润（净亏损以"—"号填列）	32		

说明：

1. 把甲公司资产负债表的期末余额与科目本期发生额和余额表的期末余额之间设置公式。例如：资产负债表的"货币资金"＝"科目本期发生额和余额表"中的"库存现金"＋"银行存款"

（甲公司没有"其他货币资金"）；

资产负债表的"存货"＝"科目本期发生额和余额表"中的"原材料"＋"库存商品"＋"周转材料"＋"生产成本"（甲公司没有其他存货项目）；

资产负债表的"固定资产"＝"科目本期发生额和余额表"中的"固定资产"－"累计折旧"；

资产负债表的"实收资本"＝"科目本期发生额和余额表"中的"实收资本"。

2. 把利润表的本月金额与"科目本期发生额和余额表"的本期发生额之间设置公式。例如：

利润表的"营业收入"＝"科目本期发生额和余额表"中的"主营业务收入"（甲公司没有"其他业务收入"）；

利润表的"销售费用"＝"科目本期发生额和余额表"中的"销售费用"。

3. 把资产负债表、利润表的表内公式设置好。把设置公式的单元格区域设置颜色并锁定。

4. 利润表中的"其中："项目无法自动生成，但是数据一般很好取得，直接在电子表格中的单元格中输入即可。如：营业税金及附加下面的各种税费项目一般涉及2～3张凭证，只需简单相加即可。

　　第四步，设置"明细账基础数据表"，并设置现金流量表与资产负债表、利润表、明细账基础数据表的表间公式。

　　现金流量表（见表8-18）的编制不但使用资产负债表和利润表两大主表，还要用到明细账等基础数据，但是我们还是有办法设置公式的。这就需要我们设置一个"明细账基础数据表"，此表包含企业常见的与现金流量表有关的项目，具体到某个企业的实际会计业务中，这些项目比理论上的项目少得多，所以设置起来也并不复杂，甲公司设置的明细账基础数据表见表8-17。

表8-17　　　　　　　　　明细账基础数据表

编制单位：甲公司　　　　　年　月　日　　　　　　单位：元

序号	项目	金额
1	本期收到非现金资产抵债减少的应收账款	
2	本期发生的现金折扣	
3	其他与销售商品、提供劳务有关的特殊调整业务	
4	本期以非现金资产抵债减少的应付账款	
5	本期取得的现金折扣	
6	本期毁损的外购商品成本	
7	其他与购买商品、接受劳务有关的特殊调整业务	
⋮	（其他项目略，读者可以自己根据自己公司具体业务列）	

表8-18　　　　　　　　　现金流量表

会小企03表

编制单位：甲公司　　　　　年　月　　　　　　单位：元

项目	行次	本年累计金额	本月金额
一、经营活动产生的现金流量：			
销售产成品、商品、提供劳务收到的现金	1		
收到其他与经营活动有关的现金	2		
购买原材料、商品、接受劳务支付的现金	3		

续表

项目	行次	本年累计金额	本月金额
支付的职工薪酬	4		
支付的税费	5		
支付其他与经营活动有关的现金	6		
经营活动产生的现金流量净额	7		
二、投资活动产生的现金流量：			
收回短期投资、长期债券投资和长期股权投资收到的现金	8		
取得投资收益收到的现金	9		
处置固定资产、无形资产和其他非流动资产收回的现金净额	10		
短期投资、长期债券投资和长期股权投资支付的现金	11		
购建固定资产、无形资产和其他非流动资产支付的现金	12		
投资活动产生的现金流量净额	13		
三、筹资活动产生的现金流量：			
取得借款收到的现金	14		
吸收投资者投资收到的现金	15		
偿还借款本金支付的现金	16		
偿还借款利息支付的现金	17		
分配利润支付的现金	18		
筹资活动产生的现金流量净额	19		
四、现金净增加额	20		
加：期初现金余额	21		
五、期末现金余额	22		

说明：

1. 明细账基础数据表项目可由企业根据自身实际情况设置。比如，甲公司估计将来不会有长期债券投资发生，那么长期债券投资支付的现金、取得的长期债券投资的利息和收回长期债券投资收到的现金这三个项目就不必设置；再比如，甲公司没有借款，那么本期实际借款支出这个项目就不必设置。

2. 设置现金流量表与资产负债表、利润表、明细账基础数据表的表间公式。例如，现金流量表的第1行"销售产成品、商品、提供劳务收到的现金"＝"利润表"中的"营业收入"本年金额＋"资产负债表"中的"应收票据、应收账款、预收账款"（期初余额－期末余额）－"明细账基础数据表"中的序号1项目－"明细账基础数据表"中的序号2项目±"明细账基础数据表"中的序号3项目。

3. 设置现金流量表的表内公式。设置好公式后锁定。

至此，包含六个工作表的工作簿成功设置完成，保存下来作为模板，取名为"财务报表编制模板"。

第五步，"财务报表编制模板"的使用

这个方法使用起来相当方便，每个月使用时复制，将上个月的科目本期发生额和余额表中的期末余额复制到本月的期初余额中。

在其他凭证做完之后、损益类科目结转凭证之前，先把其他凭证数据填入科目登记汇总表，然后再根据科目本期发生额和余额表中损益类科目汇总数做结转损益类科目的凭证，再把最后这份结转凭证填入科目登记汇总表。至此，凭证数据全部填入科目登记汇总表，与此同时，资产负债表已经自动生成，利润表本月金额也自动生成，利润表本年累计金额就很简单了，两秒钟不到就能搞定。

自动生成的资产负债表和利润表，一般准确无误，但是，我们还需要注意两种情况是否有必要调整：一是"应收账款"、"预收账款"和"应付账款"、"预付账款"项目明细中是否存在负数需要调整；二是长期资产（负债）中是否存在一年内到期的非流动资产（负债）需要调整。

接下来，再填写明细账基础数据表（虽然明细账尚未记账，但是这些项目通常涉及的当月凭证并不多，甚至没有发生业务，数据很好取得），现金流量表也就出来了。

资产负债表、利润表、现金流量表三大主表轻松编制后，一个月的会计处理就可以说接近尾声了。至于总账和明细账就啥时有空啥时记了（往来账、材料账要及时记，因为有对账要求），总账可以比照科目本期发生额和余额表直接抄写，明细账可以有空的时候慢慢记。月末月初的工作效率是不是大大提高了？是不是不用急着加班记账赶制报表了？是不是从此再也不为借贷不平烦恼了？

这个秘诀的具体应用效果与效率，我们将在"会计实战篇"中去体会，用魔术师刘谦的话就是"见证奇迹的时刻到了"。

9

第九章
企业纳税事项知多少，
懂税务的会计才是好会计

俗话说，会计、税务不分家，在企业越来越重视税务处理的今天，税务处理水平的高低已经成为衡量一个会计人员业务能力的重要标志之一。在人们心目中，普遍认为不懂税务的会计不是一个好会计，合格的会计人员都必须掌握一定的税务知识。

正是为了满足广大会计人员对税务知识的需求，帮助广大会计人员快速掌握足够的税法知识，笔者对于会计人员日常工作中应当掌握和需要注意的税务事项进行了整理汇总，并设计了简洁直观的表格，使读者读起来有种轻松、简单之感，以便更加容易地学习掌握税法知识。

一、增值税常见纳税事项

（一）一般纳税人增值税常见纳税事项

一般纳税人增值税常见纳税事项汇总见表 9-1。

表 9-1　　　　　　　　　　一般纳税人增值税常见纳税事项

购入一般货物	用于应税项目，取得抵扣凭证。	支付的增值税借记"应交税费——应交增值税（进项税额）"科目。
	用于应税项目，未取得抵扣凭证。	支付的增值税计入货物成本。
	用于非应税项目，不管是否取得抵扣凭证。	
进口货物	取得海关进口增值税专用缴款书	按照海关进口增值税专用缴款书上注明的增值税额借记"应交税费——应交增值税（进项税额）"科目。
购入免税货物	企业购进免税货物一般不能抵扣。	支付的增值税计入货物成本。
	购进免税农产品。	支付的增值税借记"应交税费——应交增值税（进项税额）"科目。

销售一般货物	销售货物或者提供加工、修理修配劳务，不管开具何种发票（即使没有开具发票），也要按照税法缴纳增值税。	按照销售额和规定税率计算并向购买方收取的增值税额记入"应交税费——应交增值税（销项税额）"。
视同销售	将自产或者委托加工的货物用于非增值税应税项目、集体福利或者个人消费；将自产、委托加工或者购进的货物作为对外投资、分配给股东或者投资者、无偿赠送。	用于非增值税应税项目、无偿赠送的增值税视同销售行为，在会计上不做收入，直接按照成本转账；其他视同销售行为，应当确认收入，结转成本。
兼营不同税率的货物或者应税劳务	分别核算不同税率货物或者应税劳务的销售额；未分别核算销售额的，从高适用税率。	
兼营免税、减税项目	分别核算免税、减税项目的销售额；未分别核算销售额的，不得免税、减税。	
兼营非增值税应税项目	纳税人的经营范围既包括增值税应税项目又包括非增值税应税项目，但不发生在同一项销售行为中。	分别核算货物或者应税劳务的销售额和非增值税应税项目的营业额；未分别核算的，由主管税务机关核定货物或者应税劳务的销售额。
一般混合销售行为	一项销售行为既涉及货物又涉及非增值税应税劳务（属于应缴营业税的交通运输业、建筑业、金融保险业、邮电通信业、文化体育业、娱乐业、服务业税目征收范围的劳务）。	从事货物的生产、批发或者零售的企业、企业性单位和个体工商户的混合销售行为，视为销售货物，应当缴纳增值税；其他单位和个人的混合销售行为，视为销售非增值税应税劳务，不缴纳增值税。
特殊混合销售行为	销售自产货物并同时提供建筑业劳务。	分别核算货物的销售额和非增值税应税劳务的营业额，并根据其销售货物的销售额计算缴纳增值税，非增值税应税劳务的营业额不缴纳增值税；未分别核算的，由主管税务机关核定其货物的销售额。
出口产品	实行"免、抵、退"管理办法的小企业	当期出口产品不予免征、抵扣和退税的增值税额，借记"主营业务成本"，贷记"应交税费——应交增值税（进项税额转出）"。当期予以抵扣的增值税额，借记"应交税费——应交增值税（出口抵减内销产品应纳税额）"，贷记"应交税费——应交增值税（出口退税）"。当期予以退回的增值税款，借记"其他应收款"，贷记"应交税费——应交增值税（出口退税）"。
	未实行"免、抵、退"管理办法的小企业	出口产品实现销售时，借记"应收账款"等科目，按照税法规定应收的出口退税，借记"其他应收款"，按照税法规定不予退还的增值税额，借记"主营业务成本"；按照销售商品收入，贷记"主营业务收入"，按照税法规定应交的增值税额，贷记"应交税费——应交增值税（销项税额）"。

不得从销项税额中抵扣进项税额的情形	下列项目的进项税额不得从销项税额中抵扣： ①用于非增值税应税项目、免征增值税项目、集体福利或者个人消费的购进货物或者应税劳务； ②非正常损失的购进货物及相关的应税劳务； ③非正常损失的在产品、产成品所耗用的购进货物或者应税劳务； ④国务院财政、税务主管部门规定的纳税人自用消费品； ⑤第①项至第④项规定的货物的运输费用和销售免税货物的运输费用。	购进货物时能够确定进项税额不能抵扣的，直接将进项税额计入购入货物及接受劳务的成本；购进货物时无法确定进项税额能否抵扣的，可先记入"进项税额"，待确定发生不予抵扣项目时，再通过"进项税额转出"，记入相关科目。
销项税额的确定	开具增值税专用发票和增值税普通发票，按发票上注明的税额确定。没有开具增值税专用发票和增值税普通发票的，按公式计算确定：销项税额＝不含税销售额×增值税税率，不含税销售额＝含税销售额÷（1＋增值税税率），销售额为纳税人销售货物或者应税劳务向购买方收取的全部价款和价外费用，但是不包括收取的销项税额。价外费用，包括价外向购买方收取的手续费、补贴、基金、集资费、返还利润、奖励费、违约金、滞纳金、延期付款利息、赔偿金、代收款项、代垫款项、包装费、包装物租金、储备费、优质费、运输装卸费以及其他各种性质的价外收费。但下列项目不包括在内： （1）受托加工应征消费税的消费品所代收代缴的消费税； （2）同时符合以下条件的代垫运输费用： ①承运部门的运输费用发票开具给购买方的； ②纳税人将该项发票转交给购买方的。 （3）同时符合以下条件代为收取的政府性基金或者行政事业性收费： ③由国务院或者财政部批准设立的政府性基金，由国务院或者省级人民政府及其财政、价格主管部门批准设立的行政事业性收费； ④收取时开具省级以上财政部门印制的财政票据； ⑤所收款项全额上缴财政。 （4）销售货物的同时代办保险等而向购买方收取的保险费，以及向购买方收取的代购买方缴纳的车辆购置税、车辆牌照费。 纳税人有条例第七条所称价格明显偏低并无正当理由或者有本细则第四条所列视同销售货物行为而无销售者者，按下列顺序确定销售额： （1）按纳税人最近时期同类货物的平均销售价格确定。 （2）按其他纳税人最近时期同类货物的平均销售价格确定。 （3）按组成计税价格确定。组成计税价格的公式为： $$组成计税价格＝成本×（1＋成本利润率）$$ 属于应征消费税的货物，其组成计税价格中应加计消费税额。 公式中的成本是指：销售自产货物的为实际生产成本，销售外购货物的为实际采购成本。公式中的成本利润率由国家税务总局确定。

进项税额的确定	①取得增值税专用发票,按值税专用发票上注明的税额抵扣。 ②取得海关进口增值税专用缴款书,按海关进口增值税专用缴款书上注明的税额抵扣。 ③取得农产品收购发票或者销售发票,按照农产品收购发票或者销售发票上注明的农产品买价和13%的扣除率计算的进项税额抵扣。买价,包括纳税人购进农产品在农产品收购发票或者销售发票上注明的价款和按规定缴纳的烟叶税。进项税额计算公式: $$进项税额=买价×13\%$$ 注:自 2012 年 7 月 1 日起,以购进农产品为原料生产销售液体乳及乳制品、酒及酒精、植物油的增值税一般纳税人,纳入农产品增值税进项税额核定扣除试点范围,其购进农产品无论是否用于生产上述产品,增值税进项税额均按照《农产品增值税进项税额核定扣除试点实施方法》的规定抵扣,对部分液体乳及乳制品实行全国统一的扣除标准。(财税〔2012〕38 号) ④取得运输费用结算单据,按照运输费用结算单据上注明的运输费用金额和7%的扣除率计算的进项税额抵扣。运输费用金额,是指运输费用结算单据上注明的运输费用(包括铁路临管线及铁路专线运输费用)、建设基金,不包括装卸费、保险费等其他杂费。运输费用和其他杂费合并开具运杂费的,不得抵扣。进项税额计算公式: $$进项税额=运输费用金额×7\%$$
进项税额转出的确定	①若确定原材料购入时原抵扣的进项税额,直接转出即可,若不能确定则需要计算出原材料应该转出的进项税额,需要注意相应的运费进项税额也要一并转出,计算公式为: $$进项税额转出=(材料成本-运费)×17\%+运费/(1-7\%)×7\%$$ ②若原材料是免税农产品,计算公式为: $$进项税额转出=原材料成本/(1-13\%)×13\%$$ ③在产品、产成品发生上述行为,在确定进项税额转出金额时,按照生产这些在产品、产成品所耗用购进货物或应税劳务已经抵扣了的进项税额计算,而不是在产品、产成品的实际成本,因为实际成本里还包括一些没有抵扣过的诸如人工费、折旧费等成本费用。 在产品、产成品所耗用购进货物或应税劳务已经抵扣了的进项税额能够确定的,直接转出,不能确定的则计算转出,计算公式同①。 ④已抵扣进项税额的固定资产在发生上述行为的情况下,按下列公式确定进项税额转出金额: $$进项税额转出=固定资产净值×适用税率$$
月末缴纳增值税	缴纳增值税时,借记"应交税费——应交增值税(已交税金)"科目,贷记"银行存款"科目。
应纳增值税税额的计算	应纳增值税税额=销项税额-(进项税额+上期留抵税额-进项税额转出-免抵退货物应退税额)+简易办法应纳税额+纳税检查调整税额
纳税期限	一般纳税人申报期限为每月 1—15 日(遇最后一日为法定节假日的,顺延 1 日;在每月 1—15 日内有连续 3 日以上法定休假日的,按休假日天数顺延,要随时关注税务局通知),一般纳税人必须在申报期限内进行抄税(抄税之前不能开票),并携带税控 IC 卡及相关资料到办税服务厅办理报税工作,逾期未报税会使税控 IC 卡锁死,不能开票。锁死期是按当月申报期来定,比如说 5 月申报期限是到 5 月 20 日,超过 20 天不到税务局报税 IC 卡就会锁死。 强烈建议企业应该在每月 1 日抄税,抄税后在规定申报期限内到税务机关报税。

(二) 小规模纳税人增值税常见纳税事项

1. 一般情况下,小规模纳税企业销售货物或者提供应税劳务,只能开具普通发票,不能开具增值税专用发票,普通发票上的金额为含税销售额,而小规模纳税人的销售额不包括其应纳增值税额，在计算增值税税额时，应先将含税销售额转化为不含税销售额。

$$应纳增值税税额＝不含税销售额×征收率$$

$$不含税销售额＝含税销售额÷（1＋征收率）$$

小规模纳税人增值税征收率为3%，征收率的调整，由国务院决定。

2. 小规模纳税企业购入货物无论是否取得增值税专用发票，其支付的增值税额均不计入进项税额，不得由销项税额抵扣，而计入购入货物的成本。

二、消费税常见纳税事项

消费税常见纳税事项及税目税率分别见表9-2和表9-3。

表 9-2 消费税常见纳税事项

企业将生产的应税消费品直接对外销售	应交的消费税通过"营业税金及附加"核算。	借：营业税金及附加 　贷：应交税费——应交消费税
自产自用应税消费品	会计上不确认收入和成本，直接按照账面价值结转应税消费品，应交的消费税直接贷记"应交税费——应交消费税"。例如，企业将生产的应税消费品用于在建工程、非生产机构。	借：在建工程、管理费用等 　贷：库存商品 　　应交税费——应交增值税 　　（销项税额） 　　——应交消费税
随同商品出售但单独计价的包装物	应交的消费税通过"营业税金及附加"核算。	借：营业税金及附加 　贷：应交税费——应交消费税
出租、出借包装物逾期未收回没收的押金	应交的消费税通过"营业税金及附加"核算。	借：营业税金及附加 　贷：应交税费——应交消费税
企业将生产的应税消费品用于换取生产资料和消费资料、投资入股和抵偿债务等方面	①投资入股的，会计上确认收入，结转成本，应交的消费税通过"长期股权投资"核算。 ②换取生产资料和消费资料，应交的消费税通过"营业税金及附加"核算。	①借：长期股权投资 　贷：主营业务收入 　　应交税费——应交增值税 　　（销项税额） 　　应交税费——应交消费税 借：主营业务成本 　贷：库存商品 ②借：应付账款 　贷：主营业务收入 　　应交税费——应交增值税 　　（销项税额） 借：营业税金及附加 　贷：应交税费——应交消费税 ③借：原材料 　　应交税费——应交增值税 　　（进项税额） 　贷：主营业务收入 　　应交税费——应交增值税 　　（销项税额） 借：营业税金及附加 　贷：应交税费——应交消费税

金银首饰零售业务、以旧换新销售金银首饰、代销金银首饰	应交的消费税通过"营业税金及附加"核算。	借：营业税金及附加 　贷：应交税费——应交消费税
金银首饰用于馈赠、赞助、广告、职工福利、奖励等方面	物资移送时，应交的消费税通过"营业外支出"、"销售费用"、"应付职工薪酬"等科目核算。	借：营业外支出、销售费用等 　贷：应交税费——应交消费税
委托加工应税消费品	委托加工物资收回后，直接用于销售的，应将受托方代收代缴的消费税计入委托加工物资的成本。	借：委托加工物资、库存商品等 　贷：应付账款、银行存款等
	委托加工物资收回后用于连续生产应税消费品的，按规定准予抵扣的，应按已由受托方代收代缴的消费税，借记"应交税费——应交消费税"科目。	借：应交税费——应交消费税 　贷：应付账款、银行存款等
	受托方代收代缴税款（除受托加工或翻新改制金银首饰按照税法规定由受托方缴纳消费税外），贷记"应交税费——应交消费税"科目	借：应收账款、银行存款等 　贷：应交税费——应交消费税
进口应税消费品	企业进口应税物资在进口环节应交的消费税，计入该项物资的成本。	借：原材料、库存商品等 　　应交税费——应交增值税 　　　　　　　　（进项税额） 　贷：应付账款、银行存款等
出口应税消费品	属于生产企业直接出口或通过外贸出口应税消费品，按规定直接予以免税的，可以不计算应交消费税。	
	属于委托外贸企业代理出口应税消费品的，先征后退	
消费税计算方法	1. 应税消费品的销售额，不包括应向购货方收取的增值税税款。如果纳税人应税消费品的销售额中未扣除增值税税款或者因不得开具增值税专用发票而发生价款和增值税税款合并收取的，在计算消费税时，应当换算为不含增值税税款的销售额。其换算公式为： 　*应税消费品的销售额＝含增值税的销售额÷（1＋增值税税率或者征收率）* 若消费税纳税人为一般纳税人，适用17%的增值税税率或征收率；若消费税纳税人为小规模纳税人，适用3%的征收率。 2. 纳税人自产自用的应税消费品，按照纳税人生产的同类消费品的销售价格计算纳税；没有同类消费品销售价格的，按照组成计税价格计算纳税。 3. 委托加工的应税消费品，按照受托方的同类消费品的销售价格计算纳税；没有同类消费品销售价格的，按照组成计税价格计算纳税。 4. 进口的应税消费品，按照组成计税价格计算纳税。	

表 9-3　　　　　　　　　　　　消费税税目税率表

税目	税率
一、烟	
1. 卷烟	
（1）甲类卷烟	45％加 0.003 元/支

续表

税目	税率
（2）乙类卷烟	30％加 0.003 元/支
2. 雪茄烟	25％
3. 烟丝	30％
二、酒及酒精	
1. 白酒	20％加 0.5 元/500 克（或者 500 毫升）
2. 黄酒	240 元/吨
3. 啤酒	
（1）甲类啤酒	250 元/吨
（2）乙类啤酒	220 元/吨
4. 其他酒	10％
5. 酒精	5％
三、化妆品	30％
四、贵重首饰及珠宝玉石	
1. 金银首饰、铂金首饰和钻石及钻石饰品	5％
2. 其他贵重首饰和珠宝玉石	10％
五、鞭炮、焰火	15％
六、成品油	
1. 汽油	
（1）含铅汽油	0.28 元/升
（2）无铅汽油	0.20 元/升
2. 柴油	0.10 元/升
3. 航空煤油	0.10 元/升
4. 石脑油	0.20 元/升
5. 溶剂油	0.20 元/升
6. 润滑油	0.20 元/升
7. 燃料油	0.10 元/升
七、汽车轮胎	3％
八、摩托车	
1. 气缸容量（排气量，下同）在 250 毫升（含 250 毫升）以下的	3％
2. 气缸容量在 250 毫升以上的	10％
九、小汽车	
1. 乘用车	
（1）气缸容量（排气量，下同）在 1.0 升（含 1.0 升）以下的	1％
（2）气缸容量在 1.0 升以上至 1.5 升（含 1.5 升）的	3％
（3）气缸容量在 1.5 升以上至 2.0 升（含 2.0 升）的	5％
（4）气缸容量在 2.0 升以上至 2.5 升（含 2.5 升）的	9％
（5）气缸容量在 2.5 升以上至 3.0 升（含 3.0 升）的	12％
（6）气缸容量在 3.0 升以上至 4.0 升（含 4.0 升）的	25％
（7）气缸容量在 4.0 升以上的	40％
2. 中轻型商用客车	5％
十、高尔夫球及球具	10％
十一、高档手表	20％
十二、游艇	10％
十三、木制一次性筷子	5％
十四、实木地板	5％

遇税率调整的，按新税率执行。

三、应税消费品增值税、消费税计税依据对照表

应税消费品增值税、消费税计税依据对照表见表9-4。

表 9-4　　　　　　　应税消费品增值税、消费税计税依据对照表

项目	增值税	消费税组成计税价格	备注
从价计税组成计税价格	1. 销售应税消费品组成计税价格＝(成本＋利润)÷(1－消费税比例税率)	1. 自产自用的应税消费品组成计税价格＝(成本＋利润)÷(1－比例税率)	成本利润率为《消费税若干具体问题的规定》中规定的成本利润率
	2. 进口应税消费品组成计税价格＝(关税完税价格＋关税)÷(1－消费税比例税率)	2. 进口的应税消费品组成计税价格＝(关税完税价格＋关税)÷(1－消费税比例税率)	
	3. 受托加工的应税消费品只按加工费计算增值税	3. 委托加工的应税消费品组成计税价格＝(材料成本＋加工费)÷(1－比例税率)	
从量计税组成计税价格	组成计税价格＝成本×(1＋成本利润率)＋消费税税额(从量)	不用组价	成本利润率为10%
复合计税组成计税价格	1. 销售应税消费品组成计税价格＝(成本＋利润＋销售数量×定额税率)÷(1－消费税比例税率)	1. 自产自用的应税消费品组成计税价格＝(成本＋利润＋自产自用数量×定额税率)÷(1－比例税率)	成本利润率为《消费税若干具体问题的规定》中规定的成本利润率
	2. 进口应税消费品组成计税价格＝(关税完税价格＋关税＋进口数量×定额税率)÷(1－消费税比例税率)	2. 进口的应税消费品组成计税价格＝(关税完税价格＋关税＋进口数量×消费税定额税率)÷(1－消费税比例税率)	
	3. 受托加工的应税消费品只按加工费计算增值税	3. 委托加工的应税消费品组成计税价格＝(材料成本＋加工费＋委托加工数量×定额税率)÷(1－比例税率)	
视同销售计税依据	纳税人有价格明显偏低并无正当理由或者有视同销售货物行为而无销售额者，按下列顺序确定销售额：①按纳税人最近时期同类货物的平均销售价格确定②按其他纳税人最近时期同类货物的平均销售价格确定③按组成计税价格确定	纳税人用于换取生产资料和消费资料、投资入股和抵偿债务等方面的应税消费品，应当以纳税人同类应税消费品的最高销售价格作为计税依据计算消费税	

四、营业税常见纳税事项

营业税常见纳税事项及营业税税目税率表分别见表 9-5 和表 9-6。

表 9-5　　　　　　　　　　　　营业税常见纳税事项

项目	说明
提供应税劳务	计入营业税金及附加。
出租无形资产	转让无形资产使用权，取得的收入计入其他业务收入，相关税金计入营业税金及附加。
出售无形资产	转让无形资产所有权，计入营业外支出或营业外收入。
销售不动产	通过"固定资产清理"核算，最后计入营业外支出或营业外收入。
营业税的计算	应纳税额＝营业额×税率，纳税人的营业额为纳税人提供应税劳务、转让无形资产或者销售不动产收取的全部价款和价外费用。但是，下列情形除外： （1）纳税人将承揽的运输业务分给其他单位或者个人的，以其取得的全部价款和价外费用扣除其支付给其他单位或者个人的运输费用后的余额为营业额； （2）纳税人从事旅游业务的，以其取得的全部价款和价外费用扣除替旅游者支付给其他单位或者个人的住宿费、餐费、交通费、旅游景点门票和支付给其他接团旅游企业的旅游费后的余额为营业额； （3）纳税人将建筑工程分包给其他单位的，以其取得的全部价款和价外费用扣除其支付给其他单位的分包款后的余额为营业额； （4）外汇、有价证券、期货等金融商品买卖业务，以卖出价减去买入价后的余额为营业额； （5）国务院财政、税务主管部门规定的其他情形。 纳税人提供应税劳务、转让无形资产或者销售不动产的价格明显偏低并无正当理由的，由主管税务机关核定其营业额。 纳税人兼营免税、减税项目的，应当分别核算免税、减税项目的营业额；未分别核算营业额的，不得免税、减税。

表 9-6　　　　　　　　　　　　营业税税目税率表

税目	税率
一、交通运输业	3%
二、建筑业	3%
三、金融保险业	5%
四、邮电通信业	3%
五、文化体育业	3%
六、娱乐业	5%～20%
七、服务业	5%
八、转让无形资产	5%
九、销售不动产	5%

五、企业所得税常见纳税事项

企业所得税常见纳税事项见表9-7。

表 9-7　　　　　　　　　　**企业所得税常见纳税事项**

征收范围	经营所得	包括销售货物所得、提供劳务所得、转让财产所得、股息红利等权益性投资所得、利息所得、租金所得、特许权使用费所得、接受捐赠所得。
	其他所得	包括企业资产盘盈、逾期未退包装物押金、无法偿付的应付款项、已作坏账损失处理又收回的应收款项、债务重组利得、补贴收入、违约金收入、汇兑收益等。
	清算所得	清算所得＝企业全部资产可变现价值或交易价格－资产净值－清算费用－相关税费。
税率	基本税率	一般企业所得税税率为25%。
	基本税率优惠税率	符合条件的小型微利企业，减按20%的税率征收企业所得税。小型微利企业条件：工业企业，年度应纳税所得额不超过30万元，从业人数不超过100人，资产总额不超过3 000万元；其他企业，年度应纳税所得额不超过30万元，从业人数不超过80人，资产总额不超过1 000万元。
		自2012年1月1日至2015年12月31日，对年应纳税所得额低于6万元（含6万元）的小型微利企业，其所得减按50%计入应纳税所得额，按20%的税率缴纳企业所得税。
		国家需要重点扶持的高新技术企业，减按15%的税率征收企业所得税。
		非居民企业在中国境内未设立机构、场所的，或者虽设立机构、场所但取得的所得与其所设机构、场所没有实际联系的，应当就其来源于中国境内的所得缴纳企业所得税，适用税率为20%。
应纳税额的计算		应纳税额＝应纳税所得额×适用税率－减免税额－抵免税额；应纳税所得额＝利润总额＋纳税调整增加额－纳税调整减少额＋境外应税所得弥补境内亏损－弥补以前年度亏损。
所得税会计处理		按照税法规定应交的企业所得税，借记"所得税费用"科目，贷记"应交税费——应交企业所得税"。缴纳的企业所得税，借记"应交税费——应交企业所得税"，贷记"银行存款"科目。
永久性差异	不征税收入	1. 财政拨款；2. 依法收取并纳入财政管理的行政事业性收费、政府性基金；3. 国务院规定的其他不征税收入。
	免税收入	1. 国债利息收入；2. 符合条件的居民企业之间的股息、红利等权益性投资收益；3. 在中国境内设立机构、场所的非居民企业从居民企业取得与该机构、场所有实际联系的股息、红利等权益性投资收益；4. 符合条件的非营利组织的收入。

	先征后返的部分税款	1. 企业按照国务院财政、税务主管部门有关文件规定，实际收到具有专门用途的先征后返所得税税款，准则规定应计入取得当期的利润总额，暂不计入取得当期的应纳税所得额。 2. 软件生产企业实行增值税即征即退政策所退还的税款，由企业用于研究开发软件产品和扩大再生产，不作为企业所得税应税收入，不予征收企业所得税。
	加计扣除	1. 企业为开发新技术、新产品、新工艺发生的研究开发费用，未形成无形资产计入当期损益的，在按照规定据实扣除的基础上，按照研究开发费用的50%加计扣除；形成无形资产的，按照无形资产成本的150%摊销。 2. 企业安置残疾人员所支付的工资可以加计扣除，是指企业安置残疾人员的，在据实扣除支付给残疾职工工资的基础上，按照支付给残疾职工工资的100%加计扣除。残疾人员的范围适用《中华人民共和国残疾人保障法》的有关规定。
	超过扣除限额的部分	企业发生的职工福利费支出，不超过工资薪金总额14%的部分，准予扣除。超过部分不得扣除。
		企业拨缴的工会经费，不超过工资薪金总额2%的部分，准予扣除。超过部分不得扣除。
		企业发生的与生产经营活动有关的业务招待费支出，按照发生额的60%扣除，但最高不得超过当年销售（营业）收入的5‰，超过部分不得扣除。
		企业发生的公益性捐赠支出，在年度利润总额12%以内的部分，准予在计算应纳税所得额时扣除。
		企业按照国务院有关主管部门或者省级人民政府规定的范围和标准为职工缴纳的基本养老保险费、基本医疗保险费、失业保险费、工伤保险费、生育保险费等基本社会保险费和住房公积金，准予扣除。超过标准缴纳的部分，不得扣除。
		企业为投资者或者职工支付的补充养老保险费、补充医疗保险费，在国务院财政、税务主管部门规定的范围和标准内，准予扣除，超过标准的部分不得扣除。
		除企业依照国家有关规定为特殊工种职工支付的人身安全保险费和国务院财政、税务主管部门规定可以扣除的其他商业保险费外，企业为投资者或者职工支付的商业保险费，不得扣除。
		非金融企业向非金融企业借款的利息支出，不超过按照金融企业同期同类贷款利率计算的数额的部分，准予扣除；超过部分的利息支出，不得扣除。
		企业从其关联方接受的债权性投资与权益性投资的比例超过规定标准而发生的利息支出，不得在计算应纳税所得额时扣除。

	超过法定范围的支出	税收滞纳金；向行政、司法部门支付的罚款、滞纳金和被没收财物的损失；非公益性捐赠支出；非广告性赞助支出。
	其他永久性差异	减计收入、减免税所得。比如：企业以《资源综合利用企业所得税优惠目录》规定的资源为主要原材料，生产国家非限制和禁止并符合国家和行业相关标准的产品取得的收入，减按90%计入收入总额。企业从事农、林、牧、渔业项目的所得，可以免征、减征企业所得税。一个纳税年度内，符合条件的技术转让所得不超过500万元的部分，免征企业所得税；超过500万元的部分，减半征收企业所得税。
		企业的不征税收入用于支出所形成的费用或者财产，不得扣除或者计算对应的折旧、摊销扣除。
		无形资产受让、开发支出不得在税前扣除，但允许以提取折旧和摊销费用的方式逐步扣除。
		自然灾害或意外事故损失有赔偿的部分不得在税前扣除。
		纳税人销售货物给购货方的回扣不得在税前扣除。
		贿赂等非法支出不得在税前扣除。
		企业之间支付的管理费、企业内营业机构之间支付的租金和特许权使用费，以及非银行企业内营业机构之间支付的利息，不得在税前扣除。
		企业依照法律、行政法规有关规定提取的用于环境保护、生态恢复等方面的专项资金，准予扣除，但是专项资金提取后改变用途的，不得在税前扣除。
		转让定价纳税调整加收利息不得在税前扣除。
		未经备案申报的财产损失不得在税前扣除。
		关联交易因未按照独立交易原则定价，税务机关调增收入额或调减扣除额。
		个人消费性支出不得在税前扣除。
		计入资产成本和与利润分配相关的汇兑损失不予税前扣除。
暂时性差异	附有销售退回条件的商品销售	《小企业会计准则》规定：如果企业根据以往的经验能够合理估计退回可能性，可以在发出商品时，将估计不会发生退货的部分确认收入，估计可能发生退货的部分，不确认销售收入也不结转销售成本，作为发出商品处理，仅表现商品库存的减少，单独设置"1406发出商品"科目进行核算；如果企业不能合理地确定退货的可能性，则应当在售出商品退货期满时才确认收入。 税法规定，无论附有销售退回条件售出的商品是否退回，均在商品发出时全额确认收入，计算缴纳增值税和所得税。
	政策性搬迁或处置收入	企业从规划搬迁次年起的5年内，其取得的搬迁收入或处置收入暂不计入企业当年应纳税所得额，在5年期内完成搬迁的，企业搬迁收入扣除固定资产重置或改良支出、技术改造支出和职工安置支出后的余额，计入企业应纳税所得额。

债务重组所得	企业债务重组确认的应纳税所得额占该企业当年应纳税所得额50%以上，可以在5个纳税年度的期间内，均匀计入各年度的应纳税所得额。
利息、租金、特许权使用费收入	会计上按权责发生制确认收入，而税法规定按照合同约定的应付利息、租金、特许权使用费的日期确认。如果交易合同或协议中规定租赁期限跨年度，且租金提前一次性支付的，根据收入与费用配比原则，出租人可对上述已确认的收入，在租赁期内，分期均匀计入相关年度收入。
无形资产	自行开发无形资产的计税基础按照会计基础的150%确认。
应付款项	由于债权人原因导致债务不能清偿或不需清偿的部分，税法规定应并入所得征税，实际支付时纳税调减。
预收账款	房地产企业取得的预收账款会计上作为负债处理，但按税法规定应按照预计利润率计算预计利润并入当期利润总额预缴企业所得税，以后实际结转收入时，前期已纳税款允许退还。
广告与宣传费	企业发生的符合条件的广告费和业务宣传费支出，除国务院财政、税务主管部门另有规定外，不超过当年销售（营业）收入15%的部分，准予扣除；超过部分，准予在以后纳税年度结转扣除。
职工教育经费支出	除国务院财政、税务主管部门另有规定外，企业发生的职工教育经费支出，不超过工资薪金总额2.5%的部分，准予扣除；超过部分，准予在以后纳税年度结转扣除。
弥补亏损	企业纳税年度发生的亏损，准予向以后年度结转，用以后年度的所得弥补，但结转年限最长不得超过5年。

六、增值税视同销售与企业所得税视同销售的区别

增值税与企业所得税关于"视同销售"的范围区别主要是资产内部处置的不同，属于内部处置的增值税视同销售行为一般不属于企业所得税的视同销售行为。例如，某公司在建工程领用自产品应视同销售缴纳增值税，但不视同销售缴纳企业所得税；再如，某公司所属的单独核算但不具有独立法人资格的境内分支机构之间的货物转移、生产加工性耗用等情形，需要视同销售缴纳增值税，而不视同销售缴纳企业所得税。增值税视同销售与企业所得税视同销售的确认原则和税法规定具体见表9-8。

表9-8　　　增值税视同销售与企业所得税视同销售的确认原则和不同规定

项目	企业所得税	增值税
视同销售的确认原则	1. 海关原则：资产转移至境外应视同销售。 2. 产权原则：资产所有权发生改变应视同销售。 3. 法人原则：资产在不同法人企业之间转移应视同销售。	1. 改变生产目的原则：货物用于非增值税应税项目、集体福利、个人消费、投资、分红、赠送等应视同销售。 2. 会计主体原则：货物从一个会计主体转移至另一会计主体的应视同销售。

表

项目	企业所得税	增值税
视同销售的范围规定	1. 企业发生非货币性资产交换，以及将货物、财产、劳务用于捐赠、偿债、赞助、集资、广告、样品、职工福利或者利润分配等用途的，应当视同销售货物、转让财产或者提供劳务，但国务院财政、税务主管部门另有规定的除外。 2. 企业发生下列情形的处置资产，除将资产转移至境外以外，由于资产所有权属在形式和实质上均不发生改变，可作为内部处置资产，不视同销售确认收入，相关资产的计税基础延续计算。 (1) 将资产用于生产、制造、加工另一产品； (2) 改变资产形状、结构或性能； (3) 改变资产用途（如自建商品房转为自用或经营）； (4) 将资产在总机构及其分支机构之间转移； (5) 上述两种或两种以上情形的混合； (6) 其他不改变资产所有权属的用途。 3. 企业将资产移送他人的下列情形，因资产所有权属已发生改变而不属于内部处置资产，应按规定视同销售确定收入。企业发生下列规定情形时，属于企业自制的资产，应按企业同类资产同期对外销售价格确定销售收入；属于外购的资产，可按购入时的价格确定销售收入。 (1) 用于市场推广或销售； (2) 用于交际应酬； (3) 用于职工奖励或福利； (4) 用于股息分配； (5) 用于对外捐赠； (6) 其他改变资产所有权属的用途。	八种视同销售行为： 1. 将货物交付其他单位或者个人代销； 2. 销售代销货物； 3. 设有两个以上机构并实行统一核算的纳税人，将货物从一个机构移送其他机构用于销售，但相关机构设在同一县（市）的除外； 4. 将自产或者委托加工的货物用于非增值税应税项目； 5. 将自产、委托加工的货物用于集体福利或者个人消费； 6. 将自产、委托加工或者购进的货物作为投资，提供给其他单位或者个体工商户； 7. 将自产、委托加工或者购进的货物分配给股东或者投资者； 8. 将自产、委托加工或者购进的货物无偿赠送其他单位或者个人。

七、其他税费常见纳税事项

其他税费常见纳税事项见表9-9。

表9-9　　　　其他税费常见纳税事项

1. 资源税	销售矿产品	应交资源税记入"营业税金及附加"科目。
	自产自用矿产品	应交资源税记入"生产成本"科目。
	收购未税矿产品	代扣代缴并计入所收购矿产品的成本，借记"材料采购"或"在途物资"等科目，贷记"应交税费——应交资源税"科目。

	外购液体盐加工固体盐	在购入液体盐时，按照税法规定所允许抵扣的资源税，借记"应交税费——应交资源税"科目；加工成固体盐后，在销售时，按照销售固体盐应缴纳的资源税，借记"营业税金及附加"科目，贷记"应交税费——应交资源税"科目；将销售固体盐应交资源税抵扣液体盐已交资源税后的差额上交时，借记"应交税费——应交资源税"科目，贷记"银行存款"科目。
		资源税按照应税产品的课税数量和规定的单位税额计算。开采或生产应税产品对外销售的，以销售数量为课税数量；开采或生产应税产品自用的，以自用数量为课税数量。
2. 土地增值税	房地产开发企业	记入"营业税金及附加"科目。
	小企业转让土地使用权应缴纳的土地增值税，土地使用权与地上建筑物及其附着物一并在"固定资产"科目核算的	转让时应交的土地增值税，借记"固定资产清理"科目，贷记"应交税费——应交土地增值税"科目。
	土地使用权在"无形资产"科目核算的	按照实际收到的金额，借记"银行存款"科目，按照应缴纳的土地增值税，贷记"应交税费——应交土地增值税"科目，按照已计提的累计摊销，借记"累计摊销"科目，按照其成本，贷记"无形资产"科目，按照其差额，贷记"营业外收入——非流动资产处置净收益"科目或借记"营业外支出——非流动资产处置净损失"科目。
3. 房产税	以房产原值为计税依据	应交房产税记入"营业税金及附加"科目，应纳税额＝房产余值×税率（1.2%），房产余值依照房产原值一次减除 10%～30% 后的余额计算。房产税实行按年征收，分期缴纳。纳税期限由省、自治区、直辖市人民政府规定。各地一般按季或半年征收。
	以房产租金收入为计税依据	应交房产税记入"营业税金及附加"科目，应纳税额＝房产租金收入×税率（12%）。
4. 土地使用税	以纳税人实际占用的土地面积为计税依据，依照规定税额计算征收	应交土地使用税记入"营业税金及附加"科目，年应纳土地使用税税额＝实际占用的土地面积×单位适用税额。
5. 车船税、矿产资源补偿费、印花税	记入"营业税金及附加"科目，但印花税不通过"应交税费"科目核算，印花税实际缴纳时直接贷记"银行存款"科目	
6. 应交城市维护建设税、教育费附加	以实际缴纳的增值税、消费税、营业税为计税依据	记入"营业税金及附加"科目，应纳税额＝（应交增值税＋应交消费税＋应交营业税）×适用税率。

7. 个人所得税	企业按规定代扣代缴职工个人所得税	企业计算应交个人所得税，计提职工薪酬时，借记"应付职工薪酬"科目，贷记"应交税费——应交个人所得税"科目；企业缴纳个人所得税时，借记"应交税费——应交个人所得税"科目，贷记"银行存款"等科目。
8. 收到因多交等原因退回原记入"营业税金及附加"的各种税金		应于实际收到时，冲减当期的"营业税金及附加"科目。 注意：与先征后返的各种税费处理方法不同，在实际收到返还的企业所得税、增值税（不含出口退税）、消费税、营业税等时，借记"银行存款"科目，贷记"营业外收入"科目。

第二篇　会计核算篇

身临其境亲体验　日常业务精而全
会计岗位轮流做　什么会计都会干

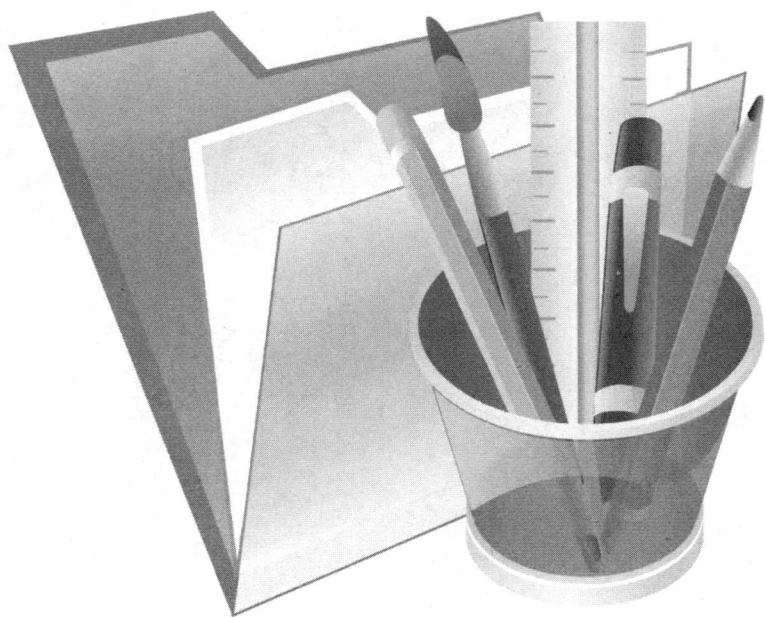

本篇，我们将以工业企业（一般纳税人）为例讲述各个会计岗位的业务处理（这些业务基本包含了小企业会计准则中的各类业务内容和一般企业常见的各类税务处理事项），使读者能够在最短时间之内掌握各个会计岗位的日常会计业务，不但明白怎样进行财务处理（编制记账凭证），而且清楚业务的基本流程和来龙去脉。在讲述过程中，针对每个会计岗位的业务内容、注意事项、容易发生的问题、重点疑难问题等通过"业务处理、温馨提醒、常见问题、疑难问题"分别进行阐述，并辅以例题，帮助读者加深理解。读者在学习过程中，可以结合各个会计岗位的日常业务处理内容想象其财务处理过程，必然有身临其境之感，从而能够轻松地掌握会计专业技能，不论何种企业和会计岗位都能轻松应对。

在财务制度健全、内部控制完善的企业，会计分工比较明确，会计岗位设置较多，而在很多企业会计分工并不明确，会计岗位也被合并设置，一个企业只有两三个会计的现象比较常见，甚至很多小企业只有一个会计和一个出纳，虽然这不符合内部控制制度中不相容会计岗位相互分离的规定，但无法回避的是，这种现象在大多数企业中普遍存在。因此，下面这些会计岗位在实际操作中可以根据情况合并设置或者分立设置，岗位之间具体业务内容也可以根据实际情况加以调整。

CHAPTER

10

第十章
现金出纳与会计

一、现金出纳与会计日常业务处理

（一）提取现金

根据公司资金安排和库存现金余额情况开具现金支票——→到银行提取现金——→将现金存入保险柜备用——→根据支票存根编制记账凭证。

借：库存现金（按支票存根记载金额）

贷：银行存款——开户行及账号

温馨提醒

1. 提取大额现金时必须通知保安人员随行，路途较远的银行还要用专车接送，注意保密，确保资金安全。

2. 现金一般从基本存款户中提取，一般规定结算账户不能提取现金。

（二）收取现金

收到现金——→填写收据（金额开具正确、大小写一致），收款人签字（盖章）并加盖"现金收讫"章——→将收据（付款人联）加盖公司财务章给付款人——→将收据（记账联）传至往来账会计编制记账凭证。

借：库存现金

贷：应收账款/其他应收款

温馨提醒

收到现金，当面点清金额，并注意现金的真伪，若收到假币应予以没收。

（三）支付现金

1. 支付小额款项（大额款项通过银行转账）

编制付款审批单——→报请主管领导批准——→根据付款审批单（总经理、财务经理签字）付款──→取得对方单位收据──→根据业务内容传至相关会计编制记账凭证。

借：应付账款/其他应付款

管理费用/销售费用/制造费用等

原材料/周转材料等

贷：库存现金

温馨提醒

1. 签字人员由公司财务制度规定，这里用"总经理、财务经理签字"为例说明，下同。

2. 一般不办理大面额现金的支付业务，大额支付办理转账或汇兑手续，特殊情况需审批。

3. 支付现金，应该当面点清金额，当面由接收现金者确认现金真伪，多付或少付金额，由相应责任人负责。

2. 公司员工费用的报销

审核费用支付凭单（如维修费、水电费、差旅费报销单等）──→领款人签名（盖章）──→付款并在费用支付凭单上加盖"现金付讫"章──→传至成本费用会计编制记账凭证。

借：管理费用/销售费用/制造费用等

贷：库存现金

温馨提醒

员工费用报销的审核项目：

1. 费用支付是否符合财税相关法规和企业财务管理制度规定，费用报销项目和金额是否合理，每笔业务开支的实际情况是否详细记录。若不符合规定，不予报销。

2. 费用支付凭单上签字是否齐全（经办人、证明人、总经理和财务经理等），若不齐全，不予报销，退回补签。

3. 附在支付凭单后的原始票据是否有涂改。若有，问明原因或不予报销。

4. 是否存在使用不合规票据（比如收据）报销的情况，除印有财政监制章的行政事业性收据以外的其余收据不得报销，也不得税前扣除。

5. 费用支付凭单金额是否与原始凭证金额相符，大、小写金额是否相符。

6. 费用支付凭单项目内容是否与原始凭证相符。比如，有的企业报销餐饮费却使用国税定额发票报销，有的企业报销购买手机费用却使用品名为电视机的发票报销，这些情况就是属于内容与原始凭证不符。

3. 公司员工工资奖金福利等的发放

取得人力资源部门（人事部门）开具的工资发放明细表（含奖金、补助等各种以现金形式应该支付给公司员工的款项）──→审核是否有人力资源部部门章和人力资源部经理签字，总经理、财务经理签字──→公司员工签字领取──→在工资发放明细表上加盖"现金付讫"章──→将工资发放明细表传至工资会计编制记账凭证。

4. 支付个人的临时工工资、劳务费、装卸费等临时性支出

审核费用支付凭单──→经办人、收款人签名（盖章）──→付款并同时代扣个人所得税──→在费用支付凭单上加盖"现金付讫"章──→传至工资会计、往来账会计或成本费用会计编制记账凭证。

（四）公司员工借款与还款

1. 员工借款

审核借款单（财务经理签字，大额要总经理签字）──→审核是否还清前欠款（前欠不清者，拒绝再借）──→审核借款额度──→登记还款时间──→编制记账凭证。

借：其他应收款──员工部门──员工姓名

　　贷：库存现金

2. 员工还款

开具还款收据──→收款──→编制记账凭证。

借：库存现金

　　贷：其他应收款──员工部门──员工姓名

3. 借款人报销费用

审核费用支付凭单及所付发票等费用单据、借款人借款情况，若报销费用大于借款的金额，先冲销借款，再将差额支付给借款人；若报销费用小于借款的金额，先将差额收回，再冲销借款。

借：管理费用等（按应报销金额）

　　库存现金（报销费用小于借款的金额，将差额收回）

　　贷：其他应收款──员工部门──员工姓名（按实际借出现金）

　　　　库存现金（报销费用大于借款的金额，将差额支付给借款人）

温馨提醒

1. 一般情况下，员工外出借款无论金额大小，都必须由总经理签字，电话请示的要及时补签。若无批准借款，引起纠纷，由相关责任人负责。

2. 定期清理各部门人员借款情况，编制"个人借款情况明细表"（内容包含所属部门、借款人姓名、借款金额、还款期限等），提醒借款人按时归还借款，对于逾期仍未还款者可以根据实际情况直接从借款人的工资或报销费用中扣还。

（五）存款

把每日收到的现金交存银行──→填写现金缴款单（或现金存款凭条）和现金一起交给银行──→按现金缴款单（银行收款凭证联）记载金额编制记账凭证。

借：银行存款

　　贷：库存现金

（六）日清月结

及时登记现金日记账，要做到日清月结，随时清点库存现金，不得挪用现金和以白条抵库，确保账账相符，账实相符。如有差额，及时查明原因，无法查明原因的库存现金短缺或溢余及时处理。

（七）抽查盘点

财务部应当定期和不定期地进行现金盘点，确保现金账面余额与实际库存相符。每月至少要对库存现金抽查盘点一次，对盘盈盘亏情况及时查明原因，对现金管理出现的情况和问题，提出改进意见，编制库存现金盘点报告表，报主管领导批准后进行处理。

1. **库存现金短缺**

    借：待处理财产损溢——待处理流动资产损溢

      贷：库存现金（按实际短缺金额）

批准后，

    借：其他应收款（按应由责任人赔偿部分）

      营业外支出（按差额）

      贷：待处理财产损溢——待处理流动资产损溢

2. **库存现金溢余**

    借：库存现金（按实际溢余金额）

      贷：待处理财产损溢——待处理流动资产损溢

批准后，

    借：待处理财产损溢——待处理流动资产损溢

      贷：其他应付款（按应支付而尚未支付部分）

      营业外收入（按差额）

二、现金出纳和会计日常工作中的常见问题

（一）库存现金过多

不遵守库存现金限额的规定，超过库存限额的现金不能及时存入银行。库存现金过多，存在潜在的被盗等不安全因素，大量使用现金进行日常结算，不但麻烦而且存在舞弊隐患。

（二）日清月结未做到

出纳对现金未做到日清月结，月末又未及时与会计对账，不能及时发现是否存在账实不符等问题并查明原因，时间一长，盘盈盘亏金额过大时再查原因更为困难，甚至个别出纳利用管理漏洞挪用现金而公司却未能及时发现，造成无法弥补的损失。

（三）库存现金账面出现负数

正常情况下，库存现金余额是不会出现负数的，出现负数给人的第一印象就是做假账，一般都是因为挑选部分单据做"外账"时会才会出现这种情况。

（四）不按规定使用现金

不属于现金开支范围的业务应当通过银行办理转账结算。企业应当根据《现金管理暂行条例》的规定，结合企业的实际情况，确定现金的开支范围。

1. 现金使用的范围严格按照国务院颁发的《现金管理暂行条例》的规定执行。企业可在下列范围内使用现金：

（1）员工工资，津贴；

（2）个人劳务报酬；

（3）根据国家规定颁发给个人的科学技术、文化艺术、体育等各种奖金；

（4）各种劳保、福利费用以及国家规定对个人的其他支出；

（5）出差人员必须随身携带的差旅费及应报销的出差补助费用；

（6）结算起点 1 000 元以下的零星开支；

（7）中国人民银行确定需要支付现金的其他支出。

2. 除以上规定外，财务人员支付个人款项，超过使用现金限额的部分，应当以支票支付；确需全额支付现金的，经财务经理审核，主管领导批准后支付现金。

CHAPTER

11 第十一章
银行出纳与会计

一、银行出纳与会计日常业务处理

（一）收货款

审查接收的支票、汇票等银行票据──→填写进账单──→交主管会计背书──→送交银行──→取回单，将回单第一联与回执粘贴在一起──→编制回款登记表、登记银行票据登记簿──→传至往来账会计编制记账凭证。

　　借：银行存款
　　　　贷：应收账款——客户名称

温馨提醒

1. 审查银行票据，主要是审查其真实性、完整性、有效期等事项。

2. 原则上通过银行结算不能开具收据，但是在确认银行存款进账时因交款方要求确需开具收据的，应该在收据上加盖"转账"章。

3. 对方通过电汇、信汇支付货款的，收货款方不用填写进账单，得到对方汇款通知后，直接到银行查询是否到账，取回银行单据（客户收账通知、中国人民银行支付系统专用凭证等）即可。

（二）支付货款

审核付款审批单──→确定银行结算方法，填写银行票据──→登记银行票据登记簿──→将支票存根等银行票据存根粘贴到付款审批单上，没有存根的银行票据应在付款审批单上注明票据号，加盖"转账"章──→传至往来账会计编制记账凭证。

　　借：应付账款——供应商
　　　　贷：银行存款
　　　　　　其他货币资金

温馨提醒

1. 我国的银行结算方法

我国的银行结算方法包括：现金支票、转账支票、本票、汇票、商业承兑汇票、银行承兑汇票、信汇、电汇、托收。

2. 结算区域

支票、本票只适用于本地结算（现在，在某些地方支票也可以异地结算），汇票、信汇、电汇、托收适合异地结算，商业承兑汇票与银行承兑汇票适用于本地与异地结算。

3. 购买票据和结算凭证

（1）购买支票

购买支票时，向银行工作人员索取一式三联的票据和结算凭证领用单，填写完成并在第二联上加盖预留银行签章，经银行工作人员核对无误后，收取支票工本费和手续费，领购人在签收登记簿上签收便可以领取支票。

一般情况下，每个账户一次只能领购一本支票，确需领购两本以上的可以向银行申请。银行在出售时应在每张支票上加盖本行行号和存款人账号，并记录支票号码。

（2）购买商业汇票

购买商业承兑汇票时，向银行工作人员索取一式三联的票据和结算凭证领用单，填写完成并在第二联上加盖预留银行签章，经银行工作人员核对无误后，收取手续费，领购人在签收登记簿上签收便可以领用商业承兑汇票。

（3）购买其他结算凭证

企业在向其开户银行购买其他结算凭证时，向银行工作人员索取一式三联的票据和结算凭证领用单，填写完成并在第二联上加盖预留银行签章，经银行工作人员核对无误后，收取工本费，领购人便可以领用所购的结算凭证。用现金购买的，第二联注销。

4. 操作方法

（1）购买转账支票和现金支票，需要到银行开户并预留印鉴。购买支票后，企业在账户余额范围内开具支票、盖章，到银行办理。

（2）本票需要到银行申请开立本票，并带上印鉴到银行柜台办理。

（3）汇票，需要向银行提出开票申请（有规定格式的申请单据），并到银行办理，汇票收款人可以是企业也可以是个人，收款人拿到汇票后就可以到自己的开户行进行解付。如果是个人，需要带身份证，如果是企业，需要将自己的印鉴在汇票背面指定位置签章。

（4）企业办理银行承兑汇票、商业承兑汇票，都需要向银行提出申请，并到银行办理，取回后交收款人即可，收款人于汇票到期日将汇票提交自己开户行，由开户行向汇票签发人开户行或签发行提请付款。

（5）企业办理电汇与信汇，由付款人向银行购买信汇、电汇单，填写盖章后交银行办理即可。

（6）填写银行票据时，要做到：票据项目填写完整、准确、清楚，票据收款单位名称应与合同、发票一致，禁止签发空白金额、空白收款单位的支票，禁止签发空头支票。

5．背书

支票、汇票、商业承兑汇票、银行承兑汇票都可以背书转让，也就是收款人作为持票人，在票据背面的背书人栏签章，之后取得票据的人作为被背书人在被背书人栏签章，即可获得票据载明的收款权利。当然，票据也可以禁止背书，具体做法是，出票人禁止背书的，在票据正面写明禁止背书，并签章，背书人禁止背书的，要在票据背面写明禁止背书，并签章。

6．正确填写票据和结算凭证的方法

（1）出票日期（大写）

票据的出票日期必须使用中文大写，大写数字写法：零、壹、贰、叁、肆、伍、陆、柒、捌、玖、拾。为防止变造票据的出票日期，在填写月、日时，月为壹、贰和壹拾的，日为壹至玖和壹拾、贰拾和叁拾的，应在其前加"零"；日为拾壹至拾玖的，应在其前加"壹"。如1月15日，应写成"零壹月壹拾伍日"，再如10月20日，应写成"零壹拾月零贰拾日"。

票据出票日期使用小写填写的，银行不予受理。大写日期未按要求规范填写的，银行可予受理，但由此造成损失的，由出票人自行承担。

举例："2009年8月7日"写作"贰零零玖年捌月零柒日"，捌月前零字可写也可不写，柒日前零字必写。

（2）人民币（大写）

①中文大写金额数字应用正楷或行书填写，壹、贰、叁、肆、伍、陆、柒、捌、玖、拾、佰、仟、万、亿、元、角、分、零、整（正）等字样。不得用一、二（两）、三、四、五、六、七、八、九、十、念、毛、另（或0）填写，不得自造简化字。如果金额数字书写中使用繁体字，如元写作圆的，也应受理。

②中文大写金额数字到"元"为止的，在"元"之后，应写"整"（或"正"）字，在"角"之后可以不写"整"（或"正"）字。大写金额数字有"分"的，"分"后面不写"整"（或"正"）字。

③中文大写金额数字前应标明"人民币"字样，大写金额数字应紧接"人民币"字样填写，不得留有空白。大写金额数字前未印"人民币"字样的，应加填"人民币"三字。在票据和结算凭证大写金额栏内不得预印固定的"仟、佰、拾、万、仟、佰、拾、元、角、分"字样。

（3）人民币小写

①阿拉伯小写金额数字前面，均应填写人民币符号"￥"。阿拉伯小写金额数字要认真填写，不得连写分辨不清。

②阿拉伯小写金额数字中有"0"时，中文大写应按照汉语语言规律、金额数字构成和防止涂改的要求进行书写。

举例：

阿拉伯数字中间有"0"时，中文大写金额要写"零"字。如￥1 409.50，应写成"人民币壹仟肆佰零玖元伍角"。

阿拉伯数字中间连续有几个"0"时，中文大写金额中间可以只写一个"零"字。如￥6 007.14，应写成"人民币陆仟零柒元壹角肆分"。

阿拉伯金额数字万位或元位是"0"，或者数字中间连续有几个"0"，万位、元位也是"0"，但千位、角位不是"0"时，中文大写金额中可以只写一个零字，也可以不写"零"字。如￥1 680.32，应写成"人民币壹仟陆佰捌拾元零叁角贰分"，或者写成"人民币壹仟陆佰捌拾元叁角贰分"；又如￥107 000.53，应写成"人民币壹拾万柒仟元零伍角叁分"，或者写成"人民币壹拾万零柒仟元伍角叁分"。

阿拉伯金额数字角位是"0"，而分位不是"0"时，中文大写金额"元"后面应写"零"字。如￥16 409.02，应写成"人民币壹万陆仟肆佰零玖元零贰分"；又如￥325.04，应写成"人民币叁佰贰拾伍元零肆分"。

7. 会计核算

将款项存入银行以取得银行汇票、银行本票、信用卡时，借记"其他货币资金——银行汇票存款/银行本票存款/信用卡存款"；向银行开立信用证，交付保证金时，借记"其他货币资金——信用证保证金存款"；将款项汇往采购地银行开立采购专户，借记"其他货币资金——外埠存款"；向证券公司划出资金时，按实际划出的金额借记"其他货币资金——存出投资款"，购买股票、债券等时，按实际发生的金额借记"短期投资"等。以外埠存款为例：

【例11-1】某公司201×年12月发生下面两笔业务：

1. 201×年12月20日，将款项100 000元汇往采购地银行开立采购专户，账务处理如下：

借：其他货币资金——外埠存款   100 000
    贷：银行存款   100 000

2. 12月21日，收到采购员交来材料供应单位发票账单等报销凭证时，根据专用发票票面金额和税额记账，并将多余的外埠存款转回当地银行，账务处理如下：

借：原材料   76 923.08
   应交税费——应交增值税（进项税额）   13 076.92
    贷：其他货币资金——外埠存款   90 000
借：银行存款   10 000
    贷：其他货币资金——外埠存款   10 000

（三）银行结算账户发放工资

根据工资付款审批单（经总经理、财务经理签字）开具支票→填写进账单→连同工资表、员工账户信息等资料送交银行→将支票存根粘贴到付款审批单上→加盖"转账"章→登记银行票据登记簿→传至工资会计编制记账凭证。

温馨提醒

单位通过其银行结算账户支付给个人银行结算账户的款项，每笔超过 5 万元的，应向其开户银行提供代发工资协议和收款人清单等付款依据，通过单位银行结算账户支付给个人银行结算账户的款项应纳税的，税收代扣单位付款时应向其开户银行提供完税证明。

（四）签发银行承兑汇票

1. 提出申请

客户因资金短缺且在约定时间内需支付商品交易款项时，向开户银行提出办理银行承兑汇票申请。

2. 银行承兑

银行受理同意承兑后，与客户签订承兑协议，向客户出售银行承兑汇票。

3. 出票

客户签发银行承兑汇票，并加盖预留银行印章。

4. 交付手续费

客户应向承兑银行交付手续费。

5. 领取汇票

客户将汇票交开户银行由其加盖印章后，领取已承兑的银行承兑汇票。

6. 汇票流通使用

①客户持银行承兑汇票与收款人办理款项结算，交付汇票给收款人。

②收款人可根据交易的需要，将银行承兑汇票转让给其他债权人。

③收款人可根据需要，持银行承兑汇票向银行申请质押或贴现，以获得资金。

7. 请求付款

在付款期内，收款人持银行承兑汇票向开户银行办理委托收款，向承兑银行收取票款。

超过付款期的，收款人开户行不再受理银行承兑汇票的委托收款，但收款人可持有关证明文件直接向承兑银行提示付款。

应付票据的核算详见"第十二章　往来账会计"。

（五）票据贴现

审查票据是否符合贴现条件，准备贴现所需资料——持未到期的银行承兑汇票或商业承兑汇票到银行——填制银行承兑汇票贴现申请书或商业承兑汇票贴现申请书，提交资料——银行审批（银行按照规定的程序确认拟贴现汇票和贸易背景的真实性、合法性，计算票据贴现的利息和金额，按照实付贴现金额发放贴现贷款）——收到贴现贷款——编制记账凭证。

借：银行存款（按实际收到的金额）
　　财务费用（按贴现息）
贷：应收票据/短期借款（按应收票据的票面余额）

温馨提醒

1. 本流程以中国银行为例（各银行不一定相同，请咨询相应银行）。

2. 票据贴现是收款人或持票人将未到期的银行承兑汇票或商业承兑汇票向银行申请贴现，银行按票面金额扣除贴现利息后将余款支付给收款人的一项银行授信业务。票据一经贴现便归贴现银行所有，贴现银行到期可凭票直接向承兑人收取票款。

3. 贴现条件：

（1）按照《中华人民共和国票据法》和人民银行的《支付结算办法》规定签发的有效汇票，基本要素齐全。

（2）单张汇票金额不超过 1 000 万元。

（3）汇票的签发和取得必须遵循诚实守信的原则，并以真实合法的交易关系和债务关系为基础。

4. 需要提供的资料：

（1）未到期的承兑汇票，贴现申请人的企业法人资格证明文件及有关法律文件。

（2）经年审合格的企业（法人）营业执照（复印件）。

（3）企业法人代表证明书或授权委托书，董事会决议及公司章程。

（4）贴现申请人的近期财务报表。

（5）贴现申请书。

（6）贴现申请人与出票人之间的商品交易合同复印件及合同项下的增值税专用发票复印件。

5. 持未到期的商业汇票向银行贴现，银行无追索权的情况下贷记"应收票据"，银行有追索权的情况下则贷记"短期借款"科目。

无追索权：小企业与银行签订的协议中规定，在贴现的商业汇票到期而债务人未能按期偿还时，申请贴现的企业不负任何偿还责任，即银行无追索权的，视同出售票据进行会计处理。

附追索权：小企业与银行签订的协议中规定，在贴现的商业汇票到期而债务人未能按期偿还时，申请贴现的企业负有向银行还款的责任，即银行有追索权的，视同企业以票据质押取得银行借款。实质上，与贴现商业汇票有关的风险和报酬并未发生实质性转移，汇票可能产生的风险仍由申请贴现的企业承担。

（六）银行承兑汇票到期托收

持票人将银行承兑汇票背书栏补齐，在最后被背书栏加盖本单位预留印鉴——填写托收凭证，填完后在第二联左下角指定处加盖本单位预留印鉴——连同银行承兑汇票一并交给开户银行柜台，柜台将以第一联作为回单交还托收人，并将所委托汇票寄到开票行予以查询，如无误到期即可解付。

借：银行存款

　　贷：应收票据

温馨提醒

1. 各银行的托收凭证样式都是统一的,只是印刷不同,因而不能通用。

2. 托收凭证需要填写的内容有:(1)委托日期,即该凭证送交银行柜台的日期。(2)付款人全称,即为票面显示的"付款行全称"栏内付款行行名。银行承兑汇票和商业承兑汇票的承兑人不同,银行承兑汇票的承兑人是银行。(3)付款人账号,付款人账号栏不填,由银行查询填写。(4)付款人地址,若票面有付款行详细地址则按地址填写,如没有,需要查询到该付款行隶属于何省何市(或县)。(5)付款人开户行,"付款人开户行"栏与"付款人"栏一样,均为承兑行行名。(6)收款人全称,即为收款单位。(7)收款人账号,为收款单位送交托收银行本单位账号。(8)收款人地址:收款单位隶属省、市(县)。(9)收款人开户行:收款单位送交托收行行名。(10)金额,票面金额大写、小写。(11)款项内容,填写"货款"等。(12)托收凭据名称,填写"银行承兑汇票"并需填写托收的本张承兑右上角的汇票号码。(13)附寄单证张数,此栏有些银行不要求填写,有些银行要求,所附寄的即为需托收汇票,一般写"一张"。托收凭证共五联,要求复印填写,每张填写内容一致。

3. 汇票后的被背书栏理论上由每手背书人填写,但在实务操作中到期托收的汇票后被背书栏常常是空白的,需要由到期托收人逐栏填补以前各家被背书栏。这样做非常危险,万一将某家名称填错,需要追溯至该家由该家出具证明并在同张证明上加盖公章和预留印鉴三个印章。银行承兑汇票的流通期最长为六个月,在这期间,完全可能经手几十家。一旦写错,需要追溯证明的时候,对方公司很可能和本企业没有任何业务联系,连联系方式都无法找到,就算找到对方也可能置之不理导致无法托收。所以,除了"慎之又慎"别无它法。在填写之前,先凝神静气,在填写之时,要全神贯注。

4. 因付款人无力支付票款,或到期不能收回应收票据,应按照商业汇票的票面金额,借记"应收账款"科目,贷记"应收票据"科目。

(七)缴纳税款

1. 凭税务会计填写的付款审批──→开具转账支票、填写进账单进行银行缴税账户转账──→凭回单及支票存根登记银行票据登记簿──→传税务会计编制记账凭证。

借:银行存款──开户行及账号(缴税户)

贷:银行存款──开户行及账号(其他户)

2. 收到税务会计传来的完税凭证──→编制记账凭证。

借:应交税费──应交增值税(已交税金)

　　　　　　──应交企业所得税/应交个人所得税/应交营业税/应交城市维护建设税/应交教育费附加/应交地方教育费附加等

　　　　　　──应交房产税/应交土地使用税/应交车船税等

　　营业税金及附加──印花税

贷:银行存款

温馨提醒
缴纳税款的其他两种方式：
1. 现金出纳直接向银行缴税账户存款。
2. 现金出纳直接到税务机关缴纳税款。

(八) 存款利息
取得银行存款利息通知单——→编制记账凭证。
  借：银行存款
   贷：财务费用（普通存款利息）
     在建工程（购建固定资产的专门借款发生的存款利息，在所购建的固定资产达到预定可使用状态之前，应冲减在建工程成本）

(九) 月末事项
及时取得各银行账户对账单，定期核对银行日记账与银行对账单，编制银行存款余额调节表，编制本月资金计划使用情况表。

二、银行出纳和会计日常工作中的常见问题
(一) 开立银行结算账户问题
1. 单位银行结算账户的分类

单位银行结算账户按用途分为基本存款账户、一般存款账户、专用存款账户、临时存款账户。

基本存款账户是存款人因办理日常转账结算和现金收付需要开立的银行结算账户。单位银行结算账户的存款人只能在银行开立一个基本存款账户。基本存款账户是存款人的主办账户。存款人日常经营活动的资金收付及其工资、奖金和现金的支取，应通过该账户办理。

一般存款账户是存款人因借款或其他结算需要，在基本存款账户开户银行以外的银行营业机构开立的银行结算账户。一般存款账户用于办理存款人借款转存、借款归还和其他结算的资金收付。该账户可以办理现金缴存，但不得办理现金支取。

专用存款账户是存款人按照法律、行政法规和规章，对其特定用途资金进行专项管理和使用而开立的银行结算账户。专用存款账户用于办理各项专用资金的收付。

临时存款账户是存款人因临时需要并在规定期限内使用而开立的银行结算账户，主要有设立临时机构、异地临时经营活动、注册验资三种情况。临时存款账户应根据有关开户证明文件确定的期限或存款人的需要确定其有效期限。存款人在账户的使用中需要延长期限的，应在有效期限内向开户银行提出申请，并由开户银行报中国人民银行当地分支行核准后办理展期。临时存款账户的有效期最长不得超过2年。

核准类银行结算账户包括：基本存款账户、临时存款账户（因注册验资和增资验资开立的除外）、预算单位专用存款账户、合格境外机构投资者在境内从事证券投资开立的人民币特殊账户和人民币结算资金账户（简称"QFII专用存款账户"）。

2．单位银行结算账户的开立

存款人申请开立银行结算账户时，应填制"开立单位银行结算账户申请书"。

（1）临时存款账户。

存款人申请开立临时存款账户，应向银行出具下列证明文件：

①设立临时机构，应出具其驻在地主管部门同意设立临时机构的批文。

②建筑施工及安装单位，应出具其营业执照正本或其隶属单位的营业执照正本，以及施工及安装地建设主管部门核发的许可证或建筑施工及安装合同、基本存款账户开户许可证。

③从事临时经营活动的单位，应出具其营业执照正本以及临时经营地工商行政管理部门的批文、基本存款账户开户许可证。

银行验资户属于临时存款账户的一种，开立验资户应出具工商行政管理部门核发的企业名称预先核准通知书或有关部门的批文。注册验资的临时存款账户在验资期间只收不付，注册验资资金的汇缴人应与出资人的名称一致。存款人因注册验资或增资验资开立临时存款账户后，需要在临时存款账户有效期届满前退还资金的，应出具工商行政管理部门的证明；无法出具证明的，应于账户有效期届满后办理销户退款手续。

（2）基本存款账户。

待取得企业法人营业执照、组织机构代码证、税务许可证等资料后就可以申请将验资账户转成基本存款账户，基本存款账户需当地人民银行核准后颁发正式的开户许可证。

（3）一般存款账户。

存款人可以根据情况申请开立一般存款账户，应向银行出具其开立基本存款账户规定的证明文件、基本存款账户开户许可证和相关证明文件：存款人因向银行借款需要，应出具借款合同；存款人因其他结算需要，应出具有关证明。

（4）专用存款账户。

存款人申请开立专用存款账户，应向银行出具其开立基本存款账户规定的证明文件、基本存款账户开户登记证和与专用资金相关的证明文件。

3．单位银行结算账户的预留签章

存款人为单位的，其预留签章为该单位的公章或财务专用章加其法定代表人（单位负责人）或其授权的代理人的签名或者盖章。存款人在申请开立单位银行结算账户时，其申请开立的银行结算账户的账户名称、出具的开户证明文件上记载的存款人名称以及预留银行签章中公章或财务专用章的名称应保持一致，但下列情形除外：

（1）因注册验资开立的临时存款账户，其账户名称为工商行政管理部门核发的"企业名称预先核准通知书"或政府有关部门批文中注明的名称，其预留银行签章中公章或财务专用章的名称应是存款人与银行在银行结算账户管理协议中约定的出资人名称；

（2）预留银行签章中公章或财务专用章的名称依法可使用简称的，账户名称应与其保持一致。

4．严禁违反规定开立和使用银行账户

企业应当严格按照《支付结算办法》、《人民币银行结算账户管理办法》等有关规定，加强对银行账户的管理，严格按照规定开立账户，办理存款、取款和结算。银行账户的开立应当符合企业经营管理实际需要，不得随意开立多个账户，禁止企业内设管理部门自行开立银行账户。

（二）银行对账单及银行回单问题

银行对账单及银行回单长期不取，银行日记账与银行对账单未定期核对，出现未达账项未编制银行存款余额调节表，原始凭据未到直接凭银行对账单做账，银行存款账单不符，这些现象在财务制度不健全的小企业中尤为普遍。建议在年终结算前，应取回所有银行回单并及时进行账务处理，保证银行存款核算正确。建议将银行对账单、银行存款余额调节表单独装订存放，以免遗失。

（三）不能熟练掌握公司各银行户头情况

不能熟练掌握公司各银行户头情况（开户银行名称、银行账号、银行资金余额），有时会签发空头支票。银行账户开立太多，有的企业银行账户有十几个，有的银行距离企业路途还较远，平时跑银行和月末对账浪费时间，有的账户余额很大而不进行相关财务安排，而有的账户中长期只有几百元钱，甚至达不到规定存款金额，白白缴纳账户管理费，对于非经常性账户，在相应业务结束后，应及时清户注销。

（四）违反规定签发票据

企业不严格遵守银行结算纪律，签发没有资金保证的票据或远期支票，套取银行信用；签发、取得和转让没有真实交易和债权债务的票据。

（五）票据及有关印章的管理不规范

（1）各种空白支票、作废的票据随意乱放，保管措施不到位。

（2）各种票据的购买、保管、领用、背书转让、注销等环节的职责权限和处理程序不明确，没有专门设置登记簿进行记录，不能有效防止空白票据的遗失和被盗用。

（3）印章的管理不规范。财务专用章应当由专人保管，个人名章应当由本人或其授权人员保管，不得由一个人保管支付款项所需的全部印章。

（六）银行存款日记账不规范

登记银行存款日记账不及时，各银行账户混记，不能清楚地反映各账户存款余额，不能及时了解公司资金运作情况以调度资金。

（七）银行存款记账常见舞弊问题

（1）制造余额差错伺机舞弊。会计人员故意算错银行存款日记账余额，以此掩饰其利用转账支票套购商品、擅自提现等行为，也有的在月底银行存款日记账试算不平时，乘机制造余额差错，伺机贪污。这种手法看似非常容易被察觉，但如果在本年内未曾复核查明，那么以后除非再全部检查银行存款日记账，否则很难发现。

（2）混用"库存现金"和"银行存款"科目。在账务处理中，会计人员将银行存款收支业务同现金收支业务混在一起编制记账凭证，用银行存款的收入代替现金的收入，或用现金的支出代替银行存款的支出，套取现金并占为己有。

（3）公款私存。将公款转入自己的银行户头，从而侵吞利息或挪用单位资金进行炒股等活动。其主要手法有：①将现金收入以个人名义存入银行；②对收回的应收款项截留瞒报；③虚拟支付款项将银行存款从单位银行账户转入个人账户；④业务活动中的回扣、好处费、劳务费等不入账，放入个人腰包等。

（4）出借转账支票。会计人员非法将转账支票借给他人用于私人营利性业务的结算，或将空白转账支票为他人充当抵押。

（5）转账套现。会计人员或有关人员通过外单位的银行账户为其套取现金。这种手法既能达到贪污的目的，也能达到转移资金的目的。在这种手法下，外单位的账面上表现为"应收账款"和"银行存款"等科目以相同的金额一收一付，而本单位为外单位套取现金，从中牟取回扣。收到该单位的转账支票存入银行时，作如下分录：

借：银行存款

贷：应付账款

提取现金时作分录：

借：库存现金

贷：银行存款

付现金给外单位时作如下分录：

借：应付账款

贷：库存现金

为了掩盖套取现金的事实，有些单位不作上述账户处理，而是直接入账，分录为：

借：银行存款

贷：库存现金

（6）截留银行存款收入。会计人员利用业务上的漏洞和可乘之机，故意漏记银行存款收入账，伺机转出转存占为己有。这种手法大多发生在银行代为收款的业务中，银行收款后通知企业，会计人员将收账通知单隐匿后不记日记账，以后再开具现金支票提出存款。

（7）重复登记银行存款支出款项。会计人员利用实际支付款项时取得的银行结算凭证和有关的付款原始凭证，分别登记银行存款日记账，使得一笔业务两次报账，再利用账户余额平衡原理，采取提现不入账的手法，将款项占为己有。

（8）出租出借账户。企业出租或出借银行账户，是给其他单位或个人提供本单位在银行户头上的账号为其办理转账结算，套取现金的一种违纪行为。若收取对方的好处费为"出租"，否则为"出借"。企业出租或出借银行账户后，为了掩盖事实真相，对于对方单位或个人在短时间内通过企业银行账户的一收一付的银行存款业务，故意不在本单位银行存款总账、银行存款日记账和所对应的账户（实际上对应关系也不正常）上登记。这时，可核对发现银行对账单上是否有一收一付的账目，而银行存款日记账上无此记录的情况。

（9）套取利息。会计人员利用账户余额平衡原理，采取支取存款利息不记账手法将其占为己有。月终结算利息时，只记贷款利息而不记存款利息，银行存款日记账余额就会小于实有额，然后再支取存款利息不记账，银行存款日记账和银行对账单的余额就自动平衡，存款利息也就被贪污了。这种手法，在对账单和调节表由出纳一人经管的单位很难被发现。

（10）通过银行结算划回的银行存款不及时、足额入账。

（11）伪造支票头，虚构资金流，企业在银行办理业务之前不填写支票头，银行办理业务完毕后再根据企业的需要随意编造支票头，伪造资金流，造成支票头用途、金额与实际业务严重不符，达到自己不可告人的目的。有的企业甚至使用作废了的支票头做账。

三、银行出纳和会计日常工作中的疑难问题

（一）外币业务的核算

有些企业还可能发生外币业务，外币业务的核算通常是一个难点。

企业通常应选择人民币为记账本位币，企业发生外汇业务时，应将有关外汇金额折算为记账本位币金额记账。

外币业务折算汇率的确定：

（1）交易发生日的即期汇率，通常指中国人民银行公布的当日人民币外汇牌价的中间价。

（2）当期平均汇率。

1. 企业购入外汇

借：银行存款——××外汇账户（取得的外汇按当日市场汇率折算的记账本位币金额）

　　财务费用（按差额，或贷记）

　　贷：银行存款（按实际支付的记账本位币金额）

2. 企业卖出外汇

借：银行存款（按实际收到的记账本位币金额）

　　财务费用（按差额，或贷记）

　　贷：银行存款——××外汇账户（卖出的外汇按当日市场汇率折算的记账本位币金额）

3. 企业购入原材料、商品或引进设备，以外汇结算

借：原材料/库存商品/固定资产

　　应交税费——应交增值税（进项税额）

　　贷：银行存款——××外汇账户（按即期汇率或即期汇率的近似汇率将支付的外汇折算为记账本位币金额）

　　　　应付账款——××外汇账户（按即期汇率或当期平均汇率将应支付的外汇折算为记账本位币金额）

　　　　银行存款——人民币户（以人民币支付税金）

4. 企业销售商品或产品，以外汇结算时

借：银行存款——××外汇账户（按即期汇率或当期平均汇率将收到的外汇折算为记账本位币金额）

　　应收账款等——××外汇账户（按即期汇率或当期平均汇率将应收的外汇折算为记账本位币金额）

　　贷：主营业务收入等

5．企业借入外汇借款时

借：银行存款——××外汇账户（按借入外汇时的市场汇率折算为记账本位币金额）

贷：短期借款——××外汇账户

长期借款——××外汇账户

6．接受外汇资本投资

借：银行存款——××外汇账户（按收到出资额当日的即期汇率折算为记账本位币金额）

贷：实收资本

温馨提醒

小企业收到投资者以外币投入的资本，应当采用交易发生日即期汇率折算，不得采用合同约定汇率和交易当期平均汇率折算。

7．资产负债表日折算为记账本位币

（1）外币货币性项目分为货币性资产和货币性负债，货币性资产包括：库存现金、银行存款、应收账款、其他应收款等；货币性负债包括：短期借款、应付账款、其他应付款、长期借款、长期应付款等。

外币货币性项目，采用资产负债表日的即期汇率折算。因资产负债表日即期汇率与初始确认时或者前一资产负债表日即期汇率不同而产生的汇兑差额，计入当期损益，分别情况处理：筹建期间发生的汇兑损益，计入长期待摊费用；与购建固定资产有关的外汇专门借款的汇兑损益，在满足借款费用资本化条件时至固定资产达到预定可使用状态之前的期间内发生的，计入在建工程；除上述情况外，汇兑损失均计入当期财务费用，汇兑收益均计入当期营业外收入。

当为汇兑收益时：

借：银行存款——××外汇账户

应收账款等——××外汇账户

贷：营业外收入

借：长期借款——××外汇账户

贷：在建工程

当为汇兑损失时：

借：财务费用

贷：银行存款——××外汇账户

应收账款等——××外汇账户

借：在建工程

贷：长期借款——××外汇账户

（2）外币非货币性项目是指除外币货币性项目以外的项目，包括存货、长期股权投资、固定资产、无形资产等。

以历史成本计量的外币非货币性项目，仍采用交易发生日的即期汇率折算，不改变其记账本位币金额。

8. 外币财务报表折算

小企业对外币财务报表进行折算时，应当采用资产负债表日的即期汇率对外币资产负债表、利润表和现金流量表的所有项目进行折算。

（二）银行承兑汇票的审查

1. 审查票据票面

票面无污损、无残缺、无涂改、记载要素完整、印章齐全、字迹印章清晰不模糊、书写规范。

票面注有"不得转让"、"委托收款"、"质押"字样的票据不能办理贴现。

背书人在汇票上记载"不得转让"字样，其后手再背书转让的，原背书人对后手的被背书人不承担保证责任。

背书记载"委托收款"字样的，被背书人有权代背书人行使被委托的汇票权利。但是，被背书人不得再以背书转让汇票权利。

汇票可以设定质押；质押时应当以背书记载"质押"字样。被背书人依法实现其质权时，可以行使汇票权利。

2. 审查票据内容正确性

付款人名称、收款人名称、出票日期、银行名称及账号、大小写金额、印章等记载要素正确无误。名称必须为全称。

3. 审查背书连续性

《票据法》第31条规定："以背书转让的汇票，背书应当连续。持票人以背书的连续，证明其汇票权利；非经背书转让，而以其他合法方式取得汇票的，依法举证，证明其汇票权利。前款所称背书连续，是指在票据转让中，转让汇票的背书人与受让汇票的被背书人在汇票上的签章依次前后衔接。"

"背书连续"即：第一个背书人必须是票据正面记载的收款人，以后的每一个背书人必须是上一个被背书人，最后一个被背书人必须是持票人，最后一个背书人必须是购货单位。

背书不连续，会引起不必要的经济纠纷，给企业造成损失。当最后一个背书人不是购货单位时，税务机关通常怀疑企业存在虚开代开发票行为，给企业带来不必要的麻烦。

正确的背书形式参见表11-1、表11-2、表11-3。

表 11-1

被背书人：乙公司	被背书人：丙公司	被背书人：丁公司	被背书人：丁公司开户银行
甲公司签章	乙公司签章	丙公司签章	丁公司签章 委托收款

表 11-2

被背书人： 乙公司	被背书人： 丙公司	被背书人： P 银行	被背书人： P 银行
甲公司签章	乙公司签章	丙公司签章 （贴现）	P 银行签章 委托收款

表 11-3

被背书人： 乙公司	被背书人： P 银行	被背书人： 丙公司	被背书人： 丙公司开户银行
甲公司签章	乙公司签章 质押	乙公司签章	丙公司签章 委托收款

温馨提醒

不小心收到背书不连续的银行承兑汇票怎么办？

《票据法》第 31 条还规定：非经背书转让，而以其他合法方式取得汇票的，依法举证，证明其汇票权利。

因此，背书不连续的银行承兑汇票并不当然无效，持票人所持票据虽然在形式上背书不连续，但若持票人能举出票据实质上背书连续的其他证据，证明票据相关的商品交易的真实性和背书实质上的连续性，保证"对因此引起的一切纠纷，承担责任"等，充分证明其为真正合法权利人，仍可享有和主张票据权利。

尽管如此，还是建议大家不要接受这种背书不连续的票据，以免给企业带来不必要的麻烦和损失。

4. 审查票据有效性

银行承兑汇票的承兑期限最长不得超过 6 个月，提示付款期限自汇票到期日起 10 日内。银行承兑汇票超过汇票到期日不得背书转让。

银行承兑汇票是否已挂失止付、禁止流通，可通过银行柜台发查询给出票行，出票行会就汇票是否挂失止付或者冻结给予答复，还会告知汇票在什么时候被哪家银行查询过。

5. 承兑汇票的真伪

可通过商业银行大额支付系统、"中国票据"网、传真、实地等方式查询。

（三）18 种特征的银行承兑汇票不得收取

最后再次提醒大家，有如下特征的银行承兑汇票通常不要收取，以免造成不必要的麻烦和损失：

（1）背书人的签章不清晰；

（2）盖在汇票与粘贴单连接处的骑缝章不清晰；

（3）盖在汇票与粘贴单连接处的骑缝章位置错误，正确的做法是盖章时连接处的缝应该穿过骑缝章的中心；

  （4）骑缝章与前面背书人签章有重叠；

  （5）背书人的签章盖在背书栏外；

  （6）被背书人名称书写有误或有涂改，或是未写在被背书人栏上；

  （7）背书不连续：如背书人的签章与前道被背书人的名称或签章不一致；

  （8）汇票票面有严重污渍，导致票面一些字迹、签章无法清晰辨别；

  （9）汇票票面有破损或撕裂；

  （10）汇票票面字迹不够清楚，或有涂改；

  （11）汇票票面项目填写不齐全；

  （12）汇票票面金额大小不一致；

  （13）出票日期和票据到期日没大写，或不规范；

  （14）承兑期限超过 6 个月；

  （15）出票人的签章与出票人名称不一致；

  （16）汇票收款人与第一背书人签章不一致；

  （17）粘贴单不是银行统一格式；

  （18）连续背书转让时，日期填写不符合前后逻辑关系，如后道背书日期比前道早。

  上述（1）～（9）项为较常见情况，（10）～（18）项较为少见。不可收取的银行承兑汇票的特征可能不止上述 18 种，很难一一详细列举，关键还是财务人员仔细认真、把好关，对于拿不准的银行承兑汇票，最好交给银行查询一下。

CHAPTER

12

第十二章
往来账会计

一、往来账会计日常业务处理

（一）付款

编制"付款审批单"——►报财务经理、总经理审批——►传出纳付款——►签收出纳传来的"付款审批单"及现金或银行付款凭证、收款单位和收款人的收款证明——►编制记账凭证。

借：应付账款/预付账款——客户名称
　　贷：库存现金/银行存款/应付票据/应收票据

温馨提醒

编制"付款审批单"，财会部门应当对采购合同约定的付款条件以及采购发票、结算凭证、检验报告、计量报告和验收证明等相关凭证的真实性、完整性、合法性及合规性进行严格审核。"付款审批单"应当根据公司付款制度、资金付款计划、生产和采购计划、发票取得时间、应付供应商账款余额等相关情况认真编制。

支付现金的原始凭证，必须有收款单位和收款人的收款证明。

（二）收款

收到现金出纳传来的现金收据，银行出纳传来的银行进账单、银行承兑汇票等——►编制记账凭证。

借：库存现金/银行存款/应收票据
　　贷：应收账款/预收账款——客户名称

（三）登记应收账款台账

及时登记应收账款台账，并对每一客户应收账款余额增减变动情况和信用额度使用情况进行分析评价。

（四）月末对账

月末编制"应付账款"科目余额表和"应收账款"科目余额表——►与供应、销售部门对账，保证往来账的真实、完整与正确。对不符账项要及时查明原因并进行处理。每月选择一定数量的客户（大额、业务频繁的、容易出现差错的）与对方会计部门对账，对不符账项及时查明原因并进行处理。

（五）对大额预付账款的监控

定期（一般为月末）对大额预付账款进行追踪核查。对预付账款的期限、占用款项的合理性、不可收回风险等进行综合判断；对有疑问的预付账款及时采取措施，尽量降低预付账款资金风险和形成损失的可能性。

（六）分析账龄、催款、付款

分析应收账款账龄，编制应收账款账龄情况表，催促销售部门及时收回货款，避免呆账坏账的发生，对催收记录（包括往来函电）要妥善保存，对账龄较长的客户要防止销售部门业务员截留回款，查明原因上报分管领导。

分析应付账款账龄，编制应付账款账龄情况表，按照账龄长短先后顺序编制"付款审批单"。对于经常来要款的客户要及时上报，可先行安排付款，以免引起诉讼。

（七）处置坏账损失

企业对确定发生的各项坏账，应当查明原因，明确责任，并在履行规定的审批程序后做出会计处理。

小企业应收及预付款项符合下列条件之一的，减除可收回的金额后确认的无法收回的应收及预付款项，作为坏账损失：

（1）债务人依法宣告破产、关闭、解散、被撤销，或者被依法注销、吊销营业执照，其清算财产不足清偿的。

（2）债务人死亡，或者依法被宣告失踪、死亡，其财产或者遗产不足清偿的。

（3）债务人逾期 3 年以上未清偿，且有确凿证据证明已无力清偿债务的。

（4）与债务人达成债务重组协议或法院批准破产重整计划后，无法追偿的。

（5）因自然灾害、战争等不可抗力导致无法收回的。

（6）国务院财政、税务主管部门规定的其他条件。

应收及预付款项的坏账损失应当于实际发生时计入营业外支出，同时冲减应收及预付款项。

借：营业外支出

　　贷：应收账款/预付账款/其他应收款等

企业核销的坏账应当进行备查登记，做到账销案存。已核销的坏账又收回时应当及时入账，计入营业外收入，防止形成账外款。

（八）确实无法偿付的应付款项

确实无法偿付的应付款项计入营业外收入。

应付款项范围：应付票据、应付账款、预收账款、应付职工薪酬、其他应付款、长期应付款等。

确实无法偿付的应付款项，通常包括三种情形：

（1）债权人放弃了收款的权利，如债权人进行了破产清算，没有清理这一债权。

（2）债权人在债务人发生财务困难的情况下做出了让步，减免了债务人的部分债务本金或利息，降低了债务人应付利息的利率等。

（3）债权人丧失了相关权利。比如小企业收了另一方的定金，但是对方违约，在这种情况下对方丧失了对该定金的所有权，则小企业无须返还定金，形成了营业外收入。

二、往来账款会计日常工作中的常见问题

（一）往来明细账中很多往来单位款项余额为几元几角

这是由于收付款项时对发票的角、分尾数不计，又不及时进行账务处理而造成的零星尾差现象，从而导致工作量增加和不方便对账，建议最好依发票金额而不要扣减零星的尾数收付款，对已经形成的零星余额单位账户作核销处理，由于金额较少可以通过"营业外收入"、"营业外支出"处理。

（二）其他应收款余额过大

这种情况一般为股东借款，依据相关规定股东借款数额较大且时间很长未及时结清，超过一定期限的股东借款应视同分红处理。

（三）往来明细账金额与实际不符

与客户长期不对账，出现差错时，难以查明原因；长期不采取有力措施清收欠款，出现坏账时，不及时进行账务处理；收到货款，不及时入账，私自截留挪作他用。

（四）重分类错误

编制资产负债表时，未进行重分类或重分类错误，正确的做法是应收账款对应预收账款，预付账款对应应付账款，其他应收款对应其他应付款，且重分类应根据相关科目和明细来进行，如应收账款中甲公司为借方余额 2 000 元，乙公司为贷方余额 5 000 元，则资产负债表上应收账款应列示 2 000 元，预收账款列示 5 000 元。

编制资产负债表时，"预收账款"科目中属于超过 1 年期以上的预收账款的贷方余额应当在"其他流动负债"项目列示。

（五）应收账款与其他应收款混用

其他应收款一般反映企业发生的非购销业务的应收债权，如企业发生的各种赔款、借款等业务。有的企业将应收账款和其他应收款混用，无法清楚地反映企业的实际经营状况。甚至有的企业利用其他应收款账户反映超出经营范围的业务、套取现金从事其他违法活动。应付账款和其他应付款同样存在类似混用现象。

（六）坏账损失税务处理问题

对客户及借款人的信用未进行严格审查，造成应收款项出现坏账的隐患。实际发生坏账损失时，不进行账务处理，长期挂账，虚增资产，或者仅做账务处理而未及时向税务机关申报，造成不能在企业所得税前扣除的后果。

《企业资产损失所得税税前扣除管理办法》（国家税务总局公告 2011 年第 25 号）规定：

1. 企业应收及预付款项坏账损失应依据以下相关证据材料确认：

（1）相关事项合同、协议或说明；

（2）属于债务人破产清算的，应有人民法院的破产、清算公告；

（3）属于诉讼案件的，应出具人民法院的判决书或裁决书或仲裁机构的仲裁书，或

者被法院裁定终（中）止执行的法律文书；

（4）属于债务人停止营业的，应有工商部门注销、吊销营业执照证明；

（5）属于债务人死亡、失踪的，应有公安机关等有关部门对债务人个人的死亡、失踪证明；

（6）属于债务重组的，应有债务重组协议及其债务人重组收益纳税情况说明；

（7）属于自然灾害、战争等不可抗力而无法收回的，应有债务人受灾情况说明以及放弃债权申明。

2. 企业逾期 3 年以上的应收款项在会计上已作为损失处理的，可以作为坏账损失，但应说明情况，并出具专项报告。

3. 企业逾期 1 年以上，单笔数额不超过 5 万元或者不超过企业年度收入总额万分之一的应收款项，会计上已经作为损失处理的，可以作为坏账损失，但应说明情况，并出具专项报告。

（七）利用应收票据虚构资金流

国税发〔1995〕192 号文件第一条第三项规定，纳税人购进货物或应税劳务，支付运输费用，所支付款项的单位，必须与开具抵扣凭证的销货单位、提供劳务的单位一致，才能够申报抵扣进项税额，否则不予抵扣。某些企业为了达到票货款一致，在资金运作上大做文章。

银行承兑汇票具有信用好、承兑性强、流通性强，灵活性高、节约资金成本等一系列优点，是当前企业贸易结算的重要方式，但是它的这些优点也为某些企业虚开增值税发票所利用，在虚开发票资金流的环节中起到承上启下的作用，为虚开发票的犯罪活动中起着牵线搭桥的作用。主要方式有：

（1）利用真银行承兑汇票虚构资金流向。增值税专用发票的受票方为了掩饰假进项发票的真相，在支付资金时，开出银行承兑汇票，注明银行承兑汇票受票人为增值税专用发票开票方，然后再由增值税专用发票开票方单位背书给第三方、第四方返回原企业或其下属机构或另外设立的私人银行账号，做成了假资金结算。

（2）增值税专用发票的开票方虚假背书，将银行承兑汇票转回增值税专用发票受票方。增值税专用发票受票方将持有银行承兑汇票交给开票方，由增值税专用发票的开票方财务部门在承兑汇票背面加盖财务印章并复印后，原件由增值税专用发票受票方持有，增值税专用发票的开票方凭复印件入账，银行承兑汇票持有人就是支配人，也就是说资金也回流到了增值税专用发票受票方，由其支配使用。

（3）直接利用虚假银行承兑汇票入账。增值税专用发票开票方直接将过期银行承兑汇票复印件反复复印、修改入账，虚构了企业的资金流向。

三、往来账款会计日常工作中的疑难问题

（一）应收票据和应付票据的核算

应收票据和应付票据的核算，由于不但涉及往来账会计还要涉及银行出纳、销售会计等各会计岗位，因此对于企业会计来说，应收票据和应付票据的核算是一个难点。我们在往来账会计业务中举例说明应收票据和应付票据的核算。

1. 应收票据的核算

【例 12-1】某公司 201×年 12 月发生以下应收票据业务：

1. 12 月 2 日，因销售商品而收到承兑汇票 600 000 元。

借：应收票据（按应收票据的面值）　　　　　　　　　　　　　　600 000

　　贷：主营业务收入（按实现的营业收入）　　　　　　　　　512 820.51

　　　　应交税费——应交增值税（销项税额）（按专用发票上注明的增值税额）

　　　　　　　　　　　　　　　　　　　　　　　　　　　　　87 179.49

2. 12 月 3 日，收到承兑票据抵偿 A 公司的应收账款 1 000 000 元。

借：应收票据（按应收票据面值）　　　　　　　　　　　　　1 000 000

　　贷：应收账款——A 公司　　　　　　　　　　　　　　　1 000 000

3. 12 月 5 日，企业销售商品给 A 公司，价税合计 625 000 元，尚未收款。

借：应收账款（按应收金额）　　　　　　　　　　　　　　　　625 000

　　贷：主营业务收入（按实现的销售收入）　　　　　　　　　534 188.03

　　　　应交税费——应交增值税（销项税额）　　　　　　　　90 811.97

4. 12 月 6 日，持未到期的应收票据（不带息票据）100 000 元向银行贴现，取得银行存款 99 800 元，贴现息 200 元。

借：银行存款（按实际收到的金额）　　　　　　　　　　　　　99 800

　　财务费用（按贴现息）　　　　　　　　　　　　　　　　　　　200

　　贷：应收票据（按应收票据的票面余额）　　　　　　　　　100 000

5. 12 月 6 日，持未到期的应收票据（带息票据）500 000 元向银行贴现，取得银行存款 497 139.5 元。

借：银行存款（按实际收到的金额）　　　　　　　　　　　　497 139.5

　　财务费用（按实际收到的金额小于票据账面余额的差额，大于则记贷方）

　　　　　　　　　　　　　　　　　　　　　　　　　　　　　2 860.5

　　贷：应收票据（按应收票据的账面余额）　　　　　　　　　500 000

6. 12 月 8 日，贴现的商业承兑汇票到期，当承兑人的银行账户余额不足支付汇票本息 300 000 元时，申请贴现的企业收到银行退回的应收票据、支款通知和拒绝付款理由书或付款人未付票款通知书。

借：应收账款（按所付本息）　　　　　　　　　　　　　　　　300 000

　　贷：银行存款（按所付本息）　　　　　　　　　　　　　　300 000

另外，若申请贴现企业的银行存款账户余额不足，则银行作逾期贷款处理。

借：应收账款（按转作贷款的本息）

　　贷：短期借款（按转作贷款的本息）

7. 12 月 9 日，将持有的应收票据——A 公司 400 000 元背书转让，以取得所需材料 346 153.85 元（不含税），另外用银行存款支付 5 000 元。

借：原材料（按应计入取得物资成本的价值）　　　　　　　　346 153.85

　　应交税费——应交增值税（进项税额）　　　　　　　　　58 846.15

　　贷：应收票据（按应收票据账面余额）　　　　　　　　　　400 000

　　　　　银行存款（按实际支付的金额，实际收到金额则记借方）　　　　　　5 000

8. 12月9日，应收票据——B公司500 000元到期，收回本息。

　　借：银行存款（按实际收到的金额）　　　　　　　　　　　　499 794.75
　　　　财务费用（按其差额）　　　　　　　　　　　　　　　　　　205.25
　　　　贷：应收票据（按应收票据的账面余额）　　　　　　　　　　　500 000

9. 12月12日，应收票据——C公司600 000元到期，因付款人C无力支付票款，收到银行退回的商业承兑汇票、委托收款凭证、未付票款通知书或拒绝付款证明等。

　　借：应收账款（按应收票据的账面余额）　　　　　　　　　　　600 000
　　　　贷：应收票据（按应收票据的账面余额）　　　　　　　　　　600 000

温馨提醒

到期不能收回的带息应收票据，转入"应收账款"科目核算后，期末不再计提利息，其应计提的利息，在有关备查簿中进行登记，待实际收到时冲减收到当期的财务费用。尚未到期的应收票据应于期末时按应收票据的票面价值和确定的利率计提利息。

　　借：应收票据
　　　　贷：财务费用

2. 应付票据的核算

(1) 公司在银行办理银行承兑汇票时，存入银行保证金。

　　借：其他货币资金——银行承兑汇票保证金（保证金户）
　　　　贷：银行存款——××银行（结算户）

(2) 付款单位按规定向银行支付手续费时。

　　借：财务费用
　　　　贷：银行存款

(3) 用银行承兑汇票购货或付款时。

　　借：库存商品/原材料——名称
　　　　应交税费——应交增值税（进项税额）
　　　　贷：应付票据

或

　　借：应付账款——公司名称
　　　　贷：应付票据

(4) 到期承兑解付时，保证金转回。

　　借：银行存款——××银行（结算户）
　　　　贷：其他货币资金——银行承兑汇票保证金（保证金户）

(5) 承兑解付。

　　借：应付票据
　　　　贷：银行存款——××银行（结算户）

有的银行承兑解付保证金不转回，直接从保证金户把款划走。

　　借：应付票据

　　　　贷：其他货币资金——银行承兑汇票保证金（保证金户）

（6）银行承兑汇票到期无力支付票款。

　　借：应付票据

　　　　贷：短期借款

（二）应收债权的质押、出售

　　应收债权的质押、出售业务不经常发生，大部分会计比较陌生，因此是一个难点，这里举例说明。

【例12-2】 某公司201×年12月发生以下应收债权的质押、出售业务：

1. 12月12日，以应收债权"应收账款——C"1 000 000元为质押取得银行借款998 000元。

　　借：银行存款（按实际收到的款项）　　　　　　　　　　　998 000

　　　　财务费用（按实际支付的手续费）　　　　　　　　　　 2 000

　　　　贷：短期借款（按银行借款本金）　　　　　　　　　 1 000 000

2. 12月14日，将应收债权"应收账款——D"597 000元出售给银行，取得银行存款570 043.3元，企业、债务人及银行之间签订不附有追索权的协议，协议中约定预计将发生的销售退回和销售折让的金额26 000元，支付的相关手续费的金额50.5元。

　　借：银行存款（按实际收到的款项）　　　　　　　　　　 570 043.3

　　　　其他应收款（按协议中约定预计将发生的销售退回和销售折让的金额，包括现金折扣）　　　　　　　　　　　　　　　　　 26 000

　　　　财务费用（按应支付的相关手续费的金额）　　　　　　　50.5

　　　　营业外支出（按借方差额）　　　　　　　　　　　　　906.2

　　　　贷：应收账款（按售出应收债权的账面余额）　　　　　597 000

温馨提醒

　　出售应收债权过程中如附有追索权，即在有关应收债权到期无法从债务人处收回时，银行有权向出售应收债权的企业追偿，或按照协议约定，企业有义务按照约定金额自银行回购部分应收债权，则应以应收债权为质押取得借款的会计处理原则执行。

3. 12月16日，实际发生与所售应收债权相关的销售退回及销售折让26 000元，恰等于原已记入"其他应收款"科目的金额，实际发生的销售退回及销售折让的金额21 000元，现金折扣1 430元。

　　借：主营业务收入（按实际发生的销售退回及销售折让的金额）　 21 000

　　　　财务费用（现金折扣）　　　　　　　　　　　　　　 1 430

　　　　应交税费——应交增值税（销项税额）（按可冲减的增值税销项税额）

　　　　　　　　　　　　　　　　　　　　　　　　　　　　 3 570

贷：其他应收款（按原记入"其他应收款"科目的预计销售退回和销售折让金
　　　额）　　　　　　　　　　　　　　　　　　　　　　　　　　　 26 000

温馨提醒

实际发生的与所售应收债权相关的销售退回及销售折让与原已记入"其他应收款"
科目的金额存在差额的情况下，差额则为应补付给银行或应向银行收回的销售退回及销
售折让款，通过"其他应付款"或"银行存款"科目核算。

（三）对账技巧

对账是一件看似简单实则麻烦的事情，特别是在往来客户和供应商数量多、业务发
生频繁、结算方式不同的情况下，对账工作可以说是一件苦差事。这里为大家讲解对账
的技巧，希望能够提高对账工作的效率。通常对账工作可以分为四个步骤：

第一步，对账准备。

双方对账之前应当事先约好，以防对方出发或有其他业务，白跑一趟。对账之前，
做好准备工作：

（1）与供销部门对账，确认全部经济业务已经入账。

（2）对异常发生额和异常摘要业务进行自查确认。

（3）准备好往来明细账、相关记账凭证及原始凭证、对账手续（相关领导的签批、
财务专用章、对账单）等。

第二步，核对余额。

首先核对往来科目余额，对账双方的往来科目余额相符，一般情况下说明双方账目
正确无误。

第三步，差额分析。

如果双方往来科目余额不相符，计算其差额。

（1）检查有无与差额相同金额的业务，若一方有而另一方没有，则可能存在一方记
账而另一方尚未记账问题，调节未达账项即可。

（2）检查有无与差额的 1/2 相同金额的业务，若有，则可能存在记错方向问题。

第四步，缩小范围。

若不存在上述两种情形，应查找双方明细账中最后一次余额相符的业务，缩小检查
范围，提高效率，一般在该业务之前的账目正确，只需核对该业务之后的账目。

对于该业务之后的账目，可以分月核对其发生额，发生额相同，则此月份账目一般
正确无误，只需核对发生额不符的月份，进一步缩小检查范围。

对于发生额不符的月份，核对借方发生额或者贷方发生额，尽可能缩小检查范围，
若借（贷）方发生额核对相符，则说明贷（借）方发生额存在问题，只需逐笔核对贷
（借）方发生额即可。发生额核对不符的业务查找其原始凭证，确定正确金额。

温馨提醒

1. 对账双方应同时核对账目，对方不提供明细账目的，一般不予对账，以防对方篡改账目。

2. 与多年无业务往来的供应商对账，对账者提供的对账资料必须加盖供应商公章或者提供加盖公章的介绍信，否则不予对账。因为多年无业务往来的供应商是否还存在不好确定，这样做的目的是防止不具有索偿权利的个人行为。

3. 对方账目资料不齐全或者丢失，双方余额又不符的，怎样处理？这是对账中的疑难问题，一味不予对账并不能解决问题，只会使遗留问题越来越多，甚至会影响双方的业务关系。在这种情况下，一般应暂以双方余额的较小者为准出具对账单，并对双方暂时无法共同认定的业务进行说明，说明这些业务暂时无法认定的原因，以及以后取得证据后重新调整账目的权利，双方在对账单上签字并加盖公章。

以上都是外部对账技巧，现在来说一下内部对账技巧，即与供销部门的对账。与供销部门对账一般不会出现无法认定的事项，差额一般都是入账时间差异造成的或因不慎造成单纯数字性的差错造成的。

往来账会计与供销部门对账技巧：在平时的往来账项记录中，两个部门都要做到这几点：（1）往来账项所涉及单位名称必须严格使用全称；（2）不要手工记账，要使用Excel办公软件进行往来账项的记录工作；（3）往来账项结算单据及时传递至往来账会计，及时记录，不拖延。这样月末对账就很简单了，将往来账会计和供销部门的两个往来账项余额表分别按照"单位名称"进行排序，这样两个表的往来单位就按相同的顺序排列起来了，这样我们就可以设置公式，将两个表的"余额"列相减，相减为零者正确，相减不为零者再核对本月发生额，这样月末会计与供销部门对账工作很快就可以完成了。

CHAPTER

13

第十三章
材料会计

一、材料会计日常业务处理

（一）材料采购（发票已到）

1. 实际成本法核算

审查采购员传来的采购发票、运费发票、购物清单、材料入库单（财务联）、采购订单（或采购合同，紧急需求、小额零星采购等特殊采购业务可以没有订单或合同）等与材料采购有关的原始凭证——→将发票抵扣联抽出传至税务会计认证——→编制记账凭证。

借：原材料/周转材料（包装物、低值易耗品）——材料名称
　　应交税费——应交增值税（进项税额）
　贷：应付账款/预付账款——客户名称
　　　银行存款等

◢ 温馨提醒

1. 记账凭证摘要栏须注明材料名称及数量，并正确选取明细科目，注意客户名称要使用全称，防止出现因客户名称相近而串户。

2. 采购发票必须真实、合法、有效。除特殊情形外，一般纳税人须取得增值税专用发票，按照专用发票上注明的税额进行进项税额抵扣，按照专用发票上注明的金额计入采购成本。发票数量、金额与材料入库单数量、金额要一致。

3. 农产品收购发票或者销售发票，按照"农产品买价×13％"计算进项税额抵扣，"农产品买价×（1－13％）"计入采购成本。买价，包括纳税人购进农产品在农产品收购发票或者销售发票上注明的价款和按规定缴纳的烟叶税。

4. 运输费用结算单据，按照"运输费用金额×7％"计算的进项税额抵扣，"运输费用金额×（1－7％）＋其他杂费"计入采购成本。运输费用金额，是指运输费用结算单据上注明的运输费用（包括铁路临管线及铁路专线运输费用）、建设基金，不包括装卸费、保险费等其他杂费。运输费用和其他杂费合并开具运杂费的，不得抵扣。运杂费需

填写材料入库单（只写金额不写数量），并计入相应材料的采购成本。

5. 下列项目的进项税额不得从销项税额中抵扣，不能抵扣的进项税额计入材料采购成本：

（1）用于非增值税应税项目、免征增值税项目、集体福利或者个人消费的购进货物或者应税劳务；

（2）非正常损失的购进货物及相关的应税劳务；

（3）非正常损失的在产品、产成品所耗用的购进货物或者应税劳务；

（4）国务院财政、税务主管部门规定的纳税人自用消费品；

（5）本条第（1）项至第（4）项规定的货物的运输费用和销售免税货物的运输费用。

已经抵扣的原材料发生上述情形的，应作进项税额转出处理。

6. 材料的采购成本，包括购买价款、相关税费、运输费、装卸费、保险费以及在外购材料过程发生的其他直接费用，但不含按照税法规定可以抵扣的增值税进项税额。关注材料采购价格是否偏高，是否高于采购限价，关注价格波动情况，发现异常及时报告主管领导。

2. 计划成本法核算

审查采购员传来的采购发票、运费发票、购物清单、材料入库单（财务联）、采购订单（或采购合同，紧急需求、小额零星采购等特殊采购业务可以没有订单或合同）——→将发票抵扣联抽出传至税务会计认证——→计算实际成本与计划成本差额——→编制记账凭证。

借：材料采购（实际成本）

应交税费——应交增值税（进项税额）

贷：应付账款/预付账款——客户名称

银行存款等

借：原材料/周转材料——材料名称（计划成本）

材料成本差异

贷：材料采购（实际成本）

（二）材料采购（发票未到）

每月月末审核仓库材料明细账（原材料、周转材料），核查所登记入库材料数量、单价、金额是否与财务账相符，若仓库账大于财务账，则可能存在货到发票未到的情况——→抽出材料入库单稽核联与采购员传来的财务联进行配对（发票未收到时，采购员不会将财务联传到财务，材料已收到要办理入库手续，所以仓库会把稽核联传到财务，这样未配上的稽核联材料入库单为仓库已验收入库但发票未到的情况）——→将未配上的材料入库单稽核联作为附件，按材料入库单金额作暂估入库编制记账凭证。

借：原材料/周转材料（包装物、低值易耗品）

贷：应付账款——暂估

下月初，用红字冲回此凭证，收到发票后正常入账，若还未收到发票，月末凭未配上的稽核联材料入库单重新作暂估入库处理。

温馨提醒

1. 由于公司一般要求仓库与财务结账时间一致，一般不会出现财务联未配上的情况，若出现则为仓库漏记，提请仓库补记入账。

2. 在发票未到的情况下，价格通常暂时无法确定，可先由仓库保管员按合同价、计划价、最近一段时间的价格、当前市价等估价，填写材料入库单，待收到发票后，暂估价与实际价的差额由仓库保管员补填蓝字或红字材料入库单进行调整，将补填材料入库单稽核联留仓库记账，补填材料入库单与估价材料入库单财务联一并附在发票后报账，保证发票和所附材料入库单金额之和一致。

3. 材料入库单稽核联与财务联一一配对工作量很大，可以使用财务软件，没有软件的可以自行设计 Excle 电子表格进行配对，提高工作效率。

（三）车间、部门领料

1. 实际成本法核算

审核材料领用单填写是否规范、签字手续是否完备，材料领用单须经部门、车间负责人审核、分管领导签字——→核对材料领用单与领料明细表（由仓库保管员分车间、部门、材料品种编制）数量金额相符——→与各车间、部门核对领料数量——→核对无误后，月末按各车间部门、材料品种编制材料成本分配表——→编制记账凭证——→传成本会计审核。

借：生产成本——基本生产成本（生产车间耗用直接原材料）

　　　　　　——辅助生产成本（机修、供电等辅助车间领用）

　　制造费用（车间耗用的机、物、料消耗等间接费用）

　　管理费用（管理部门领用）

　　销售费用（销售部门领用）

　贷：原材料

　　　周转材料——包装物/低值易耗品

2. 计划成本法核算

采用计划成本法核算时，根据材料成本分配表编制的记账凭证与上述相同，只是金额不再是实际成本而是计划成本。然后，再编制材料成本差异计算表，将计划成本调整为实际成本。

在领用材料实际成本大于计划成本（超支）时。

借：生产成本——基本生产成本（生产用直接原材料）

　　　　　　——辅助生产成本（机修、供电等辅助车间领用）

　　制造费用（生产部门领用非直接材料）

　　管理费用（管理部门领用）

　　销售费用（销售部门领用）

　贷：材料成本差异——原材料

　　　　　　　　——周转材料（包装物、低值易耗品）

在领用材料实际成本小于计划成本（节约）时，作相反分录。

（四）销售原材料和周转材料

审核销售材料批件（生产部长签字、分管领导签字）、材料出库单——开具收据、发票——传出纳收款——凭发票记账联、收据编制记账凭证。

借：银行存款（按已收的价款）
　　应收账款（按应收的价款）
　　贷：其他业务收入（按实现的销售收入）
　　　　应交税费——应交增值税（销项税额）
　　借：其他业务成本（按出售材料的实际成本结转成本）
　　　　贷：原材料/周转材料

（五）与仓库对账

督促仓库保管员登记材料仓库明细账并与实物进行核对，审核材料仓库明细账，并将材料仓库明细账余额分类汇总与材料财务账核对。

（六）盘点

定期（年末、季度末、月末）对原材料、包装物、低值易耗品等实物进行盘点——财务经理监督、材料会计、仓库保管员盘点——编制实物盘点明细表——盘盈盘亏结果及时报告——根据公司处理决定编制记账凭证。

1. 盘盈
　借：原材料/周转材料（包装物、低值易耗品）
　　贷：待处理财产损溢
　借：待处理财产损溢
　　贷：营业外收入

2. 盘亏或毁损
　借：待处理财产损溢
　　贷：原材料/周转材料（包装物、低值易耗品）
　　　　应交税费——应交增值税（进项税额转出）

查明原因，按管理权限报经批准后，根据造成存货盘亏或毁损的原因，分别以下情况进行处理：

借：原材料（残料价值）
　　其他应收款（可收回的保险赔偿或过失人赔偿，实际收到时计入银行存款或库存现金）
　　营业外支出（借方差额）
　　贷：待处理财产损溢

温馨提醒

1. 盘盈的各种材料、产成品、商品、现金等，应当按照同类或类似存货的市场价格或评估价值，借记"原材料"、"库存商品"、"库存现金"等科目，贷记"待处理财产损溢"科目（待处理流动资产损溢）。盘亏、毁损、短缺的各种材料、产成品、商品、现金等，应当按照其账面余额，借记"待处理财产损溢"科目（待处理流动资产损溢），贷记"材料采购"或"在途物资"、"原材料"、"库存商品"、"库存现金"等科目。涉及增值税进项税额的，还应进行相应的账务处理。

原材料盘亏属于非正常损失的部分要进行增值税进项税转出处理，非正常损失，仅包括因管理不善造成被盗、丢失、霉烂变质的损失。自然灾害等其他损失均不属于非正常损失，不用进行增值税进项税转出处理。

若确定原材料购入时原抵扣的进项税额，直接转出即可，若不能确定则需要计算出原材料应该转出的进项税额，需要注意相应的运费进项税额也要一并转出，计算公式为：

$$进项税额转出＝（材料成本－运费）\times 17\%＋运费 \div（1－7\%）\times 7\%$$

若原材料是免税农产品，

$$进项税额转出＝原材料成本 \div（1－13\%）\times 13\%$$

2. 仓库盘点流程：

（1）财务部事先准备好盘点表，要求已经编号并且连号。

（2）定期盘点，盘点期间除紧急用料外，暂停一切库存的收、发、移动操作。

（3）仓库、财务部分别指定每一个存储区域的盘点负责人，要求每一个区域都有相应的盘点人员和财务人员，将盘点表发放到每一个盘点区域的盘点人员，由仓库人员进行盘点，由财务人员负责监盘复核。

（4）财务部收取所有的盘点表，要求所有盘点表连号，没有遗漏，并进行汇总。

（5）与库存账核对，由仓库对差异项进行复盘。

（6）再次对复盘结果进行汇总，并与库存账核对，分析差异原因，作详细书面报告，同时提出差异调整申请。

（7）财务经理及总经理对差异调查报告及差异调整申请进行审批。

（8）仓库根据审批情况作库存差异调整，财务部根据审批情况作库存财务账差异调整。

二、材料会计日常工作中的常见问题

（一）材料数量及金额出现负数

这种情况发生在原材料已到发票未到，却没有按照规定进行暂估入账处理时，若所得税汇算清缴期限内未取得相关发票，可能被税务局调增应纳税所得额缴纳所得税或给予处罚。有的企业虽进行暂估入账处理，但把相关的进项税额也暂估在内，若该批材料当年耗用，对当年的销售成本核算正确性将造成影响。其他存货也有类似情形。

（二）材料数量不核算或核算不准确

原材料未设数量金额式明细账，不进行数量核算，或者设置数量金额式明细账但数量核算不准，盘盈、盘亏、毁损、变质情况更难掌握，成本核算无法保证准确性。其他存货也有类似情形。

（三）存货成本核算不准确

外购存货的成本包括购买价款、相关税费、运输费、装卸费、保险费以及在外购存货过程发生的其他直接费用，但不含按照税法规定可以抵扣的增值税进项税额。

　　而有的企业将运输费、装卸费、保险费等可归属于存货采购成本的费用直接计入当期损益，造成存货成本核算不准确。还有的企业将存货采购费用全部计入主要存货的采购成本，而不按存货的数量或买价等比例分摊计入各种存货的采购成本，造成主要存货的采购成本偏大，其他辅助存货的采购成本偏小，进而造成存货成本核算不实。

　　存货的取得方式有多种，其价值的确定也各有不同，详见表 13-1。

表 13-1　　　　　　　　　　存货取得方式与成本的确定

存货的取得方式	存货成本的确定	备注
外购存货	小企业物资从采购到入库前所发生的全部支出，包括购买价款、相关税费、运输费、装卸费、保险费以及在外购存货过程发生的其他直接费用，但不含按照税法规定可以抵扣的增值税进项税额。	1. 经过 1 年期以上的制造才能达到预定可销售状态的存货发生的借款费用，也计入存货的成本。 借款费用，是指小企业因借款而发生的利息及其他相关成本。包括：借款利息、辅助费用以及因外币借款而发生的汇兑差额等。 2. 下列费用不应计入存货成本，应在其发生时计入当期损益：（1）非正常消耗的直接材料、直接人工和制造费用，如自然灾害等发生的直接材料无助于使该存货达到目前场所和状态，不应计入存货成本，而应确认为当期损益；（2）小企业在存货采购入库后发生的仓储费用；（3）小企业（批发业、零售业）在购买商品过程中发生的运输费、装卸费、包装费、保险费、运输途中的合理损耗和入库的挑选整理费等。
通过进一步加工取得存货	直接材料、直接人工以及按照一定方法分配的制造费用。	
委托加工物资	发出材料实际成本、支付的加工费用、运输费、装卸费、保险费等。 需要缴纳消费税的委托加工物资： 1. 收回后直接用于销售的，应将受托方代收代缴的消费税计入委托加工物资成本； 2. 收回后用于连续生产应税消费品的，按受托方代收代缴的消费税借记"应交税费——应交消费税"。	
投资者投入存货	按照评估价值确定。	
提供劳务的成本	与劳务提供直接相关的人工费、材料费和应分摊的间接费用。	
盘盈存货	按照同类或类似存货的市场价格或评估价值确定。确定市场价格的顺序：该项存货的市场价格、该类存货的市场价格、类似存货的市场价格。市场价格优先，无法取得市场价格的再使用评估价值。	
接受捐赠的存货	按照取得的同类资产或类似资产的市场价格，考虑新旧程度后确定，不存在市场价格的采用评估价值确认。	

（四）随意变更存货计价方法和摊销方法

　　根据《小企业会计准则》规定，小企业应当采用先进先出法、加权平均法或者个别计价法确定发出存货的实际成本。计价方法一经选用，不得随意变更。

　　对于性质和用途相似的存货，应当采用相同的成本计算方法确定发出存货的成本。

　　对于不能替代使用的存货、为特定项目专门购入或制造的存货以及提供的劳务，采用个别计价法确定发出存货的成本。

　　对于周转材料，采用一次转销法进行会计处理，在领用时按其成本计入生产成本或当期损益；金额较大的周转材料，也可以采用分次摊销法进行会计处理。出租或出借周转材料，不需要结转其成本，但应当进行备查登记。

但在实际会计工作中，许多企业为了调节利润，随意变更存货计价方法和周转材料的摊销方法，人为调节费用、调节利润的现象相当普遍。

（五）计划成本法核算不实

1. 人为调整计划成本

为了自身利益，有的企业制定材料计划成本没有任何依据，随意调整材料计划成本，造成计划成本严重偏离实际成本，失去了计划成本法的意义。

2. 人为调整材料成本差异率

为了调节利润，有的企业随意调整材料成本差异率。为了少纳企业所得税，人为提高材料成本差异率，多分摊材料成本差异，虚增生产成本和销售成本，虚减利润，达到少纳企业所得税的目的。为了获得奖励，人为降低材料成本差异率，少分摊材料成本差异，虚减生产成本和销售成本，虚增利润，骗取奖金。

（六）以物易物、以物抵债、以物投资等业务不做处理

根据税法规定，以物易物、以物抵债、以物投资等业务应视同销售并缴纳增值税、所得税等相关税费，但在实际会计工作中，有的企业不做账务处理，隐瞒利润、逃避纳税。甚至有的企业将这些材料做生产产品假出库处理，虚增生产成本和销售成本，调节利润。

（七）材料领用随意调节

有的企业材料领用不按实际材料出库数量、金额核算，而是根据当期利润大小随意调节，这类企业往往先确定一个目标利润，再倒推出领用材料金额，进行账务处理。这类企业直接材料成本在产成品生产成本中的比例各月之间波动往往较大。

（八）未定期与仓库对账

未定期与仓库对账，原材料账面与实物出现差异未及时查明原因并更正。应当至少每月核对一次，可以采用编制"财务与保管存货库存数差异调节表"的方式分析差异原因，及时进行相关账务处理。

（九）未定期进行盘点

未定期对原材料进行盘点，出现盘盈、盘亏、毁损、变质等情况，未能及时发现和处理，对损耗率明显偏高的原材料未采取措施予以控制。有的企业虽然进行了盘点，但是出于自身利益需要，不进行正确的账务处理。在经济效益较好时，只作盘亏处理，不做盘盈处理，而在经济效益不好时，只作盘盈处理，不作盘亏处理，随意调节利润。

（十）存货损失的税务处理

小企业发生的存货损失，应按照规定的程序和要求向主管税务机关申报后方可在税前扣除，未经申报的损失，不得税前扣除。

《企业资产损失所得税税前扣除管理办法》（国家税务总局公告2011年第25号）第二十六条、二十七条、二十八条规定：

1. 存货盘亏损失，为其盘亏金额扣除责任人赔偿后的余额，应依据以下证据材料确认：

（1）存货计税成本确定依据；

（2）企业内部有关责任认定、责任人赔偿说明和内部核批文件；

（3）存货盘点表；

（4）存货保管人对于盘亏的情况说明。

2．存货报废、毁损或变质损失，为其计税成本扣除残值及责任人赔偿后的余额，应依据以下证据材料确认：

（1）存货计税成本的确定依据；

（2）企业内部关于存货报废、毁损、变质、残值情况说明及核销资料；

（3）涉及责任人赔偿的，应当有赔偿情况说明；

（4）该项损失数额较大的（指占企业该类资产计税成本10％以上，或减少当年应纳税所得、增加亏损10％以上，下同），应有专业技术鉴定意见或法定资质中介机构出具的专项报告等。

3．存货被盗损失，为其计税成本扣除保险理赔以及责任人赔偿后的余额，应依据以下证据材料确认：

（1）存货计税成本的确定依据；

（2）向公安机关的报案记录；

（3）涉及责任人和保险公司赔偿的，应有赔偿情况说明等。

三、材料会计日常工作中的疑难问题

（一）存货发出和领用的三种核算方法

原材料和库存商品（成本费用会计核算）都属于存货，这里一并讲述。

小企业应当采用先进先出法、加权平均法或者个别计价法确定发出存货的实际成本。计价方法一经选用，不得随意变更。

1．个别计价法

个别计价法，把每一种存货的实际成本作为计算发出存货成本和期末存货成本的基础，对于不能替代使用的存货，为特定项目专门购入或制造的存货以及提供的劳务，通常使用此法确定发出存货的成本。在实际工作中，越来越多的企业使用计算机财务信息系统进行会计处理，这就使个别计价法可以广泛地用于发出存货的计价，该方法确定的存货成本最为准确。

2．先进先出法

先进先出法是指按照存货收发的顺序，假定先购入的存货先发出（销售或耗用），并按此实物流转顺序计算发出存货的成本。

【例13-1】某企业A材料有关资料如下：

10月1日，结余6 500千克，单位成本4.2元/千克，总成本27 300元。

10月3日，购入1 200千克，单位成本4.4元/千克，总成本5 280元。

10月6日，领用7 000千克。

10月16日，购入4 000千克，单位成本为4.6元/千克，总成本18 400元。

10月26日，领用3 000千克。

按照先进先出法，10月6日领用的材料，其实际成本为：（6 500×4.2）＋（500×

4.4)＝29 500（元）。

10月26日领用的材料，其实际成本为：（700×4.4）＋（2 300×4.6）＝13 660（元）。

$$本月发出存货实际成本＝29 500＋13 660＝43 160（元）$$

3. 加权平均法

加权平均法，是指在月末根据月初结存及本月购入存货的实际成本和数量，平均计算本月发出存货的实际成本。其计算公式为：

$$存货加权平均单位成本＝\frac{月初结存存货实际成本＋本月购入存货实际成本}{月初结存存货数量＋本月购入存货数量}$$

$$本月发出存货实际成本＝本月发出存货数量×存货加权平均单位成本$$

【例13-2】承例13-1，按照加权平均法，计算如下：

$$全月加权平均单位成本＝\frac{27 300＋5 280＋18 400}{6 500＋1 200＋4 000}＝4.36（元/千克）$$

$$本月发出存货实际成本＝（7 000＋3 000）×4.36＝43 600（元）$$

（二）计划成本法核算——材料成本差异的财务处理方法与技巧

1. 计划成本法的特点

材料采用计划成本法核算，是指材料的收发及结存，无论总分类核算还是明细分类核算，均按照计划成本计价的方法。其特点是：平时购入、领用、发出的材料均按材料的计划成本计价，平时购入材料的实际成本与计划成本的差异，通过"材料成本差异"科目调整。月末，通过"材料成本差异"科目分配，将领用、发出材料的计划成本调整为实际成本。

2. 科目设置

材料采用计划成本法核算，需要设置的会计科目有"原材料"、"材料采购"、"材料成本差异"等。

"原材料"科目核算小企业采用计划成本进行材料日常核算而购入材料的计划成本。

"材料采购"科目核算小企业采用计划成本进行材料日常核算而购入材料的采购成本（实际成本）。

"材料成本差异"科目核算小企业采用计划成本进行日常核算的材料计划成本与实际成本的差额，为材料科目的调整科目。

"材料成本差异"科目期末借方余额，反映小企业库存材料等的实际成本大于计划成本的差异；贷方余额反映小企业库存材料等的实际成本小于计划成本的差异。

温馨提醒

小企业也可以在"原材料"、"周转材料"等科目设置"成本差异"明细科目。

3. 材料成本差异的主要账务处理

（1）入库材料发生的材料成本差异，实际成本大于计划成本的差异，借记"材料成本差异"科目，贷记"材料采购"科目；实际成本小于计划成本的差异做相反的会计分录。入库材料的计划成本应当尽可能接近实际成本。除特殊情况外，计划成本在年度内不得随意变更。

（2）结转发出材料应负担的材料成本差异，按实际成本大于计划成本的差异，借记"生产成本"、"管理费用"、"销售费用"、"委托加工物资"、"其他业务成本"等科目，贷记"材料成本差异"科目；实际成本小于计划成本的差异做相反的会计分录。

温馨提醒

发出材料应负担的成本差异应当按期（月）分摊，不得在季末或年末一次计算。

发出材料应负担的成本差异，除委托外部加工发出材料可按期初成本差异率计算外，应使用当期的实际差异率；期初成本差异率与本期成本差异率相差不大的，也可按期初成本差异率计算。计算方法一经确定，不得随意变更。

4. 材料成本差异率的计算公式

$$\text{本期材料成本差异率}=\frac{\text{期初结存材料的成本差异}+\text{本期验收入库材料的成本差异}}{\text{期初结存材料的计划成本}+\text{本期验收入库材料的计划成本}}\times 100\%$$

$$\text{期初材料成本差异率}=\frac{\text{期初结存材料的成本差异}}{\text{期初结存材料的计划成本}}\times 100\%$$

发出材料应负担的成本差异＝发出材料的计划成本×材料成本差异率

5. 账务处理难点与技巧

"材料成本差异"的金额与借贷方向问题，是计划成本法的难点所在，我们将通过实例来说明"材料成本差异"科目的财务处理技巧。

【例13-3】某工业企业，增值税一般纳税人，原材料采用计划成本法核算。201×年12月6日，购入一批A材料，取得增值税专用发票，金额100 000元，进项税额17 000元，以银行存款支付运费5 000元，已取得运输发票，以现金支付装卸费800元，该批材料当日已验收入库，已知该批A材料计划成本为100 000元，货款尚未支付。201×年12月19日，购入一批A材料，尚未取得增值税专用发票等凭证，已知该批材料计划成本为90 000元，货款尚未支付。

（1）201×年12月6日，购入A材料时。

A材料实际成本＝100 000＋5 000×（1－7%）＋800＝105 450（元）

进项税额＝17 000＋5 000×7%＝17 350（元）

原材料材料成本差异＝105 450－100 000＝5 450（元）

借：材料采购	105 450
应交税费——应交增值税（进项税额）	17 350
贷：应付账款	117 000
银行存款	5 000
库存现金	800

（2）201×年12月6日，A材料验收入库时。

借：原材料——A材料　　　　　　　　　　　　　　　100 000

　　材料成本差异　　　　　　　　　　　　　　　　　　5 450

　　贷：材料采购　　　　　　　　　　　　　　　　　　　105 450

（3）201×年12月19日，购入A材料时，由于没有取得发票，按材料计划成本暂估入账，不产生材料成本差异。

借：原材料——A材料　　　　　　　　　　　　　　　　90 000

　　贷：应付账款——暂估款　　　　　　　　　　　　　　90 000

账务处理技巧：

"材料采购"按实际成本计量，"原材料"按计划成本计量，"材料成本差异"按计划成本与实际成本的差异计量，根据借贷平衡原理确定"材料成本差异"方向。

【例13-4】承例13-3，该公司12月月初结存A材料的计划成本为200 000元，成本差异为节约10 000元，当月入库A材料的计划成本100 000元，成本差异为超支5 450元。当月各车间、部门共领用A材料260 000元，其中：生产车间领用249 000元，机修、供电等辅助车间领用9 000元，生产部门领用1 000元，管理部门领用600元，销售部门领用400元。

（1）领用材料。

借：生产成本——基本生产成本　　　　　　　　　　249 000

　　　　　　——辅助生产成本　　　　　　　　　　　9 000

　　制造费用　　　　　　　　　　　　　　　　　　　1 000

　　管理费用　　　　　　　　　　　　　　　　　　　　600

　　销售费用　　　　　　　　　　　　　　　　　　　　400

　　贷：原材料——A材料　　　　　　　　　　　　　　260 000

（2）结转领用材料的成本差异

$$本期材料成本差异率 = \frac{-10\,000 + 5\,450}{200\,000 + 100\,000} \times 100\% = -1.52\%$$

$$发出材料应负担的成本差异 = 260\,000 \times (-1.52\%) = -3\,952(元)$$

各成本费用账户金额按照比例分配，则：

借：材料成本差异——A材料　　　　　　　　　　　　3 952

　　贷：生产成本——基本生产成本　　　　　　　　　3 784.80

　　　　　　　　——辅助生产成本　　　　　　　　　136.80

　　制造费用　　　　　　　　　　　　　　　　　　　15.20

　　管理费用　　　　　　　　　　　　　　　　　　　9.12

　　销售费用　　　　　　　　　　　　　　　　　　　6.08

账务处理技巧：

（1）很多教材和老师的讲解方法是告诉学生"超支记入贷方，节约记入借方"，许多会计学习者便死记硬背，一到实际应用和会计考试中便会忘记和混淆，因此，我在这里告诉大家怎样用理解的方法掌握"材料成本差异"结转时的方向问题，掌握了这个方法，会计学习者会终生不忘。

"材料成本差异"按计划成本与实际成本的差异计量，当发出材料实际成本大于计划成本（超支）时，相应的成本费用必然应该增大，即借记成本费用，根据借贷平衡原理确定应该贷记"材料成本差异"；当发出材料实际成本小于计划成本（节约）时，相应的成本费用必然应该减少，即贷记成本费用，根据借贷平衡原理确定应该借记"材料成本差异"。

（2）实际会计工作中，我们可以通过 Excel 编制材料成本差异计算表（见表 13-2）来进行计算以提高核算效率，在表中可以设置计算公式，每个月底只需要填写前 5 个项目数据，后面两项就可以自动生成了。

表 13-2   材料成本差异计算表   单位：元

月份	期初结存材料成本差异 ①	本期验收入库材料成本差异 ②	期初结存材料计划成本 ③	本期验收入库材料计划成本 ④	发出材料的计划成本 ⑤	本期材料成本差异率 ⑥=（①+②）÷（③+④）	发出材料应负担的成本差异 ⑦=⑤×⑥
1							
2							
⋮							
11							
12	−10 000	5 450	200 000	100 000	260 000	−1.52%	−3 952

说明：1—11 月数据略。

（三）材料成本分配

材料会计一般通过编制材料成本分配表（见表 13-2）来分配材料成本：用于构成产品实体的原料及主要材料和有助于产品形成的辅助材料，列入"直接材料"项目；用于生产的燃料列入"燃料和动力"项目；用于维护生产设备和管理生产的各种材料列入"制造费用"项目。不应计入产品成本而属于期间费用的材料费用则应列入"管理费用"、"销售费用"科目。用于购置和建造固定资产、其他资产方面的材料费用，则不得列入产品成本，也不得列入期间费用。

生产车间发生的直接用于产品生产的原料和主要材料一般分产品领用，根据领料凭证直接计入某种产品的生产成本即可。但是对于几种产品共同耗用的材料成本，则应采用适当的分配方法，分配计入各种产品的生产成本。

直接材料成本分配的方法：

1. 在消耗定额比较准确的情况下，通常采用材料定额消耗量比例或材料定额成本的比例进行分配，计算公式如下：

$$分配率 = \frac{材料实际总消耗量(或实际成本)}{各种产品材料定额消耗量(或定额成本)之和}$$

$$某种产品应分配的材料数量 = 该产品的材料定额消耗量 \times 分配率$$
$$(或成本) \qquad (或定额成本)$$

2. 不同规格的同类产品，如果产品的结构大小相近，也可以按产量或重量比例分配。

$$分配率 = 待分配费用 \div 分配标准$$

$$分配额 = 某产品耗用的标准 \times 分配率$$

这里以按材料消耗定额法分配直接材料为例说明。

【例 13-5】材料消耗定额与 A、B 产品共同耗用原材料、直接领用的原材料均为已知数据填列在"材料成本分配表"（见表 13-3）中，编制材料成本分配表和记账凭证。

有关数据的计算：

分配率＝应分配材料费÷定额消耗用量＝600 000÷100 000＝6(元/千克)

A 产品直接材料＝定额消耗用量×分配率＝48 000×6＝288 000(元)

B 产品直接材料＝定额消耗用量×分配率＝52 000×6＝312 000(元)

表 13-3　　　　　　　　　　　　材料成本分配表　　　　　　　　　　　　单位：元

应借科目			共同耗用原材料的分配					直接领用的原材料（元）	耗用原材料总额（元）
总账及二级科目	明细科目	成本或费用项目	产量（件）	单位消耗定额（千克）	定额消耗用量（千克）	分配率	应分配材料费（元）		
生产成本——基本生产成本	A产品	直接材料	2 000	24	48 000		288 000	912 000	1 200 000
	B产品	直接材料	4 000	13	52 000		312 000	688 000	1 000 000
	小计				100 000	6	600 000	1 600 000	2 200 000
生产成本——辅助生产成本	锅炉车间	直接材料						120 000	120 000
	供电车间	直接材料						80 000	80 000
	小计							200 000	200 000
制造费用	基本车间	机物料消耗						60 000	60 000
管理费用								2 000	2 000
销售费用								1 000	1 000
合计							600 000	1 863 000	2 463 000

财务处理：

借：生产成本——基本生产成本——A产品——直接材料　　　　1 200 000

　　　　　　　　　　　　　　——B产品——直接材料　　　　1 000 000

　　　　　　——辅助生产成本——锅炉车间　　　　　　　　120 000

　　　　　　　　　　　　　　——供电车间　　　　　　　　80 000

制造费用——基本车间	60 000
管理费用	2 000
销售费用	1 000
贷：原材料——某材料	2 463 000

（四）周转材料的摊销

周转材料，是指企业能够多次使用、逐渐转移其价值但仍保持原有形态不确认为固定资产的材料，包括包装物、低值易耗品以及小企业（建筑业）的钢模板、木模板、脚手架等。

对于周转材料，采用一次转销法进行会计处理，在领用时按其成本计入生产成本或当期损益；金额较大的周转材料，也可以采用分次摊销法进行会计处理。出租或出借周转材料，不需要结转其成本，但应当进行备查登记。

在领用低值易耗品或包装物等周转材料时，可以在每次领用时编制记账凭证，也可以到月末汇总编制记账凭证。相关账务处理见表 13-4。

表 13-4　　　　　　　　　　周转材料摊销方法与账务处理一览表

摊销方法	业务内容	账务处理
一次转销法	1. 领用	将其全部价值计入有关的成本费用。 借：管理费用/生产成本/销售费用/其他业务成本等 　　贷：周转材料——低值易耗品 　　　　　　　　——包装物
	2. 报废	残料价值应冲减有关的成本费用。 借：原材料等 　　贷：管理费用/生产成本/销售费用/其他业务成本等
分次摊销法	1. 领用	按其账面价值，将在库周转材料转为在用周转材料， 借：周转材料——包装物——在用 　　　　　　　　低值易耗品——在用 　　贷：周转材料——包装物——在库 　　　　　　　　——低值易耗品——在库
	2. 摊销	按摊销额计入有关的成本费用。 借：管理费用/生产成本 　　贷：周转材料——包装物——摊销 　　　　　　　　——低值易耗品——摊销
	3. 报废	补提摊销额计入有关的成本费用。 借：管理费用/生产成本/销售费用/其他业务成本等 　　贷：周转材料——包装物——摊销 　　　　　　　　——低值易耗品——摊销 同时，按报废包装物和低值易耗品的残料价 借：原材料 　　贷：管理费用/生产成本/销售费用/其他业务成本等 并转销全部已提摊销额， 借：周转材料——包装物——摊销 　　　　　　　　——低值易耗品——摊销 　　贷：周转材料——包装物——在用 　　　　　　　　——低值易耗品——在用

温馨提醒

　　企业的周转材料符合存货的定义和确认条件的，按照使用次数分次计入成本费用，余额较小的，可在领用时一次计入成本费用，以简化核算，但为加强实物管理，应当在备查簿上进行登记。

（五）出售、出租、出借包装物的核算

1. 随同商品出售的包装物。

　　借：销售费用（不单独计价）

　　　　其他业务成本（单独计价）

　　　　贷：周转材料——包装物（按实际成本）

2. 出租、出借包装物，在领用时应结转成本。

　　借：营业外支出（出租包装物）

　　　　销售费用（出借包装物）

　　　　贷：周转材料——包装物（按实际成本）

3. 收到出租、出借包装物的租金、押金。

　　借：库存现金/银行存款

　　　　贷：营业外收入（出租包装物和商品的租金收入、逾期未退包装物押金收益）

　　借：库存现金/银行存款

　　　　贷：其他应付款（收到出租、出借包装物的押金）

退回押金作相反会计分录。

（六）其他原材料取得方式的核算

1. 自制并已验收入库的原材料。

　　借：原材料

　　　　贷：生产成本（按生产过程中发生的实际成本）

2. 投资者投入的原材料。

　　借：原材料（按评估价值）

　　　　应交税费——应交增值税（进项税额）

　　　　贷：实收资本/资本公积等

3. 接受捐赠的原材料，如捐赠方提供了有关凭据的，按凭据上标明的金额加上应支付的相关税费作为实际成本；捐赠方没有提供有关凭据的，按其市价或同类、类似材料的市场价格估计的金额，加上应支付的相关税费，作为实际成本。

　　借：原材料

　　　　应交税费——应交增值税（进项税额）

　　　　贷：营业外收入

（七）委托加工物资的核算

　　委托加工物资有原材料也有库存商品，不管是原材料还是库存商品，核算方法相同。

1. 发给外单位加工的物资，按实际成本入账。

借：委托加工物资
　　贷：原材料/库存商品等

温馨提醒

如果采用计划成本（工业企业）或售价核算（商业企业）的，还应同时结转材料成本差异或商品进销差价。

2. 支付加工费用、应负担的运杂费等。

借：委托加工物资
　　应交税费——应交增值税（进项税额）
　　贷：银行存款等

3. 需要缴纳消费税的委托加工物资，收回后直接用于销售的，应将受托方代收代缴的消费税计入委托加工物资成本。

借：委托加工物资
　　贷：应付账款/银行存款等

4. 收回后用于连续生产应税消费品的物资，按规定准予抵扣的。

借：应交税费——应交消费税
　　贷：应付账款/银行存款等

应税消费品销售时，计提消费税。

借：营业税金及附加
　　贷：应交税费——应交消费税

企业按照计提的消费税和受托方代收代缴的消费税的差额缴纳消费税。

5. 企业收回委托外单位加工完成验收入库的物资和剩余的物资，按加工收回物资的实际成本和剩余物资的实际成本：

借：原材料/库存商品等
　　贷：委托加工物资

CHAPTER

14

第十四章
工资会计

一、工资会计日常业务处理

（一）月末分配工资

凭人力资源部开具的工资发放明细表——审核是否有人力资源部部门章和人力资源部经理、财务经理、总经理签字——编制工资成本分配汇总表——编制记账凭证。

借：生产成本（生产车间生产人员的职工薪酬）

制造费用（生产车间管理人员的职工薪酬）

管理费用（管理部门人员的职工薪酬）

销售费用（销售人员的职工薪酬）

在建工程（由在建工程负担的职工薪酬）

研发支出（由研发支出负担的职工薪酬）

贷：应付职工薪酬——职工工资

——奖金、津贴和补贴

——职工福利费

——社会保险费（企业承担的职工社保费用部分）

——住房公积金

——工会经费

——职工教育经费

温馨提醒

职工福利费、工会经费和职工教育经费可以在实际支付时进行计提。

税法规定：建立工会组织的企业、事业单位、社会团体，按每月全部职工工资总额的2%向工会缴拨的经费，凭工会组织开具的工会经费收入专用收据在税前扣除。凡不能出具工会经费收入专用收据的，其提取的职工工会经费不得在企业所得税前扣除。

（二）发放工资

根据工资发放明细表开具扣款收据，同出纳传来的银行转账支票存根——→编制记账凭证。

　　借：应付职工薪酬——工资
　　　　贷：银行存款/库存现金
　　　　　　其他应付款——社会保险费（代扣代缴的职工个人负担的社保费用部分）
　　　　　　其他应收款——代垫费用（代垫的水电费，医药费等各种代垫费用）
　　　　　　应交税费——应交个人所得税

温馨提醒

1. 以现金方式发放工资，需要职工签字领取；通过银行存款发放工资则不需要职工签字。

随工资发放而代扣代缴的保险、个人所得税等款项，代垫的水电费，医药费等各种代垫费用，扣款收据由工资会计开具，由于直接代扣，并未实际经出纳直接从职工手中收取现金，收据可以没有付款人签字（盖章），收据应和工资发放明细表同时作为附件记账。

2. 代扣代缴的职工个人负担的社保费用部分，水电费、医药费等各种代垫费用不属于公司的成本费用，直接从职工薪酬中扣款。

（三）上缴社会保险和代缴个人所得税

取得社会保险费缴费收据和个人所得税完税凭证，同出纳传来的银行转账支票存根——→编制记账凭证。

　　借：应付职工薪酬——社会保险费（企业承担的职工社保费用部分）
　　　　　　其他应付款——社会保险费（职工个人负担的社保费用部分）
　　　　　　应交税费——应交个人所得税
　　　　贷：银行存款

（四）代垫各种费用

取得水电费等费用发票或收据，同出纳传来的银行转账支票存根——→编制记账凭证。

　　借：其他应收款——代垫费用
　　　　贷：银行存款

（五）以自产品当作福利发给职工

审查自产品出库单和公司批准的福利发放表——→编制记账凭证。

　　借：生产成本
　　　　管理费用
　　　　贷：应付职工薪酬——非货币性福利
　　借：应付职工薪酬——非货币性福利

　　　贷：主营业务收入
　　　　　应交税费——应交增值税（销项税额）
　　借：主营业务成本
　　　贷：库存商品

（六）购买商品发放福利

审查商品发票和公司批准的福利发放表——→编制记账凭证。
　　借：生产成本
　　　管理费用
　　　贷：应付职工薪酬——非货币性福利
　　借：应付职工薪酬——非货币性福利
　　　贷：银行存款、应付账款等

（七）将拥有的汽车等资产无偿提供给部门经理以上职工使用，或租赁住房等资产供职工无偿使用

审核公司批准文件、汽车发票、房屋租赁合同、租赁发票等——→编制记账凭证。
　　借：管理费用
　　　生产成本
　　　贷：应付职工薪酬——非货币性福利
　　借：应付职工薪酬——非货币性福利
　　　贷：累计折旧
　　　　　其他应付款（租金）

（八）解除与职工的劳动关系给予的补偿

审核人力资源部开具的解除劳动关系名单和补偿金额审批表——→编制记账凭证。
　　借：管理费用
　　　贷：应付职工薪酬——辞退福利

（九）日常零星工资性支出

收到人力资源部开具的零星工资支出证明单——→编制记账凭证——→传现金出纳付款。
　　借：应付职工薪酬
　　　贷：库存现金

二、工资会计日常工作中的常见问题

（一）利用工资费用，调节当期利润

某些企业为了调节当期利润，人为地随意分配工资费用，从而达到调节利润的目的。比如，某企业将应计入在建工程的工资支出计入生产成本，虚增产品成本，随着产品的销售，必然会导致当年的利润减少；再如，某些企业将应计入生产成本的工资计入管理费用，达到虚减当期利润的目的。

（二）工资表虚列职工姓名、伪造签名、无签名

某些企业的会计人员利用企业内部控制不健全，通过虚列职工姓名、伪造签名等方

式进行贪污。

也有某些企业为了达到少交或不交个人所得税的目的，编造虚假的工资表，通过虚列职工姓名、虚列工资数额、虚假签名等方式进行处理。

以现金形式发放的工资表应当由职工签名，有的企业工资表没有职工签名，给人以虚列工资之感。

（三）不通过"应付职工薪酬"核算，直接从成本费用中列支

有的企业为了少交个人所得税，只将基本工资通过"应付职工薪酬"核算计算缴纳个人所得税，而发放的加班费、职工福利、补贴、奖金、以实物形式发放的非货币性工资薪酬等直接通过生产成本、管理费用核算，不通过"应付职工薪酬"核算，不计算缴纳个人所得税。

三、工资会计日常工作中的疑难问题

（一）分配工资成本问题

工资会计分配工资成本，由于还涉及生产成本、制造费用的核算，为成本会计核算提供基础，因此，分配工资成本就比较重要，也是工资会计工作中的难点所在。

工资会计一般通过编制工资成本分配汇总表（见表14-1）进行工资分配，分配工资的方法一般有计件工资制和计时工资制两种。

1. 计件工资制

在计件工资制下，生产工人工资通常是根据各种产品的产量凭证计算工资并直接计入各种产品的生产成本，因此，不必在各种产品之间进行分配。

2. 计时工资制

在计时工资制下，生产多种产品的，需要采用一定的分配方法将工资费用在各种产品之间进行分配。

$$直接人工分配率 = \frac{本期发生的直接人工}{各种产品实际工时（或定额工时）之和}$$

$$某产品负担的直接人工 = \frac{该种产品实用工时}{（或定额工时）} \times 直接人工分配率$$

这里以计时工资分配直接人工成本为例进行说明。

【例14-1】 编制工资成本分配汇总表（见表14-1）和记账凭证。

有关数据的计算：

$$直接人工分配率 = 250\,000 \div 500\,000 = 0.5（元/工时）$$

$$A产品应负担的直接人工 = 260\,000 \times 0.5 = 130\,000（元）$$

$$B产品应负担的直接人工 = 240\,000 \times 0.5 = 120\,000（元）$$

表 14-1 工资成本分配汇总表 单位：元

应借科目		工资			
总账及二级科目	明细科目	分配标准（工时）	直接生产人员（0.5）	管理人员工资	工资合计
生产成本——基本生产成本	A产品	260 000	130 000		130 000
	B产品	240 000	120 000		120 000
	小计	500 000	250 000		250 000
生产成本——辅助生产成本	锅炉车间		40 000		40 000
	供电车间		60 000		60 000
	小计		100 000		100 000
制造费用	基本车间			5 000	5 000
	锅炉车间			4 000	4 000
	供电车间			3 000	3 000
	小计			12 000	12 000
管理费用				10 000	10 000
销售费用				5 000	5 000
合计			350 000	27 000	377 000

账务处理：

借：生产成本——基本生产成本——A产品——直接人工　　　130 000
　　　　　　　　　　　　——B产品——直接人工　　　120 000
　　　　　　　——辅助生产成本　　　　　　　　　　100 000
　　制造费用——基本车间　　　　　　　　　　　　　5 000
　　　　　　——锅炉车间　　　　　　　　　　　　　4 000
　　　　　　——供电车间　　　　　　　　　　　　　3 000
　　管理费用　　　　　　　　　　　　　　　　　　10 000
　　销售费用　　　　　　　　　　　　　　　　　　5 000
　　贷：应付职工薪酬　　　　　　　　　　　　　　377 000

（二）个人所得税

1. 工资薪金所得

工资、薪金所得，是指个人因任职或者受雇而取得的工资、薪金、奖金、年终加薪、劳动分红、津贴、补贴以及与任职或者受雇有关的其他所得。

工资、薪金所得采用七级超额累进税率制按月计税，月工薪收入个人所得税计算公式如下：

$$应纳税所得额＝月工薪收入－3 500 元$$
$$应纳税额＝应纳税所得额×适用税率－速算扣除数$$

工资、薪金所得适用税率表见表14-2。

表 14-2 工资、薪金所得适用税率表

级数	全月应纳税所得额		税率 (%)	速算 扣除数
	含税级距	不含税级距		
1	不超过1 500元的	不超过1 455元的	3	0
2	超过1 500元至4 500元的部分	超过1 455元至4 155元的部分	10	105
3	超过4 500元至9 000元的部分	超过4 155元至7 755元的部分	20	555
4	超过9 000元至35 000元的部分	超过7 755元至27 255元的部分	25	1 005
5	超过35 000元至55 000元的部分	超过27 255元至41 255元的部分	30	2 755
6	超过55 000元至80 000元的部分	超过41 255元至57 505元的部分	35	5 505
7	超过80 000元的部分	超过57 505元的部分	45	13 505

注：1. 本表所列含税级距与不含税级距，均为按照税法规定减除有关费用后的所得额；

2. 含税级距适用于由纳税人负担税款的工资、薪金所得；不含税级距适用于由他人（单位）代付税款的工资、薪金所得。

温馨提醒

1. 不属于工资、薪金性质的补贴、津贴，不予征收个人所得税。这些项目包括以下几项：

（1）独生子女补贴；

（2）执行公务员工资制度未纳入基本工资总额的补贴、津贴差额和家属成员的副食补贴；

（3）托儿补助费；

（4）差旅费津贴、误餐补助。

其中，误餐补助是指按照财政部规定，个人因公在城区、郊区，不能在工作单位或返回就餐的，根据实际误餐顿数，按规定标准领取的误餐费。单位以误餐补助名义发给职工的补偿、津贴不能包括在内。

2. 相关税收优惠：

（1）按照省级以上人民政府规定的比例提取并缴付的住房公积金、医疗保险金、基本养老保险金、失业保险金，免征个人所得税，超过比例缴付的部分计征个人所得税。商业保险不得免征个人所得税。

（2）省级人民政府、国务院部委和中国人民解放军军以上单位，以及外国组织颁发的科学、教育、技术、文化、卫生、体育、环境保护等方面的奖金，免征个人所得税。

（3）按照国家统一规定发给干部、职工的安家费、退职费、退休工资、离休工资、离休生活补助费，免征个人所得税。

（4）按照国家统一规定发给的补贴、津贴，免征个人所得税。

【例14-2】某部门经理10月份基本工资5 000元、加班费500元、奖金200元、独生子女补贴7元、差旅费津贴150元，在实际发放工资时，从中扣除代垫水电费500元和按规定比例提取的保险金300元，计算其应纳的个人所得税。

应纳税所得额＝(5 000＋500＋200－300)－3 500＝5 400－3 500＝1 900(元)

应纳税额＝1 900×10％－105＝85(元)

企业还有一种常见的特殊情形，个人在年末取得全年一次性奖金，这种特殊情形计算个人所得税的方法见表14-3。

表14-3　　　　　　　　　全年一次性奖金个人所得税计税方法

情况	适用税率和速算扣除数确定依据	个人所得税计税公式
当月工资薪金所得高于(或等于)税法规定的费用扣除额的	当月取得全年一次性奖金/12	应纳税额＝当月取得全年一次性奖金×适用税率－速算扣除数
当月工资薪金所得低于税法规定的费用扣除额的	(当月取得全年一次性奖金－当月工资薪金与费用扣除额的差额)/12	应纳税额＝(当月取得全年一次性奖金－当月工资薪金与费用扣除额的差额)×适用税率－速算扣除数

温馨提醒

在一个纳税年度内，对每一个人，上述全年一次性奖金的计税方法只允许采用一次。个人取得除全年一次奖金以外的其他各种名目的奖金，如半年奖、季度奖、加班奖、先进奖、考勤奖等，一律与当月工资、薪金收入合并计算缴纳个人所得税。

【例14-3】王女士和李先生是一家公司雇员，王女士2012年12月取得当月工资8 500元，年终奖48 000元，李先生2012年12月取得当月工资3 000元，月底又一次取得年终奖金50 000元，计算王女士和李先生应缴纳多少个人所得税。

王女士当月工资薪金应缴纳个税＝(8 500－3 500)×20％－555＝445(元)

年终奖48 000÷12＝4 000 (元)，对应税率为10％，速算扣除数为105。

年终奖应纳税额＝48 000×10％－105＝4 695(元)

王女士12月份共计应缴纳个人所得税＝445＋4 695＝5 140 (元)。

李先生月工资收入低于3 500元，可用其取得的奖金收入50 000元补足其差额部分500元，剩余49 500元除以12个月，得出月均奖金4 125元，其对应的税率和速算扣除数分别为10％和105元。

全年一次性奖金的应纳税额＝49 500×10％－105＝4 845(元)

工资薪金的应纳税额＝0 元

李先生12月份应纳个人所得税额＝4 845＋0＝4 845(元)

2. 劳务报酬所得

劳务报酬所得，是指个人独立从事非雇佣的各种劳务所取得的所得。指个人从事设计、装潢、安装、制图、化验、测试、医疗、法律、会计、咨询、讲学、新闻、广播、翻译、审稿、书画、雕刻、影视、录音、录像、演出、表演、广告、展览、技术服务、介绍服务、经纪服务、代办服务以及其他劳务报酬的所得。

劳务报酬所得个人所得税计税方法及其劳务报酬所得适用的税率及速算扣除数，见表 14-4 及表 14-5。

表 14-4   劳务报酬所得个人所得税计税方法

情况	个人所得税计税公式
每次收入不足 4 000 元	应纳税额＝应纳税所得额×20%＝（每次收入额－800）×20%
每次收入 4 000 元以上的	应纳税额＝应纳税所得额×20%＝每次收入额×（1－20%）×20%
每次收入的应纳税所得额超过 20 000 元的	应纳税额＝应纳税所得额×适用税率－速算扣除数＝每次收入额×（1－20%）×适用税率－速算扣除数

表 14-5   劳务报酬所得适用的税率及速算扣除数表

级数	每次应纳税所得额	税率（%）	速算扣除数（元）
1	不超过 20 000 元的部分	20	0
2	超过 20 000 元至 50 000 元的部分	30	2 000
3	超过 50 000 元的部分	40	7 000

【例 14-4】某退休工程师为企业提供技术服务，一次取得技术服务收入 30 000 元，计算其应纳的个人所得税。

$$应纳税额＝30\,000×（1－20\%）×30\%－2\,000＝5\,200（元）$$

CHAPTER

15

第十五章
费用会计

一、费用会计日常业务处理

1. 公司日常费用

这里所说的公司日常费用是指公司正常经营活动中经常发生的费用，主要有差旅费、交通费、通讯费、办公费、招待费、水电费等。

审核费用发票、收据等原始凭证与费用支出凭单是否一致，原始凭证真实、完整、合法、金额正确━━审核审批手续是否完备━━审核部门、个人费用支出额度（如超计划额度，可拒绝报销）━━编制记账凭证。

  借：销售费用——明细科目（销售部费用）
     管理费用——明细科目（除销售部以外的管理部门费用）
    贷：库存现金/银行存款
       其他应收款（个人借款）

◢ 温馨提醒

1. 根据部门性质，相应记入"销售费用"、"管理费用"等科目。

（1）销售费用，核算小企业在销售商品或提供劳务过程中发生的各种费用，包括：销售人员的职工薪酬、商品维修费、运输费、装卸费、包装费、保险费、广告费和业务宣传费、展览费等费用。

小企业（批发业、零售业）在购买商品过程中发生的费用（包括：运输费、装卸费、包装费、保险费、运输途中的合理损耗和入库前的挑选整理费等），也记入"销售费用"。

（2）管理费用，核算小企业为组织和管理生产经营发生的其他费用，包括：小企业在筹建期间内发生的开办费、行政管理部门发生的费用（固定资产折旧费、修理费、办公费、水电费、差旅费、管理人员的职工薪酬等）、业务招待费、研究费用、技术转让费、相关长期待摊费用摊销、财产保险费、聘请中介机构费、咨询费（含顾问费）、诉讼费等费用。

小企业（批发业、零售业）管理费用不多的，可不设置"管理费用"，其核算内容可并入"销售费用"科目核算。

2. 为了考核各部门费用指标，可以分部门设置明细科目，如"管理费用——采购部——通讯费"，"管理费用——财务部——通讯费"

3. 费用支出须取得合法发票（餐饮业娱乐业等需要地税局监制发票，加工制造业需要国税局监制发票，除印有财政监制章的行政事业性收据以外的其余收据不能税前扣除，不可作为报销凭证），填写规范，抬头为本单位全称，大小写一致，无涂改痕迹。

4. 费用审核依据公司制定的费用控制办法（差旅费开支范围及标准、通讯费报销限额标准、招待费标准等等），其要点有：计划额度内费用须经部门负责人、分管领导、财务经理审批；计划外费用须总经理审批。

5. 报销人有前期欠款时，报销费用一律先冲抵欠款，开具还款收据。

6. 一般情况下，费用须在取得发票之日起 1 个月内报销，以便及时入账。

2. 公司特殊费用

（1）筹建期间的开办费。

小企业筹建期间发生的开办费（包括：相关人员的职工薪酬、办公费、培训费、差旅费、印刷费、注册登记费以及不计入固定资产成本的借款费用等）直接计入管理费用。

　　借：管理费用——开办费
　　　　贷：银行存款等

（2）生产车间费用。

收到水电费、维修费等生产车间费用发票——编制记账凭证——传成本会计复核。

　　借：制造费用——生产车间——费用明细科目
　　　　应交税费——应交增值税（进项税额）（取得增值税专用发票）
　　　　贷：库存现金/银行存款/应付账款

（3）销售商品负担的运费。

审核运输发票合法，金额正确——审核审批手续是否完备——编制记账凭证——传出纳会计付款。

　　借：销售费用——运费
　　　　应交税费——应交增值税（进项税额）
　　　　贷：库存现金/银行存款/应付账款

温馨提醒

1. 除批发业、零售业外的小企业购进货物产生的运费，则不应计入销售费用，而计入货物成本。

2. 抵扣联要及时认证，运费金额不包括包装费、装卸费、保险费等附加费，抵扣金额＝运费×7%。

3. 铁路运输发票的抵扣项目为运费和建设基金，其余项目不得抵扣，抵扣金额＝（运费＋建设基金）×7%。

4. 不允许抵扣的运费发票不得计算抵扣税金。

（4）劳务费。

审核接受供应单位（个人）提供的劳务费发票，个人应由地税局代开发票——→审核签字手续是否完整——→编制记账凭证。

借：生产成本/管理费用等
　贷：应付账款等

（5）销售商品途中损失。

审核客户单位或运输单位出具的有效证明——→审核签字手续完整——→编制记账凭证。

借：销售费用
　贷：应收账款

3. 财务费用

签收出纳传递来的利息收入、利息支出、手续费结算单等单据——→登记资金计划——→编制记账凭证。

借：财务费用——利息收入（红字）/利息支出/手续费/汇兑损失
　贷：银行存款

温馨提醒

1. 财务费用核算小企业为筹集生产经营所需资金发生的筹资费用。包括：利息费用（减利息收入）、汇兑损失、银行相关手续费、小企业给予的现金折扣（减享受的现金折扣）等费用。

2. 小企业为购建固定资产、无形资产和经过1年期以上的制造才能达到预定可销售状态的存货发生的借款费用，在"在建工程"、"研发支出"、"制造费用"等科目核算，不在"财务费用"科目核算。

3. 小企业发生的汇兑收益，在"营业外收入"科目核算，不在"财务费用"科目核算。

4. 为了实际工作的方便，发生的"财务费用——利息收入"，最好用红字记在借方，而不是用蓝字记在贷方，这样汇总编制的科目发生额及余额表可以直接编制财务报表，否则"财务费用"科目的借方发生额和贷方发生额就会比报表都多出利息收入的数额，编制报表时会比较麻烦，而且在使用电算化记账时，会造成生成的报表不正确。其他成本费用类科目也推荐使用红字借记的方法。

二、费用会计日常工作中的常见问题

（一）以不符合规定的票据列支费用

（1）使用"白条"报账的情况较多，有的单位购进商品、支付劳务费用没有取得正式发票，而以收据或手写白条入账。

（2）以零售、批发商业发票（国税票）来代替饮食服务行业发票（地税票），以地税票代替国税票。

（3）定额发票不加盖财务专用章，有关人员不签字等。

（4）发票抬头不用全称或无抬头，有的抬头甚至为其他单位名称或个人姓名。

（5）有的企业使用已经被税务机关取消了的"旧版发票"列支费用，甚至有些企业使用"假发票"列支费用。

（6）有的企业记账不及时，或者人为调节利润，使用"以前年度发票"列支费用。

（二）把应计入成本的费用列入期间费用

一些企业在核算购入材料的采购成本时，将能够直接计入各种材料的采购成本不直接计入，或将应按一定比例分摊计入各种材料的采购成本不按规定进行合理的分摊，只核算购入材料的买价，而将应计入材料成本的运杂费、装卸费、保险费等采购费用全部计入管理费用。

企业购入固定资产的运输费、安装调试费等应计入固定资产成本，作为其原值的组成部分，但有些企业却将这部分运输费、安装调试费等直接列入期间费用。

外购无形资产的成本包括购买价款、相关税费以及相关的其他支出（含相关的借款费用）。有的企业将相关税费以及其他支出直接计入管理费用，将相关的借款费用计入财务费用。

自行研究开发无形资产成本的确定。企业内部研究开发项目所发生的支出应区分研究阶段支出和开发阶段支出，企业自行开发无形资产发生的研发支出，不满足资本化条件的，借记"研发支出——费用化支出"科目，满足资本化条件的，借记"研发支出——资本化支出"科目，贷记"原材料"、"银行存款"、"应付职工薪酬"、"应付利息"等科目。研究开发项目达到预定用途形成无形资产的，应将"研发支出——资本化支出"科目的余额转入"无形资产"科目。期（月）末，应将"研发支出——费用化支出"科目归集的金额转入"管理费用"科目。有的企业不能合理地区分资本化条件和费用化条件，随意分配，导致无形资产成本核算不准确。

（三）任意扩大开支范围，提高费用标准

按照企业财务管理制度的规定，各项开支均有标准，但在实际工作中，有些企业为了自身的经济利益，任意扩大开支范围和提高开支标准，从而提高企业费用水平，减少当期利润。如有的企业领导将其家属"游山玩水"的费用列为本单位职工的差旅费来报销，再如有的企业将请客送礼的烟酒等不符合福利费性质的费用列入职工福利费。

（四）费用列支未附足够的证明凭据

笔者在实际工作中发现，很多企业会议费用、差旅费用、大额办公用品费用、劳务费用列支的真实性、合理性存在问题，附件只是简单的一张发票，缺少证明其费用发生真实性、合理性的其他材料。

会议费证明材料应包括：会议时间、地点、出席人员、内容、目的、费用标准、支付凭证等。

差旅费的证明材料应包括：出差人员姓名、地点、时间、任务、支付凭证等。

大额办公用品费用证明材料应包括：办公用品明细名称、规格、数量、单价、金额等。

劳务费列支应当申报个人所得税，并附有签收单及身份证复印件。

根据规定，纳税人发生的与其经营活动有关的合理的差旅费、会议费、董事会费，主管税务机关要求提供证明资料的，应能够提供证明其真实性的合法凭证，否则，不得在税前扣除。

（五）期间费用与生产成本随意调节

有些企业为了调节当年利润，将发生的期间费用计入生产成本，或将应计入生产成本的费用计入期间费用。例如，有些企业为了实现计划利润目标，将应记入"管理费用"账户的水电费、折旧费等费用记入了"制造费用"或"生产成本"账户，达到少计期间费用，虚增利润的非法目的。也有些企业为了少交企业所得税，将本应该记入"制造费用"或"生产成本"账户的水电费、折旧费等费用记入"管理费用"，达到多计期间费用，虚减利润，少交企业所得税的目的。

（六）混淆资本性支出与收益性支出的界限

企业用银行借款进行在建工程建设，在固定资产尚未交付使用前发生的贷款利息，应计入固定资产的造价。但有些企业，为了调节利润，故意混淆成本与费用的界限。例如某企业20×2年1月1日向银行借款用于生产车间建设，期限2年，该车间于20×3年11月30日竣工并交付使用。但企业在20×3年11月之前的账务处理中，将贷款利息编制"借：财务费用，贷：长期借款"的会计分录，多计财务费用，以达到虚减利润的目的。

（七）利息收入不作账务处理而转作"小金库"

财务费用包括利息净支出、汇兑损失、金融机构手续费以及筹集生产经营资金发生的其他费用等。有些企业对利息收入不作账务处理而转入"小金库"，留待日后挪作他用。

（八）费用在会计与税法上的差异

费用在会计与税法上的差异主要有两个方面：

（1）有些费用项目在计量上存在差异，企业所得税法规定了一些费用项目税前扣除标准，如职工福利费、工会经费、职工教育经费、业务招待费、广告费、业务宣传费、研究开发费等，而会计上要求这些费用据实计入当期损益。

（2）个别费用项目在确认上存在差异，企业所得税法所规定的费用强调了与收入的相关性原则和支出的合理性原则，而会计上要求符合费用定义的费用全部计入当期损益。

CHAPTER

16

第十六章
成本会计

一、成本会计日常业务处理

（一）审核有关生产成本和制造费用归集、分配是否正确，把"辅助生产成本"归集到"基本生产成本"及"制造费用"

审核材料领用、职工薪酬分配、生产车间设备折旧、修理费、水电费、季节性和修理期间的停工损失等有关生产成本和制造费用的凭证是否都已由相关会计编制完毕、分配是否正确，审核应计入产品成本的成本和不应计入产品成本的费用是否正确区分——确定成本归集正确（生产车间耗用的能够分清产品归属的料费、工费直接记入"生产成本——基本生产成本"；辅助生产车间耗用的料费、工费记入"生产成本——辅助生产成本"；车间为生产所有产品耗用的机、物、料消耗等各项间接费用记入"制造费用"）——编制"制造费用分配表"，将制造费用分配记入"生产成本——基本生产成本、辅助生产成本"等科目。

借：生产成本——基本生产成本
　　　　　　——辅助生产成本
贷：制造费用

（二）把"辅助生产成本"按照一定的分配标准分配给各受益对象

检查"制造费用"是否结转完毕（除季节性生产的小企业外，"制造费用"科目余额应为零）——编制"辅助生产成本分配表"，把全部"辅助生产成本"按照一定的分配标准分配给各受益对象。

借：生产成本——基本生产成本
　　销售费用/管理费用/其他业务成本/在建工程等
贷：生产成本——辅助生产成本

（三）把完工产品成本转到库存商品

检查制造费用是否结转完毕（除季节性的生产性小企业外，制造费用科目期末应无余额。）——根据产品品种数量（通过审核入库单财务联、仓库保管员登记的产成品明细账、车间成本核算员提供的车间生产的产品明细表来确定）、各产品耗用的工时、生产成本等资料，编制"产品成本计算单"，将"生产成本——基本生产成本"在完工产品与在产品之间分配，将完工产品在各种产品之间进行归集和分配，计算出各种产品的成本。"生产成本——基本生产成本"的借方余额为在产品的生产成本——→根据产品成本计算单及入库单财务联编制记账凭证。

借：库存商品——产品品种

贷：生产成本——基本生产成本

（四）登记库存商品明细账，结出各产品数量、余额，与仓库产成品明细账核对

（五）编制产品成本变动情况分析报告

根据每月完工产品成本资料编制产品成本表——→分析各月份成本变动情况和影响因素——→编制产品成本变动情况分析报告——→报送分管经理。

（六）盘点

每季度对产成品、在产品等实物盘点一次——→财务经理监督、成本会计、仓库保管员盘点——→编制实物盘点表——→及时提供盘点结果——→盘盈、盘亏及时报告——→根据公司处理决定编制记账凭证。

1. 盘盈

借：库存商品——明细科目

贷：待处理财产损溢

借：待处理财产损溢

贷：营业外收入

2. 盘亏

借：待处理财产损溢

贷：库存商品——明细科目

应交税费——应交增值税（进项税额转出）

查明原因公司作出决定时：

借：营业外支出（计量收发差错、管理不善、自然灾害等原因均记入此科目）

其他应收款/库存现金（责任人赔偿保险公司赔款）

贷：待处理财产损溢

温馨提醒

在产品、产成品盘亏属于非正常损失的部分要进行增值税进项税转出处理，非正常损失，仅包括因管理不善造成被盗、丢失、霉烂变质的损失。自然灾害等其他损失均不属于非正常损失，不用进行增值税进项税转出处理。注意：这里所指的非正常损失比会计上的规定范围小。

在确定进项税额转出金额时，按照生产这些在产品、产成品所耗用购进货物或应税劳务已经抵扣了的进项税额计算，而不是在产品、产成品的实际成本，因为实际成本里还包括一些没有抵扣过的诸如人工费、折旧费等成本费用。

在产品、产成品所耗用购进货物或应税劳务已经抵扣了的进项税额能够确定的，直接转出，不能确定的则计算转出，计算公式为：

进项税额转出＝（所耗用购进材料成本－运费）×17％＋运费÷（1－7％）×7％

若所耗用购进原材料是免税农产品：

进项税额转出＝原材料成本÷（1－13％）×13％

二、成本会计日常工作中的常见问题

（一）不能正确区分应计入产品成本的成本和不应计入产品成本的费用

（1）筹资活动和投资活动属于非生产经营活动，其耗费不能计入产品成本。

（2）自然灾害损失、盗窃损失、滞纳金、违约金、罚款、赔偿、债务重组损失等非正常的经营活动成本不能计入产品成本。

（3）正常的生产经营活动成本分为产品成本和期间成本。正常的生产成本计入产品成本，其他正常的生产经营成本列为期间成本。例如，公司管理人员的工资属于不应计入产品成本的费用，应记入"管理费用"，而车间生产人员的工资则属于应计入产品成本的成本，应记入"生产成本"。再如，行政管理部门固定资产折旧费用属于不应记入产品成本的费用，应记入"管理费用"，而生产车间生产用设备计提的固定资产折旧费用则属于应计入产品成本的成本，应记入"制造费用"。

（二）不能正确区分应当计入本月的产品成本与应当由其他月份产品负担的成本

企业要遵循权责发生制原则，正确区分应当计入本月的产品成本与应当由其他月份产品负担的成本。企业不能提前结账，将本月成本作为下月成本处理；也不能延后结账，将下月成本作为本月成本处理。

（三）存在在产品的企业，完工产品和期末在产品之间不能进行恰当的分配，有的甚至不考虑在产品的存在，简化成本核算

某种产品既有完工产品又有在产品，已计入该产品的生产成本还应在完工产品和在产品之间分配，以便分别确定完工产品成本和在产品成本。

（四）"生产成本"、"制造费用"科目不会使用

生产成本科目未按成本项目设明细账进行核算，制造费用科目期末仍保留有余额，在有半成品的公司，"生产成本"科目可以有余额，除季节性生产的小企业外，制造费用一般都应转入生产成本，制造费用科目月末余额一般为零。

（五）虚计在产品和产成品数量、虚计在产品完工程度

为了调节利润，企业常常选择调节销售成本的方法，而调节销售成本通常通过调节产品单位生产成本来实现。企业常常少计在产品数量和在产品完工程度或少计产成品数量，少计在产品数量和在产品完工程度则分配给产成品的生产成本就会增大，而少计产成品数量则产成品的单位生产成本就会增大，从而虚增销售成本，虚减利润。

（六）随意改变分配方法和结转销售成本方法

成本费用的分配、完工产品与在产品的分配等分配方法和结转销售成本的存货计价方法有多种，企业应当根据产品生产的特点和实际需要选择适合本企业的分配方法和计

价方法，该方法一经选用，不得随意变更，但有的企业为了调节利润，往往变随意改变分配方法和结转销售成本方法。

三、成本会计日常工作中的疑难问题

成本会计比较复杂，成本核算的流程、成本费用的分配与结转、完工产品与在产品的分配、产品成本计算等等问题，对大多数会计来说，都是难点所在。成本核算的流程上面已经很清楚了，下面我们通过举例来解决成本会计日常工作中的几个疑难问题。

（一）制造费用的归集和分配

制造费用是指企业生产车间（部门）为生产产品和提供劳务而发生的各项间接费用。它包括生产车间管理人员的职工薪酬、生产车间计提的固定资产折旧费、生产车间发生的机物料消耗、固定资产修理费、办公费、水电费、劳动保护费、租赁费、保险费、排污费、季节性和修理期间的停工损失及其他制造费用。

"制造费用"科目可以按生产车间（部门）开设明细账，账内按照费用项目开设专栏，进行明细核算。费用发生时，根据支出凭证借记"制造费用"科目及其所属有关明细账，但材料、工资、折旧等费用要在月末时，根据汇总编制的各种费用分配表记入。归集在"制造费用"科目借方的各项费用，月末时应全部分配转入"生产成本"科目，计入产品成本。除季节性的生产小企业外，"制造费用"科目一般月末没有余额。

在生产一种产品的车间中，制造费用可直接计入其产品成本。在生产多种产品的车间中，就要采用既合理又简便的分配方法，将制造费用分配计入各种产品成本。

制造费用分配计入产品成本的方法，常用的有按生产工人工资、生产工人工时、机器工时、耗用原材料的数量或成本、直接成本（直接材料、直接人工之和）和产品产量等方法。分配方法一经确认，不得随意变更。如需变更，应当在财务报表附注中予以说明。

各种分配法下的计算公式：

$$制造费用分配率 = 制造费用总额 \div 车间生产工人工资总额$$
$$= 制造费用总额 \div 车间生产工人工时总数$$
$$= 制造费用总额 \div 机器工作总时数$$
$$= 制造费用总额 \div 耗用原材料的数量（或成本）总数$$
$$= 制造费用总额 \div 各种产品的直接费用总额$$
$$= 制造费用总额 \div 各种产品的实际产量（或标准产量）$$

以上各种分配方法，通常是以每月生产车间或部门的制造费用实际发生额进行分配的。为简化核算，小企业也可以按照预定分配率（或称计划分配率）进行分配。

$$制造费用分配率 = \frac{制造费用全年预计数}{全年预计业务量（机器工时、生产工人工资等）}$$

采用这一方法时，全年各月实际生产数与已分配数之间的差额，除其中属于为次年开工生产做准备的可留待明年分配外，其余的都应在当年年度终了时调整本年度的产品成本。

以机器工作小时数比例分配方法为例说明。

【例16-1】假设某基本生产车间甲产品机器工作小时数为 30 000 小时，乙产品机器工作小时数为 20 000 小时，供电车间机器工作小时数 6 000 小时，锅炉车间机器工作小时数 8 000 小时，本月发生制造费用 48 000 元，编制"制造费用分配表"（见表16-1）。

表 16-1　　　　　　　　　　制造费用分配表　　　　　　　金额单位：元

借方科目	机器工作小时数	分配金额（分配率：0.75）
生产成本——基本生产成本	—	—
——甲产品	30 000	22 500
——乙产品	20 000	15 000
生产成本——辅助生产成本	—	—
——供电车间	6 000	4 500
——锅炉车间	8 000	6 000
合计	64 000	48 000

注：分配率＝48 000/64 000＝0.75

账务处理：

借：生产成本——基本生产成本——甲产品——制造费用　　22 500
　　　　　　　　　　　　　——乙产品——制造费用　　15 000
　　生产成本——辅助生产成本——供电车间　　4 500
　　　　　　　　　　　　　——锅炉车间　　6 000
　　贷：制造费用　　48 000

（二）辅助生产费用的归集和分配

属于辅助生产车间为生产产品提供的动力等直接费用，可以先作为辅助生产成本进行归集，然后按照合理的方法分配计入基本生产成本，也可以直接计入所生产产品发生的生产成本，而不通过辅助生产成本核算。

辅助生产费用的归集和分配，是通过"生产成本——辅助生产成本"科目进行的。

分配辅助生产成本的方法主要有直接分配法、交互分配法、计划成本分配法、顺序分配法、代数分配法等。

1. 直接分配法

$$\text{辅助生产的单位成本（分配率）} = \frac{\text{辅助生产成本总额}}{\text{辅助生产的产品或劳务总量（不含对辅助生产车间提供的产品或劳务量）}}$$

$$\text{各受益车间、产品或各部门应分配的费用} = \text{辅助生产的单位成本（分配率）} \times \text{该车间、产品或部门的耗用量}$$

【例16-2】某企业有锅炉和供电两个辅助生产车间，这两个车间的辅助生产明细账所归集的费用分别是：供电车间 105 600 元、锅炉车间 29 000 元；供电车间为生产甲乙产品、各车间及各部门提供 360 000 度电，其中锅炉车间耗电 8 000 度；锅炉车间为生产甲乙产品、各车间及各部门提供 6 000 吨热力蒸汽，其中供电车间耗用 200 吨。采用直接分配法分配此项费用，并编制"辅助生产费用分配表"（见表 16-2）。

表 16-2　　　　　　　　　辅助生产费用分配表（直接分配法）

借方科目		生产成本——基本生产成本			销售费用	管理费用	合计
		甲产品	乙产品	小计			
供电车间	耗用量（度）	180 000	160 000	340 000	7 000	5 000	352 000
	分配率（元/度）	—	—	—	—	—	0.3
	金额（元）	54 000	48 000	102 000	2 100	1 500	105 600
锅炉车间	耗用量（吨）	2 900	2 600	5 500	260	40	5 800
	分配率（元/吨）	—	—	—	—	—	5
	金额（元）	14 500	13 000	27 500	1 300	200	29 000
金额合计		68 500	61 000	129 500	3 400	1 700	134 600

注：表内有关数据计算：

　　供电车间耗用量＝360 000－8 000＝352 000（度），锅炉车间耗用量＝6 000－200＝5 800（吨）

　　供电车间分配率＝105 600/352 000＝0.3（元/度），锅炉车间分配率＝29 000/5 800＝5（元/吨）

账务处理：

　　借：生产成本——基本生产成本——甲产品——燃料和动力　　68 500

　　　　　　　　　　　　　　　——乙产品——燃料和动力　　61 000

　　　　销售费用　　　　　　　　　　　　　　　　　　　　　3 400

　　　　管理费用　　　　　　　　　　　　　　　　　　　　　1 700

　　　贷：生产成本——辅助生产成本——供电车间　　　　　105 600

　　　　　　　　　　　　　　　　——锅炉车间　　　　　　　29 000

2. 交互分配法

交互分配法比起直接分配法多了一步，要先对各辅助生产内部相互提供劳务进行分配，以计算出应对外分配的辅助生产费用，再将应对外分配的辅助生产费用，按对外提供劳务的数量，在辅助生产以外的各个受益单位进行分配。

【**例 16-3**】承例 16-2，按照交互分配法编制"辅助生产费用分配表"（见表 16-3）。

表 16-3　　　　　　　　　辅助生产费用分配表（交互分配法）

分配方向	交互分配			对外分配		
辅助生产车间名称	供电车间	锅炉车间	合计	供电车间	锅炉车间	合计
待分配成本（元）	105 600	29 000	134 600	104 246	30 354	134 600
供应劳务数量	360 000	6 000	—	352 000	5 800	—
单位成本（分配率）	0.29	4.83	—	0.30	5.23	—

续表

分配方向			交互分配			对外分配		
辅助车间	供电车间	耗用数量	—	200	—	—	—	—
		分配金额	—	966	—	—	—	—
	锅炉车间	耗用数量	8 000	—	—	—	—	—
		分配金额	2 320	—	—	—	—	—
	金额小计		2 320	966		—	—	—
生产成本——基本生产成本	甲产品	耗用数量	—	—	—	180 000	2 900	—
		分配金额	—	—	—	53 308	15 177	68 485
	乙产品	耗用数量	—	—	—	160 000	2 600	—
		分配金额	—	—	—	47 385	13 607	60 992
销售费用	电力热力蒸汽费	耗用数量	—	—	—	7 000	260	—
		分配金额	—	—	—	2 073	1 360	3 433
管理费用	电力热力蒸汽费	耗用数量	—	—	—	5 000	40	—
		分配金额	—	—	—	1 481	209	1 690
分配金额小计（元）			—	—		104 246	30 354	134 600

注：表内有关数据计算：

供电车间交互分配单位成本（分配率）＝105 600/360 000＝0.29(元/度)

锅炉车间交互分配单位成本（分配率）＝29 000/6 000＝4.83(元/吨)

供电车间对外分配成本＝105 600－2 320＋966＝104 246(元)

锅炉车间对外分配成本＝29 000－966＋2 320＝30 354(元)

供电车间对外分配劳务数量＝360 000－8 000＝352 000(度)

锅炉车间对外分配劳务数量＝6 000－200＝5 800(吨)

供电车间对外分配单位成本（分配率）＝104 246/352 000＝0.30(元/度)

锅炉车间对外分配单位成本（分配率）＝30 354/5 800＝5.23(元/吨)

甲产品分配金额＝180 000×104 246/352 000＝53 308(元)

乙产品分配金额＝160 000×104 246/352 000＝47 385(元)

其余"分配金额"计算方法与之相同，略。

本题分配率保留两位小数，金额不保留小数，计算出的对外分配各科目成本之和会与待分配成本有1 334元差额（读者可以自己计算），而在实际成本会计工作中，这些表格将被设置上公式，金额保留两位小数，就不会出现这种差额较大情况，只可能会有小数尾差，可以将小数尾差记入某一科目中。表16-3正是笔者设置公式的结果，没有任何尾差。

账务处理：

借：生产成本——基本生产成本——甲产品——燃料和动力　　　68 485

　　　　　　　　　　　　——乙产品——燃料和动力　　　60 992

　　销售费用　　　　　　　　　　　　　　　　　　　　　3 433

　　管理费用　　　　　　　　　　　　　　　　　　　　　1 690

贷：生产成本——辅助生产成本——供电车间　　　　　　105 600

　　　　　　　　　　　　　　——锅炉车间　　　　　　29 000

（三）完工产品与在产品的成本分配方法

在经过制造费用的分配和辅助生产费用的分配之后，"制造费用"、"生产成本——辅助生产成本"一般应无余额。接下来就是将"生产成本——基本生产成本"各明细科目结转到库存商品中。

没有在产品的企业将"生产成本——基本生产成本"各明细科目余额全部结转到库存商品中，"生产成本——基本生产成本"应无余额。

有在产品的企业将完工产品所属的"生产成本——基本生产成本"各明细科目结转到库存商品中，"生产成本——基本生产成本"余额为在产品成本。

完工产品和在产品成本之间的关系：

本月完工产品成本＝本月发生的生产成本＋月初在产品成本－月末在产品成本

完工产品与在产品的成本分配方法常用的有以下六种，这六种分配方法各有特点，其适用情况、核算方法各有不同，详见表16-4。

表 16-4　　　　　　　　　　　**完工产品与在产品的成本分配方法**

分配方法	适用情况	核算方法	计算公式
不计算在产品成本（即在产品成本为零）	月末在产品数量很小的情况下使用。	在产品成本是零，本月发生的产品生产费用就是完工产品的成本。	产成品总成本＝本月发生生产费用
在产品成本按年初数固定计算	月末在产品数量很小，或者在产品数量虽大但各月之间在产品数量变动不大，月初、月末在产品成本的差额对完工产品成本影响不大的情况下使用。	各月在产品成本可以固定按年初数计算，某种产品本月发生的生产费用就是本月完工产品的成本。年终时，根据实地盘点的在产品数量，重新调整计算在产品成本。	各月（12月除外）产成品总成本＝本月发生生产费用，年末调整
在产品成本按其所耗用的原材料费用计算	原材料费用在产品成本中所占比重较大，而且原材料是在生产开始时一次就全部投入的情况下使用。	月末在产品可以只计算原材料费用，其他费用全部由完工产品负担。	产成品成本＝月初在产品成本＋本月发生生产费用－月末在产品成本 月末在产品成本＝本月发生的生产直接材料费
约当产量法	在产品完工程度比较好确定的情况下使用。	将月末结存的在产品，按其完工程度折合成约当产量，然后再将产品应负担的全部生产费用，按完工产品产量和在产品约当产量的比例进行分配。	在产品约当产量＝在产品数量×完工程度 单位成本＝（月初在产品成本＋本月发生生产成本）/（产成品产量＋月末在产品约当产量） 产成品成本＝单位成本×产成品产量 月末在产品成本＝单位成本×月末在产品约当产量

续表

分配方法	适用情况	核算方法	计算公式
在产品成本按定额成本计算	事先经过调查研究、技术测定或按定额资料，对各个加工阶段上的在产品，直接确定一个定额单位成本的情况下使用。	月终根据在产品数量，分别乘以各项定额单位成本，即可计算出月末在产品的定额成本。将月初在产品成本加上本月发生费用，减去月末在产品的定额成本，就可算出产成品的总成本了。产成品总成本除以产成品产量，即为产成品单位成本。	月末在产品成本＝月末在产品数量×在产品定额单位成本 产成品总成本＝（月初在产品成本＋本月发生生产费用）－月末在产品成本 产成品单位成本＝产成品总成本/产成品产量
定额比例法	各月末在产品数量变动较大，但制定了比较准确的消耗定额的情况下使用。	生产费用可以在完工产品和月末在产品之间用定额消耗量或定额费用作比例分配。通常材料费用按定额消耗量比例分配，而其他费用按定额工时比例分配。	材料费用分配率＝（月初在产品实际材料成本＋本月投入的实际材料成本）/（完工产品定额材料成本＋月末在产品定额材料成本） 完工产品应分配的材料成本＝完工产品定额材料成本×材料费用分配率 月末在产品应分配的材料成本＝月末在产品定额材料成本×材料费用分配率 工资（费用）分配率＝（月初在产品实际工资费用＋本月投入的实际工资费用）/（完工产品定额工时＋月末在产品定额工时） 完工产品应分配的工资（费用）＝完工产品定额工时×工资（费用）分配率 月末在产品应分配的工资（费用）＝月末在产品定额工时×工资（费用）分配率

　　运用这六种方法，按照上述核算方法和计算公式分配成本费用，一般情况下并不困难。然而，在实际应用中，约当产量法通常还是有一定难度的，因此，我们以约当产量法为例，讲述完工产品与在产品的成本分配方法。

　　【例16-4】201×年9月，丰收公司生产甲产品，甲产品单位工时定额100小时，经三道工序制成。各工序单位工时定额为：第一道工序20小时，第二道工序20小时，第三道工序60小时。完工产品72件，各工序在产品盘存数量分别为10件、10件、20件。原材料在开始时一次投入，其他费用按约当产量比例分配。本月耗用直接材料费用112 000元，直接人工费用30 000元，燃料动力费用20 000元，制造费用8 000元。

1. 在产品完工程度计算

第一道工序完工程度＝(20×50％)÷100×100％＝10％
第二道工序完工程度＝(20＋20×50％)÷100×100％＝30％
第三道工序完工程度＝(20＋20＋60×50％)÷100×100％＝70％

2. 在产品约当产量计算

编制甲产品约当产量计算表（见表16-5）。

表16-5　　　　　　　　　　乙产品约当产量计算表

工序	完工程度	在产品（件）	在产品约当产量（件）	完工产品（件）	产量合计（件）
	①	②	③＝①×②	④	⑤＝③＋④
1	10％	10	1		
2	30％	10	3		
3	70％	20	14		
合计	—	40	18	72	90

3. 完工产品与在产品的成本分配

(1) 直接材料费的计算：

完工产品负担的直接材料费＝112 000÷(40＋72)×72＝72 000(元)
在产品负担的直接材料费＝112 000÷(40＋72)×40＝40 000(元)

温馨提醒

在本例中，原材料是在生产开始时一次投入的，这种情况下，在产品无论完工程度如何，都应和完工产品同样负担材料费用。即：原材料按实际产量比例分配，其他费用按约当产量比例分配。

若原材料是随着生产过程陆续投入的，则应和其他费用一样按照按约当产量比例分配。

(2) 直接人工费用的计算：

完工产品负担的直接人工费用＝30 000÷(18＋72)×72＝24 000(元)
在产品负担的直接人工费用＝30 000÷(18＋72)×18＝6 000(元)

(3) 燃料动力费的计算：

完工产品负担的燃料动力费＝20 000÷(18＋72)×72＝16 000(元)
在产品负担的燃料动力费＝20 000÷(18＋72)×18＝4 000(元)

(4) 制造费用的计算：

完工产品负担的制造费用＝8 000/(18＋72)×72＝6 400(元)
在产品负担的制造费用＝8 000/(18＋72)×18＝1 600(元)

（四）产品成本计算

完工产品与在产品的生产成本分配完毕后，成本会计就可以计算各种产品的总成本和单位成本了。在实务中，成本会计一般是按各种产品分别编制"成本计算单"来计算各产品成本的。根据企业生产经营特点及组织类型和成本管理的要求，成本计算的基本方法有品种法、分批法和分步法三种。这三种方法的计算对象、适用企业、基本特点见"产品成本计算方法一览表"（表16-6）。

表 16-6　　　　　　　　　　　产品成本计算方法一览表

计算方法		计算对象	适用企业	基本特点
品种法		产品品种	适用于单步骤、大量生产的小企业，如供水、采掘等小企业。	成本计算对象是产品品种；一般定期（每月月末）计算产品成本，与核算报告期一致；企业月末有在产品时，要将生产费用在完工产品和在产品之间进行分配。
分批法		产品批别	适用于单件、小批生产的小企业，如造船、重型机器制造、精密仪器制造等，也可用于一般企业中的新产品试制或试验的生产、在建工程以及设备修理作业等。	成本计算对象是产品的批别；产品成本计算是不定期的，成本计算期与产品生产周期基本一致，而与核算报告期不一致；一般不存在完工产品与在产品之间分配费用的情况。
分步法	逐步结转分步法（计算半成品成本分步法）	产品的生产步骤	适用于大量大批连续式复杂生产的企业。	按照产品加工顺序先计算第一个加工步骤的半成品成本，然后结转给第二个加工步骤，这时，第二步骤把第一步骤转来的半成品成本加上本步骤耗用的材料和加工费用，即可求得第二个加工步骤的半成品成本，如此顺序逐步转移累计，直到最后一个加工步骤才能计算出产成品成本。
	平行结转分步法（不计算半成品成本分步法）	产品的生产步骤	适用于大量大批的多步骤生产，如纺织、冶金、机械制造企业。	在计算各步骤成本时，不计算各步骤所产半成品成本，也不计算各步骤所耗上一步骤的半成品成本，而只计算本步骤发生的各项其他费用，以及这些费用中应计入产成品成本的份额，将相同产品的各步骤成本明细账中的这些份额平行结转、汇总，即可计算出该种产品的产成品成本。

现以品种法、分批法和分步法分别举例说明。

1. 品种法

【例 16-5】 承例 16-4，采用品种法编制"产品成本计算单"（见表 16-7）。

表 16-7　　　　　　　　　　　　**产品成本计算单**
产品名称：甲产品　　　　　　　　　　　201×年 9 月　　　　　　　　　　产成品数量：72 件

成本项目	月初在产品成本	本月生产费用	生产费用合计	产成品成本		月末在产品成本
				总成本	单位成本	
直接材料费	20 000	112 000	132 000	72 000	1 000.00	60 000
直接人工费	3 000	30 000	33 000	24 000	333.33	9 000
燃料和动力费	2 000	20 000	22 000	16 000	222.22	6 000
制造费用	800	8 000	8 800	6 400	88.89	2 400
合计	25 800	170 000	195 800	118 400	1 644.44	77 400

注：月初在产品数据为已知条件。

根据产品成本计算单编制记账凭证：

借：库存商品——甲产品　　　　　　　　　　　　　　　　118 400
　　贷：生产成本——基本生产成本——甲产品——直接材料　　72 000
　　　　　　　　　　　　　　　　　　　　——直接人工　　24 000
　　　　　　　　——燃料和动力费用　　16 000
　　　　　　　　——制造费用　　6 400

2. 分批法

【例 16-6】 丰收公司按照购货单位的要求，小批生产甲、乙两种产品。该公司201×年 9 月 10 日投产甲产品 10 件，批号为 901，10 月 15 日全部完工；10 月 16 日投产乙产品 40 件，批号为 902，当月完工 30 件，并已于 10 月 31 日交货，月末还有 10 件尚未完工。该公司采用分批法分别编制 901 批和 902 批的产品成本计算单（见表 16-8和表 16-9）。各种费用的归集和分配过程同品种法一样，因此费用归集分配过程略。

表 16-8　　　　　　　　　　　　**产品成本计算单**
批号：901 产品名称：甲产品　　　　编制日期：10 月 15 日　　　　开工日期：9 月 10 日
委托单位：××公司　　　　　　　　批量：10 件　　　　　　　　完工日期：10 月 15 日

项目	直接材料费	直接人工费	制造费用	合计
9 月末余额	14 000	1 200	3 600	18 800
10 月发生费用：				
据材料费用分配表	5 400			5 400
据工资费用分配表		2 600		2 600
据制造费用分配表			6 100	6 100
合计	19 400	3 800	9 700	32 900
结转产成品（10）件成本	19 400	3 800	9 700	32 900
单位成本	1 940	380	970	3 290

表 16-9　　　　　　　　　　　　产品成本计算单

批号：902　　　产品名称：乙产品　　　编制日期：10 月 31 日　　　开工日期：10 月 16 日
委托单位：××公司　　　　　　　批量：40 件　　　　　　　　　完工日期：

项目	直接材料费	直接人工费	制造费用	合计
10 月发生费用：				
据材料费用分配表	28 000			28 000
据工资费用分配表		6 600		6 600
据制造费用分配表			9 900	9 900
合计	28 000	6 600	9 900	44 500
结转产成品（30 件）成本	21 000	4 950	7 425	33 375
单位成本	700	165	247.5	1 112.5
月末在产品（10 件）成本	7 000	1 650	2 475	11 125

根据产品成本计算单编制记账凭证：
　　借：库存商品——甲产品　　　　　　　　　　　　　　　　　32 900
　　　　贷：生产成本——基本生产成本——甲产品——直接材料　　19 400
　　　　　　　　　　　　　　　　　　　　　　——直接人工　　　3 800
　　　　　　　　　　　　——制造费用　　　　　　　　　　　　9 700
　　借：库存商品——乙产品　　　　　　　　　　　　　　　　　33 375
　　　　贷：生产成本——基本生产成本——乙产品——直接材料　　21 000
　　　　　　　　　　　　　　　　　　　　　　——直接人工　　　4 950
　　　　　　　　　　　　——制造费用　　　　　　　　　　　　7 425
"生产成本——基本生产成本——乙产品"10 月 31 日余额 11 125 元为在产品成本。

3. 分步法——逐步结转分步法

【例 16-7】201×年 9 月，丰收公司生产甲产品，甲产品生产分两个步骤在两个车间内进行，第一车间为第二车间提供半成品，第二车间领用第一车间的半成品加工为产成品。其实质是：第一车间为第二车间提供的半成为第一车间的产成品，第一车间的产成品相当于第二车间的原材料。

两个车间的月末在产品均按定额成本计价。各种生产费用归集与分配过程与品种法相同，此处省略，作为已知数据在各成本计算单中列示。

成本计算流程：

（1）根据各种费用分配表、半成品产量月报和第一车间在产品定额成本资料，登记"甲产品第一车间（半成品）成本计算单"（见表 16-10）。

表 16-10　　　　　　　　　甲产品（半成品）成本计算单

第一车间　　　　　　　　　　　201×年 9 月　　　　　　　　　　　单位：元

项目	产量（件）	直接材料费	直接人工费	制造费用	合计
月初在产品成本（定额成本）		82 000	8 000	6 200	96 200
本月生产费用		99 000	16 000	14 000	129 000
合计		181 000	24 000	20 200	225 200
完工半成品转出	800	140 000	20 000	17 100	177 100
月末在产品定额成本		41 000	4 000	3 100	48 100

根据"第一车间甲产品（半成品）成本计算单"和半成品库的半成品入库单，编制记账凭证：

　　借：自制半成品　　　　　　　　　　　　　　　　　　　　　　177 100

　　　　贷：生产成本——基本生产成本——第一车间（甲产品）　　177 100

（2）根据"第一车间甲产品（半成品）成本计算单"和半成品库的半成品入库单，以及第二车间领用半成品的领用单，登记"半成品明细账"（见表 16-11）。

表 16-11　　　　　　　　　　　　　半成品明细账　　　　　　　　　　　单位：件

月份	月初余额		本月增加		合计			本月减少	
	数量	实际成本	数量	实际成本	数量	实际成本	单位成本	数量	实际成本
9	600	112 700	800	177 100	1 400	289 800	207	1 000	207 000
10	400	82 800							

根据"半成品明细账"和第二车间半成品领用单，编制记账凭证：

　　借：生产成本——基本生产成本——第二车间（甲产品）　　207 000

　　　　贷：自制半成品　　　　　　　　　　　　　　　　　　　　207 000

（3）根据各种费用分配表、半成品领用单、产成品产量月报，以及第二车间在产品定额成本资料，登记"第二车间（产成品）成本计算单"（见表 16-12）。

表 16-12　　　　　　　　　甲产品（产成品）成本计算单

第二车间　　　　　　　　　　　201×年 9 月　　　　　　　　　　　单位：元

项目	产量（件）	直接材料费	直接人工费	制造费用	合计
月初在产品（定额成本）		39 000	1 600	1 500	42 100
本月费用		207 000	22 000	32 000	261 000
合计		246 000	23 600	33 500	303 100
产成品转出	600	227 400	21 750	31 800	280 950
单位成本		379	36.25	53	468.25
月末在产品（定额成本）		18 600	1 850	1 700	22 150

根据第二车间甲产品（产成品）成本计算单和产成品入库单，编制记账凭证：

借：库存商品——甲产品   280 950

    贷：生产成本——基本生产成本——第二车间（甲产品）   280 950

4. 分步法——平行结转分步法

【例 16-8】 201×年9月，丰收公司生产甲产品，生产分两步骤在两个车间内进行，第一车间为第二车间提供半成品，第二车间加工为产成品。

各种生产费用归集与分配过程省略，月初在产品及本月生产费用的直接材料费、直接人工费用、制造费用数据作为已知在各成本计算单中列示。

产成品和月末在产品之间分配费用的方法采用定额比例法；材料费用按定额材料费用比例分配，其他费用按定额工时比例分配。甲产品的定额资料见表16-13。月末在产品的定额，根据月初在产品定额加本月投产的定额减去产成品的定额计算求出。

表 16-13   甲产品定额资料   单位：元

生产步骤	月初在产品		本月投入		产成品				
					单件定额		产量（件）	总定额	
	材料费用定额	工时定额	材料费用定额	工时定额	材料费用	工时		材料费用	工时
第一车间份额	68 000	2 900	99 000	6 600	300	16	500	150 000	8 000
第二车间份额		2 600		9 800	—	20	500	—	10 000
合计	68 000	5 500	99 000	16 400	—	36		150 000	18 000

成本计算流程：

（1）根据定额资料、各种费用分配表和产成品产量月报，登记第一车间成本计算单（见表16-14）、第二车间成本计算单（见表16-15）。

表 16-14   甲产品成本计算单

第一车间   201×年9月   单位：元

项目	产成品产量（件）	直接材料费		定额工时	直接人工费用	制造费用	合计
		定额	实际				
月初在产品		68 000	69 900	2 900	8 990	12 600	91 490
本月生产费用		99 000	90 420	6 600	15 710	14 000	120 130
合计		167 000	160 320	9 500	24 700	26 600	211 620
分配率			0.96		2.6	2.8	
产成品中本步骤份额	500	150 000	144 000	8 000	20 800	22 400	187 200
月末在产品		17 000	16 320	1 500	3 900	4 200	24 420

表 16-15 　　　　　　　　　　　甲产品成本计算单
第二车间　　　　　　　　　　　　　　201×年 9 月　　　　　　　　　　　　　　单位：元

项目	产成品产量（件）	直接材料费		定额工时	直接人工费用	制造费用	合计
		定额	实际				
月初在产品				2 600	9 200	10 300	19 500
本月生产费用				9 800	20 560	12 020	32 580
合计				12 400	29 760	22 320	52 080
分配率					2.4	1.8	
产成品中本步骤份额	500			10 000	24 000	18 000	42 000
月末在产品				2 400	5 760	4 320	10 080

（2）根据第一、第二车间成本计算单，平行汇总产成品成本，编制甲产品成本汇总计算表（见表 16-16）。

表 16-16 　　　　　　　　　　　甲产品成本汇总计算表
　　　　　　　　　　　　　　　　　201×年 9 月　　　　　　　　　　　　　　单位：元

生产车间	产成品产量（件）	直接材料费用	直接人工费用	制造费用	合计
第一车间		144 000	20 800	22 400	187 200
第二车间			24 000	18 000	42 000
合计	500	144 000	44 800	40 400	229 200
单位成本		288	89.6	80.8	458.4

根据两个车间成本计算单、甲产品成本汇总计算表和产成品入库单，编制记账凭证：

借：库存商品——甲产品　　　　　　　　　　　　　　　　　229 200
　　贷：生产成本——基本生产成本——第一车间　　　　　　　　187 200
　　　　　　　　　　　　　　　　——第一车间　　　　　　　　　42 000

温馨提醒

产品成本的计算涉及表格众多，过程复杂，计算量大，令不少成本会计身心疲惫，这里笔者告诉大家实际操作的技巧。

单独对于某一企业来说，每个月的成本结转过程和所用表格基本一致，为了提高核算效率，大家可以将所用成本核算的表格放到一个电子表格 Excel 文档中，在所用表格之中设置好公式，并把公式锁定，用不同的颜色标示，这样只需输入几个原始数据，其他数据便可以自动生成了，大大提高工作效率。比如本例中的三个表格中的数据 90% 以上自动生成，其中甲产品成本汇总计算表中数据 100% 自动生成，是不是大大提高了效率？我测算过，按此方法 1 分钟就可搞定，而用按计算器或打算盘的方法，即使一次正确也得 10 几分钟。

CHAPTER

17

第十七章
销售会计

一、销售会计日常业务处理

（一）销售产品

对客户信用情况、销售通知单（销售部门根据销售合同、销售订单或销售计划编制）、销售发货单（发货部门根据销售通知单编制）、运货单、产品销售出库单、销售发票通知单（发货部门编制）进行审查——→审查无误后，向客户开具销售发票——→编制记账凭证。

借：应收账款/预收账款——客户明细
　　贷：主营业务收入
　　　　应交税费——应交增值税（销项税额）

温馨提醒

1. 销售通知单、销售发货单、销售发票通知单所列的发货品种和规格、发货数量、发货时间、发货方式等事项应完全相符。

2. 在实际会计工作中，有些销售业务并没有向客户开具发票，对这些未开具发票的业务也应计提销项税额，假设税率为 17%，则销项税额＝销售金额/（1＋17%）×17%。

3. 将销售发票记账联分品种、分客户进行数量、金额汇总，可以提高财务核算效率。

（二）结转产品销售成本

根据销售产品数量及产品加权平均单价计算当月主营业务成本——→编制出库产品汇总表、主营业务成本明细表——→编制记账凭证。

借：主营业务成本
　　贷：库存商品——商品名称

温馨提醒

$$产成品加权平均单价=\frac{期初结余金额+本期入库金额}{期初结余数量+本期入库数量}$$

(三) 退货

审查销货退回审批单 (销售主管签字)、退货验收证明 (质检部门出具)、退货单 (注明品种和数量,仓储部门填制) 以及退货凭证 (退货方出具) 等销货退回手续是否完备——当月开出的发票及时作废处理,并且要求客户退回原发票,购货单位已认证不能退回的,按照税法有关规定开具红字发票,冲减相应收入凭证——已收货款的,传往来账会计办理退款手续——对退货原因进行分析,以减少以后退货发生。

借:主营业务收入
  应交税费——应交增值税 (销项税额)
 贷:应收账款——客户明细
借:库存商品——商品名称
 贷:主营业务成本

温馨提醒

1. 发生销货退回的,除填制退货发票外,还必须有退货验收证明。
2. 退款时,必须取得对方的收款收据或者汇款银行的凭证,不得以退货发票代替收据。

(四) 编制主要产品销售利润表

各品种销售数量、销售收入、销售成本根据当月"主营业务收入明细表"和"主营业务成本明细表"相关数量、金额进行填列,税费、销售费用根据当月"利润表"的营业税金及附加、销售费用本月发生额进行填列。根据主要产品销售利润表相关项目的变动情况编制销售情况分析报告书。

二、销售会计日常工作中的常见问题

(一) 销售产品不开票不记账

根据《中华人民共和国增值税暂行条例》第十九条规定,销售货物或者应税劳务,增值税纳税义务发生时间为收讫销售款项或者取得索取销售款项凭据的当天;先开具发票的,为开具发票的当天。因此,只要收讫销售款项或者取得索取销售款项凭据就要缴纳增值税,而不论是否开具发票。在部分企业,存在不开发票不记账的行为,这部分收入计入"内账",供企业管理者参考,而"外账"只记开票收入,目的是应付税务局,少缴税款。

(二) 发票不按纳税义务发生时间开具

根据《增值税专用发票使用规定》第十一条规定,增值税专用发票按照增值税纳税义务的发生时间开具。在实务中,有许多种销售结算方式,而销售结算方式不同,增值税纳税义务的发生时间不同，相应的发票开具时间也会不同。

1. 在不该开具发票的时候开具发票会造成一定的损失。比如以分期收款结算方式销售货物应该在书面合同约定的收款日期的当天开具发票，若企业在货物发出的当天就开具发票，则要按照开具发票金额缴纳增值税款，早缴税就享受不到递延税款的好处，给企业造成损失。

2. 在应该开具发票的时候不开具发票同样会造成一定的损失。仍以分期收款结算方式为例，企业应当在书面合同约定的收款日期的当天开具发票，然而某些时候因为某些原因，如购货方暂时不需要发票，于是，销售方不开具发票，待到购货方需要时再开具。然而专用发票按照增值税纳税义务的发生时间开具，事后不能补开发票。当月增值税纳税义务的发生即使没有开具发票，也应当申报缴纳增值税，不申报缴纳增值税就会面临缴纳罚款和滞纳金等税务风险。若当月不申报纳税，待开具发票后（属于不按规定开具发票）再申报纳税，按照规定也要承担罚款和滞纳金的损失。

各种销售结算方式与发票开具时间见表 17-1。

表 17-1　　　　　　　　　各种销售结算方式与发票开具时间表

销售结算方式	发票开具时间（即纳税义务发生时间）
直接收款方式	收到销售款或者取得索取销售款凭据的当天
托收承付或委托银行收款方式	发出货物并办妥托收手续的当天
赊销或分期收款方式	书面合同约定的收款日期的当天，无书面合同的或者书面合同没有约定收款日期的，为货物发出的当天
预收货款方式	货物发出的当天，但生产销售生产工期超过 12 个月的大型机械设备、船舶、飞机等货物，为收到预收款或者书面合同约定的收款日期的当天
代销货物方式	收到代销单位的代销清单或者收到全部或者部分货款的当天。未收到代销清单及货款的，为发出代销货物满 180 天的当天
销售应税劳务	提供劳务同时收讫销售款或者取得索取销售款的凭据的当天
视同销售货物	货物移送的当天

（三）开具数量、单价与实际业务不符的发票

有些企业因为要实现某些目的，会开具数量、单价与实际销售业务不符的发票，而开具数量或者金额不实的增值税专用发票也属于虚开增值税发票行为，一旦被查处，将会补缴已申报抵扣的增值税款，并被处以罚款和滞纳金，甚至会承担刑事责任。

三、销售会计日常工作中的疑难问题

（一）销货退回的财务处理

销售退回，是指小企业售出的商品由于质量、品种不符合要求等原因发生的退货。小企业已经确认销售商品收入的售出商品发生的销售退回（不论属于本年度还是属于以前年度的销售），应当在发生时冲减当期销售商品收入、成本和增值税税金，即编制与

原分录相反的分录。

【例 17-1】 甲公司 2010 年 10 月 9 日销售一批商品给乙公司，取得销售收入 10 万元（不含税，增值税税率 17%），该笔货款尚未收到。甲公司已按照正常情况确认销售收入，并结转销售成本 8 万元。2010 年 12 月 2 日，本批货物因产品质量问题被退回。

甲公司的账务处理如下：

（1）2010 年 12 月 2 日，调整销售收入：

借：主营业务收入　　　　　　　　　　　　　　　　　　　　100 000
　　应交税费——应交增值税（销项税额）　　　　　　　　　 17 000
　　贷：应收账款　　　　　　　　　　　　　　　　　　　　　　117 000

（2）调整销售成本：

借：库存商品　　　　　　　　　　　　　　　　　　　　　　 80 000
　　贷：主营业务成本　　　　　　　　　　　　　　　　　　　　 80 000

（二）附有销售退回条件的商品销售

附有销售退回条件的商品销售，即购买方依照有关合同或协议有权退货的销售方式。

《小企业会计准则》规定，如果企业根据以往的经验能够合理估计退回的可能性，可以在发出商品时，将估计不会发生退货的部分确认收入，估计可能发生退货的部分，不确认销售收入也不结转销售成本，作为发出商品处理，仅表现商品库存的减少，单独设置"1406 发出商品"科目进行核算；如果企业不能合理确定退货的可能性，则应当在售出商品退货期满时才确认收入。

税法规定，无论附有销售退回条件售出的商品是否退回，均在商品发出时全额确认收入，计算缴纳增值税和所得税。

由于会计和税法上在确认收入时点上遵从不同的规定，由此产生的时间性差异，年度汇算清缴时，要进行纳税调整。

【例 17-2】 某企业 20×3 年 12 月 12 日向甲公司销售货物 10 万元（不含增值税），成本 8 万元，根据双方签订的协议，甲公司应当于 20×4 年 2 月 12 日付款，付款期限内甲公司有权退货，根据以往的经验估计会有 10% 的商品存在退货可能。

会计处理：

在发出商品时，将估计不会发生退货的部分确认收入：

借：应收账款　　　　　　　　　　　　　　　　　　　　　　105 300
　　贷：主营业务收入　　　　　　　　　　　　　　　　　　　　 90 000
　　　　应交税费——应交增值税（销项税额）　　　　　　　　　 15 300
借：主营业务成本　　　　　　　　　　　　　　　　　　　　 72 000
　　贷：库存商品　　　　　　　　　　　　　　　　　　　　　　 72 000

估计可能发生退货的部分，不确认销售收入也不结转销售成本，作为发出商品处理：

借：发出商品　　　　　　　　　　　　　　　　　　　　　　　8 000
　　贷：库存商品　　　　　　　　　　　　　　　　　　　　　　　8 000

借：应收账款　　　　　　　　　　　　　　　　　　　　1 700

　　贷：应交税费——应交增值税（销项税额）　　　　　　1 700

税务处理：

税收与会计确认销售收入的区别是：无论附有销售退回条件售出的商品是否退回，均在商品发出时全额确认收入，计算缴纳增值税和所得税。

税收处理：20×3年企业所得税汇算清缴时，调增收入1万元，调增销售成本0.8万元，调增应纳税所得额0.2万元。因为这项销售业务满足税法确认销售的条件。

20×4年2月12日如果发生退货，企业作会计处理：

借：库存商品　　　　　　　　　　　　　　　　　　　　8 000

　　贷：发出商品　　　　　　　　　　　　　　　　　　　8 000

借：应收账款　　　　　　　　　　　　　　　　　　　　-1 700

　　贷：应交税费——应交增值税（销项税额）　　　　　　-1 700

同时调减20×3年应纳税所得额0.2万元。

20×4年2月12日对方确认产品合格，未发生退货，企业作会计处理：

借：应收账款　　　　　　　　　　　　　　　　　　　　10 000

　　贷：主营业务收入　　　　　　　　　　　　　　　　　10 000

借：主营业务成本　　　　　　　　　　　　　　　　　　8 000

　　贷：发出商品　　　　　　　　　　　　　　　　　　　8 000

税收作20×4年调减收入1万元，调减成本0.8万元处理，调减应纳税所得额0.2万元。

（三）销货退回、开票有误、销售折让等情形增值税专用发票处理

在日常业务中，销货退回、开票有误、销售折让等情形时常发生，发生了就要处理，而处理的方式又与这些情形发生时间、发票认证情况等因素密切相关，处理方法一般有两种：一种方法是作废发票重新开具，一种方法是开具红字发票。而开具红字发票又有不同的情况。下面详细说明。

1. 一般纳税人在开具专用发票当月，发生销货退回、开票有误等情形，符合作废条件的可以直接作废发票，重新填写。

《国家税务总局关于修订〈增值税专用发票使用规定〉的通知》（国税发〔2006〕156号）第十三条规定："一般纳税人在开具专用发票当月，发生销货退回、开票有误等情形，收到退回的发票联、抵扣联符合作废条件的，按作废处理；开具时发现有误的，可即时作废。作废专用发票须在防伪税控系统中将相应的数据电文按'作废'处理，在纸质专用发票（含未打印的专用发票）各联次上注明'作废'字样，全联次留存。"

第二十条规定："同时具有下列情形的，为本规定所称作废条件：（一）收到退回的发票联、抵扣联时间未超过销售方开票当月；（二）销售方未抄税并且未记账；（三）购买方未认证或者认证结果为'纳税人识别号认证不符'、'专用发票代码、号码认证不符'。本规定所称抄税，是报税前用IC卡或者IC卡和软盘抄取开票数据电文。"

2. 一般纳税人取得专用发票后，发生销货退回、开票有误等情形但不符合作废条件的，或者因销货部分退回及发生销售折扣、折让的，应根据《国家税务总局关于修订〈增值税专用发票使用规定〉的通知》（国税发〔2006〕156 号）、《国家税务总局关于纳税人折扣折让行为开具红字增值税专用发票问题的通知》（国税函〔2006〕1279 号）、《关于修订增值税专用发票使用规定的补充通知》（国税发〔2007〕18 号）、《国家税务总局关于红字增值税专用发票通知单管理系统推行工作的通知》（国税函〔2008〕761 号）的相关规定进行处理。

针对不同情况，开具红字增值税专用发票的有不同的处理办法：

（1）专用发票经认证结果为"认证相符"并且已经抵扣增值税进项税额的，由购买方向主管税务机关填报《开具红字增值税专用发票申请单》（以下简称《申请单》），在填报《申请单》时不填写相对应的蓝字专用发票信息。主管税务机关对一般纳税人填报的《申请单》进行审核后，出具《开具红字增值税专用发票通知单》（以下简称《通知单》）。销售方凭购买方提供的《通知单》开具红字专用发票，在防伪税控系统中以销项负数开具。购买方必须暂依《通知单》所列增值税税额从当期进项税额中转出，待取得销售方开具的红字专用发票后，与留存的《通知单》一并作为记账凭证。

（2）因专用发票抵扣联、发票联均无法认证的，由购买方填报《申请单》，并在申请单上填写具体原因以及相对应蓝字专用发票的信息，主管税务机关审核后出具《通知单》。购买方不作进项税额转出处理。

（3）购买方所购货物不属于增值税扣税项目范围，取得的专用发票未经认证的，由购买方填报《申请单》，并在《申请单》上填写具体原因以及相对应蓝字专用发票的信息，主管税务机关审核后出具通知单。购买方不作进项税额转出处理。

（4）因开票有误购买方拒收专用发票的，销售方须在专用发票认证期限内向主管税务机关填报《申请单》，并在《申请单》上填写具体原因以及相对应蓝字专用发票的信息，同时提供由购买方出具的写明拒收理由、错误具体项目以及正确内容的书面材料，主管税务机关审核确认后出具《通知单》。销售方凭《通知单》开具红字专用发票。

（5）因开票有误等原因尚未将专用发票交付购买方的，销售方须在开具有误专用发票的次月内向主管税务机关填报《申请单》，并在《申请单》上填写具体原因以及相对应蓝字专用发票的信息，同时提供由销售方出具的写明具体理由、错误具体项目以及正确内容的书面材料，主管税务机关审核确认后出具通知单。销售方凭通知单开具红字专用发票。

（6）发生销货退回或销售折让的，除按照（1）办法处理外，销售方还应在开具红字专用发票后将该笔业务的相应记账凭证复印件报送主管税务机关备案。

温馨提醒

1. 全国国税系统必须使用红字发票通知单管理系统开具《通知单》，纳税人在开具红字增值税专用发票时必须凭《通知单》开具，未按规定开具红字增值税专用发票的，不得冲减本期的销售收入和销项税额。

2.《申请单》应加盖一般纳税人财务专用章，《通知单》应加盖主管税务机关印章，按月依次装订成册，并比照增值税专用发票保管规定管理。

3.《通知单》应与《申请单》一一对应，红字专用发票应与《通知单》一一对应，但一份蓝字专用发票可以对应多份《通知单》，这是因为一份蓝字专用发票可以分多次冲销，但多份《通知单》的合计金额、税额不能大于该份蓝字专用发票的金额、税额，否则不允许开具。

4. 根据《通知单》开具红字专用发票后，在尚未抄税时发现开具的红字发票有误，可以作废已开具的红字发票，作废后仍可根据原《通知单》开具正确的红字发票，无须重新申请开具《通知单》。

5. 购买方取得的增值税专用发票未在认证期限内认证的，不能申请开具红字增值税专用发票。

6. 发票需要作废时，在作废纸质发票的同时，一定不要忘记作废系统发票。

（四）增值税视同销售业务的财务处理

《中华人民共和国增值税暂行条例实施细则》第四条规定的八种视同销售货物行为：

（1）将货物交付其他单位或者个人代销；

（2）销售代销货物；

（3）设有两个以上机构并实行统一核算的纳税人，将货物从一个机构移送其他机构用于销售，但相关机构设在同一县（市）的除外；

（4）将自产或委托加工的货物用于非增值税应税项目；

（5）将自产或委托加工的货物用于集体福利或者个人消费；

（6）将自产、委托加工或购进的货物作为投资，提供给其他单位或者个体工商户；

（7）将自产、委托加工或购进的货物分配给股东或者投资者；

（8）将自产、委托加工或购进的货物无偿赠送其他单位或者个人。

纳税人有价格明显偏低并无正当理由或者有视同销售货物行为而无销售额者，按下列顺序确定销售额：

（1）按纳税人最近时期同类货物的平均销售价格确定；

（2）按其他纳税人最近时期同类货物的平均销售价格确定；

（3）按组成计税价格确定。

组成计税价格的公式为：

$$组成计税价格＝成本×（1＋成本利润率）$$

属于应征消费税的货物，其组成计税价格中应加计消费税额。

公式中的成本是指：销售自产货物的为实际生产成本，销售外购货物的为实际采购成本。公式中的成本利润率由国家税务总局确定。

《小企业会计准则》规定，小企业发生非货币性资产交换、偿债，以及将货物、财产、劳务用于捐赠、赞助、集资、广告、样品、职工福利和利润分配，应当作为小企业与外部发生交易，属于收入实现的过程，视同销售货物、转让财产和提供劳务，按规定确认收入。《小企业会计准则》与企业所得税法规定基本相同，与增值税规定也基本相同。

《小企业会计准则》规定：小企业在建工程、管理部门等内部部门领用所生产的产成品、原材料等，应当作为小企业内部发生的经济事项，属于小企业内部不同资产之间相互转换，不属于收入实现的过程，不应确认收入，应当按照成本进行结转。小企业会计准则与企业所得税法规定基本相同，与增值税的规定不完全相同。

因此，对以上八条视同销售行为，除第四种情况外，财务处理上均作销售收入处理，即按照货物的售价计入主营业务收入或其他业务收入，按照货物的售价计提增值税。第四种情况，在财务处理上不作销售收入处理，直接按照货物的成本贷记"库存商品"科目，按照货物的售价计提增值税。举例说明：

【例 17-3】201×年 9 月，甲公司经董事会批准，将自产的一批成本为 40 万元、市场价值为 50 万元的商品向 A 公司进行投资，则甲公司会计处理为：

借：长期股权投资——A 公司　　　　　　　　　　585 000
　　贷：主营业务收入　　　　　　　　　　　　　　500 000
　　　　应交税费——应交增值税（销项税额）　　　85 000
借：主营业务成本　　　　　　　　　　　　　　　400 000
　　贷：库存商品　　　　　　　　　　　　　　　400 000

会计、企业所得税、增值税处理上均确认销售收入。

【例 17-4】甲公司是一家生产加气砼的企业，201×年 9 月为改善职工生活，领用了一批自产的成本价 6 万元的加气砼砌块，新建几间职工宿舍。该批加气砼砌块当期售价 8 万元。这是典型的将自产产品用于非增值税应税项目。则甲公司会计处理为：

销项税额 = 80 000 × 17% = 13 600（元）

借：在建工程　　　　　　　　　　　　　　　　73 600
　　贷：库存商品　　　　　　　　　　　　　　60 000
　　　　应交税费——应交增值税（销项税额）　　13 600

会计和企业所得税处理上不做销售收入，增值税处理上视同销售。

（五）特殊销售业务的财务处理

1. 销售折扣（现金折扣）

销售折扣又称现金折扣，是企业在销售货物或提供应税劳务后，为了鼓励购货方及早偿还货款而给予购货方的优惠。企业为了鼓励客户提前付款，一般规定购货方在不同的期限内付款可享受不同比例的折扣，付款时间越早，折扣越大。所以，销售折扣发生在销售货物或提供应税劳务之后，实质上是一种企业为了尽快收回货款而发生的融资性质的财务费用，折扣额相当于为收回货款而支付的利息，因此，销售折扣额应计入财务费用，不得抵减销售额和销项税额。

【例 17-5】甲公司销售某品牌电脑，某品牌电脑的销售价格 4 000 元/台（不含增值税），甲公司规定付款条件为"2/10, 1/20, n/30"，甲公司销售给乙商场该品牌电脑 100 台。乙商场已于 8 天内付款。甲公司应会计处理如下：

销售实现时，

借：应收账款 468 000

　　贷：主营业务收入 400 000

　　　应交税费——应交增值税（销项税额） 68 000

销货后第 8 天收到货款时，

$$折扣额＝468\ 000×2\%＝9\ 360(元)$$

借：银行存款 458 640

　　财务费用 9 360

　　贷：应收账款 468 000

2. 折扣销售（商业折扣）

折扣销售又称商业折扣，是指企业在销售货物或提供应税劳务时，因购货数量较大等原因，而按照一定折扣率（或折扣额）计算的优惠价格进行销售。因为折扣是与销售货物或提供应税劳务同时发生，若将销售额和折扣额在同一张发票上分别注明，可直接按照折扣后的金额作为销售额计提销项税额，若折扣额另开发票，不论会计上如何处理，均不得从销售额中扣除折扣额。因为折扣销售与实现销售同时发生，买卖双方均按折扣后的价格成交，所以会计上对其不需单独作会计处理；又因为发票价格就是扣除折扣后的实际售价，所以可按发票上的金额计算销项税额。

商业折扣仅限于价格上的折扣，若销货方将自产、委托加工和购买的货物用于实物折扣，则该实物折扣不得从销售额中减除，因为这属于"捆绑销售"（买一赠一），应该按照实际收款金额确认销售额计提销项税额。

【例 17-6】甲公司销售某品牌电脑，某品牌电脑的销售价格为 4 000 元/台（不含增值税），甲公司规定购买 100 台以上，可获得 5％的商业折扣；购买 200 台以上，可获得 8％的商业折扣。甲公司向丙商场销售该品牌电脑 300 台。甲公司应作会计处理如下：

销售实现时，

$$应收账款＝4\ 000×300×1.17×92\%＝1\ 291\ 680(元)$$

借：应收账款 1 291 680

　　贷：主营业务收入 1 104 000

　　　应交税费——应交增值税（销项税额） 187 680

3. 销售折让

销售折让，小企业因售出商品的质量不合格等原因而在售价上给予的减让。销售折让与销售折扣虽然都是发生在销售货物之后，但实质上销售折让会使原销售总额减少，所以销售折让要冲减当期销售额和销项税额。

【例 17-7】甲公司销售某品牌电脑，某品牌电脑的销售价格 4 000 元/台（不含增值税），甲公司向丙商场销售该品牌电脑 100 台，丙商场尚未付款。几天后丙商场发现该品牌电脑存在质量问题，但是不影响销售，丙商场要求甲公司降价，甲公司给予每台 50 元的销售折让，甲公司应作会计处理如下：

销售实现时，

$$应收账款＝4\,000×100×1.17＝468\,000（元）$$

借：应收账款 468 000
　贷：主营业务收入 400 000
　　　应交税费——应交增值税（销项税额） 68 000

甲公司给予每台50元的销售折让，开具红字发票。

借：应收账款 －5 850
　贷：主营业务收入 －5 000
　　　应交税费——应交增值税（销项税额） －850

4. 将货物交付他人代销

根据委托代销协议的约定有两种结算方式，一种是视同买断，另一种是根据销售额的一定比例收取手续费。委托代销业务，也可以单独设置"1409委托代销商品"科目进行核算。

（1）受托方作为自购自销处理的，视同买断，不涉及手续费的问题，企业应在受托方销售货物并交回代销清单时，为受托方开具专用发票，按"价税合计"栏的金额，借记"银行存款"、"应收账款"等科目，按"金额"栏的金额，贷记"主营业务收入"、"其他业务收入"等科目，按"税额"栏的金额，贷记"应交税费——应交增值税（销项税额）"科目。

【例17-8】甲公司是一家电脑生产企业，2010年1月与乙公司签订委托代销协议，按照协议规定，甲公司按不含税销售价格为5 800元/台向乙公司收取销售货款，乙公司实际的销售价格在甲公司确定的指导价格范围内自主决定，实际售价与合同价的差额归乙公司所有，甲公司不再支付代销手续费。2010年1月甲公司发出电脑1 300台，电脑实际成本为5 000元/台，至2月底结账时，收到乙公司的代销清单，代销清单显示乙公司销售1 000台，乙公司实际销售价格6 000元/台，甲公司应按销售数量和合同价格确认销售收入，并计算增值税的销项税额为98.6万元。甲公司会计处理为：

①将委托代销商品发给乙公司时。

借：委托代销商品 6 500 000
　贷：库存商品 6 500 000

②收到乙公司的代销清单时。

借：应收账款 6 786 000
　贷：主营业务收入 5 800 000
　　　应交税费——应交增值税（销项税额） 986 000

借：主营业务成本 5 000 000
　贷：委托代销商品 5 000 000

（2）受托方只根据销售额的一定比例收取代销手续费的，企业应在受托方交回代销清单时，为受托方开具专用发票，按"价税合计"栏的金额扣除手续费后的余额，借记"银行存款"、"应收账款"等科目，按手续费金额，借记"销售费用"等科目，按"金额"栏的金额，贷记"主营业务收入"、"其他业务收入"等科目，按"税额"栏的金额，贷记"应交税费——应交增值税（销项税额）"科目。

【例17-9】 甲公司是一家电脑生产企业，2010年1月与乙公司签订委托代销协议，按照协议规定，乙公司应按不含税销售价格为6 000元/台进行销售，甲公司按照200元/台向乙公司支付手续费。2010年1月甲公司发出电脑1 300台，电脑实际成本为5 000元/台，至2月底结账时，收到乙公司的代销清单，代销清单显示乙公司销售1 000台，则甲公司应按销售清单确认销售收入，并计算增值税的销项税额为102万元。甲公司会计处理为：

①将委托代销商品发给乙公司时。

借：委托代销商品	6 500 000
贷：库存商品	6 500 000

②收到乙公司的代销清单时。

借：应收账款	7 020 000
贷：主营业务收入	6 000 000
应交税费——应交增值税（销项税额）	1 020 000
借：销售费用——手续费	200 000
贷：银行存款	200 000
借：主营业务成本	5 000 000
贷：委托代销商品	5 000 000

5. 销售代销货物的财务处理

（1）企业将销售代销货物作为自购自销处理的，视同买断，不涉及手续费问题，在这种方式下，代销方销售委托代销的货物同销售自有的货物一样会带来经济利益的流入。其中和委托方约定的结算价格就是企业取得此收入的成本，而实际的销售价格就是这项业务经济利益的总流入量。所以应该在销售货物时为购货方开具专用发票，确认销售收入，记入"主营业务收入"科目。

编制会计分录时，按专用发票"价税合计"栏的金额，借记"应收账款"等科目；按"税额"栏的金额，贷记"应交税费——应交增值税（销项税额）"科目，按"金额"栏的金额，贷记"主营业务收入"等科目。

【例17-10】 继续以例17-8为例，乙公司应按实际销售价格确认销售收入，则乙公司会计处理为：

①收到受托代销的商品，按数量1 300台和约定的价格5 800元/台。

借：受托代销商品	7 540 000
贷：受托代销商品款	7 540 000

②销售代销商品时，按销售数量1 000台和销售价格6 000元/台。

借：应收账款	7 020 000
贷：主营业务收入	6 000 000
应交税费——应交增值税（销项税额）	1 020 000

同时结转代销商品1 000台的成本。

借：主营业务成本	5 800 000

　　　　贷：受托代销商品　　　　　　　　　　　　　　　　　　　5 800 000
　　③收到对方发票。
　　　借：受托代销商品款　　　　　　　　　　　　　　　　　　　5 800 000
　　　　　应交税费——应交增值税（进项税额）　　　　　　　　　986 000
　　　　贷：应付账款　　　　　　　　　　　　　　　　　　　　　6 786 000

　　（2）企业销售代销货物只根据销售额的一定比例收取代销手续费的，代销方提供的其实只是一种服务，所收取的手续费就是委托方支付的劳务费用，虽然会带来经济利益的流入，但是这种流入和实质上的销售是有区别的。实质上的销售是将销售收入和相应的销售成本配比的，而这种行为所取得的手续费收入不是销售所得，没有相应的销售成本配比，这种劳务行为应该属于其他业务收入。代销方和委托方进行结算的款项是全部的销售收入，因此在销售代销商品完成时，不确认主营业务收入，而是将相应款项扣除手续费后作为对委托方的负债，结算时支付给委托方，但是代销方应在销售货物时，为购货方开具专用发票。

　　编制会计分录时，按"价税合计"栏金额，借记"银行存款"等科目，按"金额"栏的金额，贷记"应付账款"科目，按"税额"栏的金额，贷记"应交税费——应交增值税（销项税额）"科目。

　　【例17-11】继续以例17-9为例，则乙公司会计处理为：
　　①收到受托代销的商品，按数量1 300台和约定的价格6 000元/台。
　　　借：受托代销商品　　　　　　　　　　　　　　　　　　　　7 800 000
　　　　贷：受托代销商品款　　　　　　　　　　　　　　　　　　7 800 000
　　②销售代销商品时，按销售数量1 000台和销售价格6 000元/台。
　　　借：银行存款　　　　　　　　　　　　　　　　　　　　　　7 020 000
　　　　贷：应付账款　　　　　　　　　　　　　　　　　　　　　6 000 000
　　　　　应交税费——应交增值税（销项税额）　　　　　　　　　1 020 000
　　同时结转代销商品1 000台的成本。
　　　借：受托代销商品款　　　　　　　　　　　　　　　　　　　6 000 000
　　　　贷：受托代销商品　　　　　　　　　　　　　　　　　　　6 000 000
　　③收到对方发票。
　　　借：应交税费——应交增值税（进项税额）　　　　　　　　　1 020 000
　　　　贷：应付账款　　　　　　　　　　　　　　　　　　　　　1 020 000
　　④支付货款并确认代销手续费时。
　　　借：应付账款　　　　　　　　　　　　　　　　　　　　　　7 020 000
　　　　贷：其他业务收入——手续费收入　　　　　　　　　　　　200 000
　　　　　银行存款　　　　　　　　　　　　　　　　　　　　　　6 820 000
　　⑤计征营业税。
　　　借：营业税金及附加　　　　　　　　　　　　　　　　　　　10 000
　　　　贷：应交税费——应交营业税　　　　　　　　　　　　　　10 000

CHAPTER

18

第十八章
资产会计

一、资产会计日常业务处理

(一) 购置固定资产

审核是否有经审批的购置固定资产申请单、固定资产采购合同──→审核发票、验收单──→审核是否有固定资产调拨单(生产用固定资产由生产部门负责,非生产用固定资产由行政办公室负责)──→审核审批手续是否完备──→编制记账凭证──→传出纳付款。

　　借:固定资产——明细科目
　　　　应交税费——应交增值税(进项税额)
　　　　贷:应付账款

> ### 温馨提醒
>
> 1. 企业外购固定资产的成本,包括购买价款、相关税费、运输费、装卸费、保险费、安装费等,但不含按照税法规定可以抵扣的增值税进项税额。以一笔款项购入多项没有单独标价的固定资产,应当按照各项固定资产或类似资产的市场价格或评估价值比例对总成本进行分配,分别确定各项固定资产的成本。
>
> 外购固定资产的发票,包括增值税专用发票、运输发票、安装公司发票等。
>
> 2. 根据企业固定资产管理实际需要,明细科目应按照固定资产名称、规格型号及使用部门等项目进行设置。
>
> 3. 以下固定资产项目的进项税额不得从销项税额中抵扣:用于非增值税应税项目,免征增值税项目,由于集体福利或者个人消费的购进固定资产或应税劳务;非正常损失的固定资产等。已抵扣进项税额的固定资产用于上述项目时,应当作进项税额转出处理,参见例 18-3。

(二) 自行建造固定资产 (自营方式)

1. 购入为工程准备的物资

审核发票、验收单──→审核审批手续是否完备──→编制记账凭证。

借：工程物资

    贷：银行存款/应付账款等

2. 工程领用物资

审核工程物资材料领用单填写规范，签字手续完备（材料领用单须基建工程部负责人审核、分管领导签字）──→编制记账凭证。

借：在建工程──生产车间（以建造生产车间为例，下同）

    贷：工程物资

3. 工程领用原材料或商品

审核领用单填写规范，签字手续完备（同上），计算增值税进项税额转出金额或销项税额──→编制记账凭证。

借：在建工程──生产车间

    贷：原材料

        应交税费──应交增值税（进项税额转出）

采用计划成本法核算的企业还需同时计算结转材料成本差异。

借：在建工程──生产车间

    贷：库存商品

        应交税费──应交增值税（销项税额）

4. 建设期间发生的工程物资盘亏、报废及毁损净损失

定期（年末、季度末、月末）对工程物资盘点一次──→编制工程物资盘点明细表，盘亏、报废及毁损结果及时报告──→根据公司处理决定编制记账凭证。

借：在建工程──生产车间

    其他应收款

    贷：工程物资

5. 辅助生产车间为工程提供劳务支出（成本会计编制记账凭证）

借：在建工程──生产车间

    贷：生产成本──辅助生产成本

6. 计提工程人员职工薪酬（工资会计编制记账凭证）

借：在建工程──生产车间

    贷：应付职工薪酬

7. 在建工程在竣工决算前发生的借款利息，在应付利息日应当根据借款合同利率计算确定的利息费用

借：在建工程──生产车间（办理竣工决算后发生的利息费用，借记"财务费用"科目）

    贷：应付利息

8. 在建工程在试运转过程中发生的支出

借：在建工程──生产车间

    贷：银行存款

在建工程在试运转过程中形成的产品或者副产品对外销售或转为库存商品。

借：银行存款/库存商品等科目
　　贷：在建工程——生产车间

9. 工程完工交付使用

清查完工工程的各项支出──→实施竣工决算审计──→审查工程明细表、竣工决算表、竣工项目验收单、固定资产竣工工程交接单、固定资产验收单──→编制记账凭证。

借：固定资产——生产车间
　　贷：在建工程——生产车间

剩余工程物资转作企业存货。

借：原材料
　　贷：工程物资

（三）自行建造固定资产（出包方式）

1. 工程立项与招标

会同工程、技术、法律等部门的相关专业人员对项目建议书和可行性研究报告的完整性、客观性进行技术经济分析和评审，出具评审意见──→会同工程、技术等部门的相关专业人员对编制的工程项目概预算进行审核，重点审查编制依据、项目内容、工程量的计算、定额套用等是否真实、完整、准确──→报经董事会或者类似决策机构集体审议批准──→工程招标，参与议标、评标、定标、合同条款的订立，收到投标保证金时，开具投标保证金收据并编制记账凭证。

借：库存现金
　　贷：其他应付款——投标单位（投标保证金）

退还投标保证金时：

借：其他应付款——投标单位（投标保证金）
　　贷：库存现金
　　　　在建工程——生产车间（中标单位投标保证金）

温馨提醒

对于建设工程项目，施工单位一般实行招投标制度管理。对于 10 万元（数字仅供参考，具体公司根据自身情况自己掌握，下同）以上的工程项目必须公开招投标，10 万元以下的工程项目必须进行议标。无论是公开招投标还是议标，符合资质的投标单位不得少于 3 家。一次性工程项目超过 20 万元的，对于施工单位的选择还必须经董事会讨论通过。

10 万元以上的建造合同必须由法定代表人签字，10 万元以下的工程项目合同可由法定代表人在一个年度内进行一次性授权，由公司总经理签字。

2. 办理建筑工程价款结算

每月末审核建造合同及款项付出情况、工程项目资金月度计划（财务经理、总经理审批）、──→审核"付款审批单"审批手续是否完备──→审核建造合同约定的价款支付方式、进度款收据或发票等——►传出纳付款——►签收出纳传来的"付款审批单"及银行付款凭证等——►编制记账凭证。

  借：在建工程——生产车间
   贷：银行存款

温馨提醒

1. 工程进度款的支付要按工程项目进度或者合同约定进行，不得随意提前支付。

2. 在办理价款支付业务过程中，发现拟支付的价款与合同约定的价款支付方式及金额不符，或与工程实际完工进度不符等异常情况，应当及时报告。

3. 付出款项时必须取得项目施工单位开具的收据或发票，支付余款时必须取得项目施工单位开具的全额发票，发票金额作为工程成本。

3. 购买机器设备交付项目施工单位安装

购买时（流程同购置固定资产）。

  借：工程物资——机器设备
   贷：银行存款

交付时。

  借：在建工程——生产车间
   贷：工程物资——机器设备

4. 工程项目发生的管理费、可行性研究费、公证费、监理费等费用

审核发票、收据等原始凭证与费用支出凭单是否一致，原始凭证真实、完整、合法、金额正确——►审核审批手续是否完备——►编制记账凭证。

  借：在建工程——生产车间
   贷：银行存款

温馨提醒

若一起建造多个工程项目时，需要现在"在建工程——待摊支出"中归集，再按照各工程项目成本进行分摊。

5. 进行试生产

进行试生产领用本企业材料并发生其他试生产费用（假设用银行存款支付），计入在建工程成本。

  借：在建工程——生产车间
   贷：原材料
    银行存款

试生产期间取得收入（假设用银行存款结算，不考虑税费），冲减在建工程成本。

  借：银行存款

　　　　贷：在建工程——生产车间

　　6. 转入固定资产

　　完成试生产，各项指标达到设计要求──▶清查完工工程的各项支出──▶实施竣工决算审计──▶审查工程明细表、竣工决算表、竣工项目验收单、固定资产竣工工程交接单、固定资产验收单──▶编制记账凭证。

　　　　借：固定资产——生产车间
　　　　　　贷：在建工程——生产车间

温馨提醒

　　自行建造固定资产的成本，由建造该项资产在竣工决算前发生的支出（含相关的借款费用）构成。

　　小企业在建工程在试运转过程中形成的产品、副产品或试车收入冲减在建工程成本。

（四）固定资产的调拨

　　审核"固定资产内部调拨单"（移出部门填写，固定资产管理部门审核，移入部门确认签字）──▶编制记账凭证。

　　　　借：固定资产——名称——移入部门
　　　　　　贷：固定资产——名称——移出部门

温馨提醒

　　固定资产在公司内各车间、部门之间相互调拨应进行账务处理，以便加强对固定资产的管理和准确提取折旧。

（五）提取折旧

　　根据固定资产原值及固定资产增减变动情况和公司按照小企业会计准则制定的折旧政策编制固定资产折旧计算表、固定资产分类折旧汇总表（分部门、分类别）──▶编制记账凭证。

　　　　借：管理费用（管理部门所使用的固定资产）
　　　　　　制造费用（基本生产车间所使用的固定资产）
　　　　　　销售费用（销售部门所使用的固定资产）
　　　　　　在建工程（企业自行建造固定资产过程中使用的固定资产）
　　　　　　其他业务成本（经营租出的固定资产）
　　　　　　贷：累计折旧

温馨提醒

　　1. 固定资产应当按月计提折旧，编制固定资产折旧计算表。当月增加的固定资产，当月不计提折旧，从下月起计提折旧；当月减少的固定资产，当月仍计提折旧，从下月起不计提折旧。

2. 固定资产提足折旧后，不论能否继续使用，均不再计提折旧。

3. 提前报废的固定资产，不再补提折旧。

4. 小企业的资产应当按照成本计量，不计提资产减值准备。

5. 已达到预定可使用状态但尚未办理竣工决算的固定资产，应当按照估计价值确定其成本，并计提折旧；待办理竣工决算后，再按实际成本调整原来的暂估价值，但不需要调整原已计提的折旧额。

（六）固定资产盘点

年中、年末组织行政办公室、生产部相关人员进行固定资产盘点，财务部负责监盘——整理固定资产明细表，出具固定资产盘点报告——对盘点过程中出现的固定资产盘盈盘亏情况应及时上报，督促相关部门进行处置。

1. 盘盈

借：固定资产
　　贷：累计折旧
　　　　待处理财产损溢——待处理非流动资产损溢
借：待处理财产损溢——待处理非流动资产损溢
　　贷：营业外收入

2. 盘亏

借：待处理财产损溢——待处理非流动资产损溢
　　　累计折旧
　　贷：固定资产
借：营业外支出
　　贷：待处理财产损溢——待处理非流动资产损溢

（七）固定资产清理报废

审核固定资产清理报废申请单（使用部门填制注明清理报废原因、固定资产管理部门及财务部门签署处理意见、总经理核准）——核实报废的固定资产原值、已使用月年限、折旧提取等情况——编制记账凭证。

1. 出售、报废和毁损的固定资产转入清理时

借：固定资产清理（转入清理的固定资产账面价值）
　　　累计折旧（已提折旧）
　　贷：固定资产（固定资产的账面原价）

2. 发生清理费用时

借：固定资产清理
　　贷：库存现金/银行存款

3. 收回出售固定资产的价款、残料价值和变价收入等时

借：银行存款
　　　原材料

　　　　　　贷：固定资产清理
　　4. 计算缴纳营业税时
　　　　借：固定资产清理
　　　　　　贷：应交税费——应交营业税
　　5. 计算应缴纳的增值税
　　　　借：固定资产清理
　　　　　　贷：应交税费——应交增值税（进项税额转出）
　　　　　　　　　　　——应交增值税（销项税额）
　　　　　　　　　　　——应交增值税（已交税金）
　　固定资产清理涉及的增值税核算是一个难点，参见例18-3、例18-4、例18-5。
　　6. 应由保险公司或过失人赔偿时
　　　　借：其他应收款
　　　　　　贷：固定资产清理
　　7. 结转净损益
　　　　借：固定资产清理（账面余额）
　　　　　　贷：营业外收入
　　或
　　　　借：营业外支出
　　　　　　贷：固定资产清理（账面余额）

温馨提醒

　　1. 定期组织行政办公室及生产部会同财务部对固定资产进行核查，督促对已报废及长期闲置的固定资产进行处置。
　　2. 按照税法的有关规定，企业销售房屋、建筑物等不动产，应按其销售额计算交纳营业税。
　　3. 固定资产清理所涉及的增值税核算有下列两种情况：
　　（1）非正常损失的固定资产，应该通过"进项税额转出"核算。
　　（2）纳税人销售自己使用过的固定资产，应该通过"销项税额"或"已交税金"核算。

（八）固定资产日常修理支出与大修理支出

　　审核固定资产修理费用发票、付款凭单等，编制记账凭证。
　　　　借：长期待摊费用（固定资产大修理支出）
　　　　　　管理费用（固定资产日常修理支出）
　　　　　　贷：库存现金/银行存款
　　　　借：管理费用
　　　　　　贷：长期待摊费用（固定资产大修理支出分期摊销）
　　固定资产的大修理支出，是指同时符合下列条件的支出：

（1）修理支出达到取得固定资产时的计税基础 50% 以上；

（2）修理后固定资产的使用寿命延长 2 年以上。

不符合上述条件的为固定资产的日常修理费，应当在发生时根据固定资产的受益对象计入相关资产成本或者当期损益。

（九）固定资产改建支出

1. 固定资产的改建支出，是指改变房屋或者建筑物结构、延长使用年限等发生的支出。

固定资产的改建支出，应当计入固定资产的成本，但已提足折旧的固定资产和经营租入的固定资产发生的改建支出应当计入长期待摊费用。

根据固定资产改建支出相关的费用发票和付款凭单等，编制记账凭证。

借：固定资产/长期待摊费用

　　贷：库存现金/银行存款

2. 企业以融资租赁方式租入固定资产在其租赁期内视同自有固定资产进行管理，其改建支出的处理参照自有固定资产改建支出的处理办法。

3. 企业以经营租赁方式租入的固定资产发生的改建支出，应予资本化，作为长期待摊费用，合理进行摊销。

根据固定资产改建支出相关的费用发票和付款凭单等，编制记账凭证。

借：长期待摊费用

　　贷：库存现金/银行存款

借：管理费用

　　贷：长期待摊费用

（十）无形资产的取得

1. 外购无形资产

根据无形资产申请单、无形资产转让合同、发票等编制记账凭证。

借：无形资产（实际支付的购买价款、相关税费、其他支出，含相关的利息费用）

　　贷：银行存款

　　　　应付利息等

2. 投资者投入无形资产

根据投资合同或协议、验资报告、无形资产移交清单等编制记账凭证。

借：无形资产（评估价值和相关税费）

　　贷：实收资本

　　　　资本公积

3. 自行开发无形资产

相关费用发生时，根据材料领用汇总表、工资表、费用支付凭证等编制记账凭证。

借：研发支出——费用化支出（不满足资本化条件）

　　　　　　　——资本化支出（满足资本化条件）

　　贷：原材料

　　　　应付职工薪酬

　　　　银行存款

应付利息等

开发项目达到预定用途形成无形资产时：

借：管理费用

  无形资产

  贷：研发支出——费用化支出

      ——资本化支出

（十一）无形资产的摊销

$$每年摊销金额 = \frac{无形资产原值}{无形资产摊销年限}$$

$$每月摊销金额 = \frac{每年摊销金额}{12}$$

根据无形资产摊销计算表编制记账凭证。

借：管理费用——无形资产摊销

  贷：累计摊销

（十二）出租无形资产

根据租赁合同、发票、进账单、收据等编制记账凭证。

借：银行存款等

  贷：其他业务收入

同时，结转出租无形资产的成本。

借：其他业务成本

  贷：累计摊销等

（十三）无形资产的处置

借：银行存款（实际收到的价款）

  累计摊销

  营业外支出（差额）

  贷：无形资产

    银行存款（支付的相关费用）

    应交税费（应交的相关税费）

    营业外收入（差额）

二、资产会计日常工作中的常见问题

（一）固定资产原值确定不正确

某些企业不按规定确定固定资产原值，存在将应当资本化的安装调试费用、人工成本、借款费用等费用直接计入当期损益的情形，除外购方式以外还有多种固定资产取得方式，通过这些方式取得的固定资产，其原值确定也存在确定不正确的问题。固定资产原值确定不正确还会直接导致累计折旧计提不准确。各种取得方式的固定资产原值确定方法见表18-1。

表 18-1 各种取得方式的固定资产原值确定方法表

取得方式	固定资产原值
外购固定资产	购买价款、相关税费、运输费、装卸费、保险费、安装费等，但不含按照税法规定可以抵扣的增值税进项税额。 以一笔款项购入多项没有单独标价的固定资产，应当按照各项固定资产或类似资产的市场价格或评估价值比例对总成本进行分配，分别确定各项固定资产的成本。
自行建造固定资产	建造该项资产在竣工决算前发生的支出（含相关的借款费用）构成。 小企业在建工程在试运转过程中形成的产品、副产品或试车收入冲减在建工程成本。
投资者投入固定资产	按照评估价值和相关税费确定。
融资租入的固定资产	按照租赁合同约定的付款总额和在签订租赁合同过程中发生的相关税费等确定。
盘盈的固定资产	按照同类或者类似固定资产的市场价格或评估价值，扣除按照该项固定资产新旧程度估计的折旧后的余额确定。
接受捐赠的固定资产	按照取得的资产同类或类似资产的市场价格，考虑新旧程度后确定，不存在市场价格的采用评估价值确认。

（二）累计折旧未按具体的固定资产计提

某些企业未按具体的固定资产设立相应的明细账，未按具体的固定资产计提累计折旧，而是按照房屋建筑物、生产设备、电子设备、运输工具等大类汇总计提累计折日，这种方法虽然简单，但是不能清晰地反映每项固定资产的原值和累计折旧计提情况，从而导致有的固定资产累计折旧计提数额已经超过其原值，还会导致在某些固定资产清理时，难以取得该项固定资产原值及已提折旧的数据。

（三）固定资产明细科目设置混乱

固定资产明细科目应当按照固定资产名称、规格型号及使用部门等项目进行设置，比如"固定资产——车床（CS6140/1500）——甲车间"。某些企业固定资产明细账中竟然出现"固定资产——进项税额转出"、"固定资产——差价"、"固定资产——调整"等明细科目，让人无法判断这些固定资产具体是什么。

（四）固定资产清理处理不当

固定资产清理时，未通过固定资产清理科目核算，亦不转销该固定资产计提的累计折旧，而是直接减计固定资产，造成某项固定资产原值为已为零，但相应的累计折旧明细科目仍有余额。

（五）土地使用权误列作固定资产

小企业取得的土地使用权通常应确认为无形资产，但某些企业将其列为在建工程或固定资产，这是不正确的。

自行开发建造厂房等建筑物，相关的土地使用权不与地上建筑物合并计算成本，而仍作为无形资产核算，土地使用权与地上建筑物分别进行摊销和计提折旧。

外购的房屋建筑物，实际支付的价款包含了土地和建筑物的价值，应当在建筑物与土地使用权之间按照合理的方法进行分配，如果确实无法合理分配，应当全部作为固定资产。合理的方法通常是按照土地使用权和建筑物的市场价格或评估价值相应比例进行分配。

房地产开发企业取得土地用于建造对外出售的房屋建筑物，相关的土地使用权账面价值应当计入所建造的房屋建筑物成本。

（六）固定资产折旧随意计提

企业应当在固定资产的使用寿命内，按照确定的方法对应计折旧额进行系统分摊，根据固定资产的性质和使用情况，合理确定固定资产的使用寿命和预计净残值。固定资产的使用寿命、预计净残值一经确定，不得随意变更，但是，有的企业为了调节利润，随意变更固定资产使用寿命和净残值。

除了随意变更固定资产使用寿命和净残值之外，有的企业还随意扩大计提折旧的范围，把不该计提折旧的固定资产也计提折旧。

除以下情况外，企业应当对所有固定资产计提折旧：

（1）已提足折旧仍继续使用的固定资产；

（2）单独计价入账的土地。

（七）固定资产大修理支出费用核算问题

固定资产大修理支出的主要特点是：每次支出数额大，受益期较长，发生次数少。一般而言，每次固定资产大修理支出应在下次大修理之前摊销完毕计入成本和费用。

固定资产大修理支出费用核算问题主要有下列几个方面：

（1）大修理支出不真实，有些企业为了调增利润，减少费用，将中小修理列入大修理项目中；为了调减利润，增加费用，将大修理列入小修理项目中。

（2）大修理支出和固定资产改建支出划分不准。固定资产大修理支出是通过"长期待摊费用"科目核算的。固定资产改建支出是通过"在建工程"、"固定资产"科目核算的，有的企业为了使固定资产在账外核算，故意将固定资产更新改造作为大修理支出记入"长期待摊费用"科目进行核算。

（3）有些企业大修理支出实行预提、待摊并用。企业一方面预提大修理费用，另一方面在大修理发生时，又记一次成本费用或计入长期待摊费用，而造成重复列支，导致虚减利润逃漏税款。

（4）随意摊销大修理费用。企业大修理费用不按规定的期限摊销，而是违反规定随意摊销，以达到人为调节利润的目的。

（5）大修理支出摊销账户乱用。有的企业把"制造费用"账户核算的经营用固定资产大修理支出和由"管理费用"账户列支的管理用固定资产大修理支出相互混淆，造成当期成本、费用核算不实，调节利润。

（八）经营租赁方式租入的固定资产发生的改建支出

企业以经营租赁方式租入的固定资产发生的改建支出，应予资本化，作为长期待摊费用，合理进行摊销。而有的企业将固定资产改建支出计入期间损益，达到虚减利润、偷漏税款之目的。也有的企业虽然将固定资产改建支出作为长期待摊费用核算，但是为了调整成本利润，不按租赁的有效期平均分摊，而是故意延长或缩短改建支出的期限，达到虚计利润之目的。

（九）无形资产原值确定不正确

某些企业不按规定确定无形资产原值，比如，将外购无形资产支付的相关税费计入当期损益，将自行开发的无形资产中应当资本化的研发支出直接计入当期损益，应当费用化的支出却资本化计入无形资产价值。无形资产原值确定不正确会直接导致摊销不准确。各种取得方式的无形资产原值确定方法见表18-2。

表 18-2　　　　　　　　　各种取得方式的无形资产原值确定方法表

取得方式	无形资产原值
外购无形资产	购买价款、相关税费和相关的其他支出（含相关的借款费用）
投资者投入无形资产	按照评估价值和相关税费确定
自行开发的无形资产	由符合资本化条件后至达到预定用途前发生的支出（含相关的借款费用）构成

这里需要注意，会计与税法存在差异：

企业所得税法规定，企业为开发新技术、新产品、新工艺发生的研究开发费用，未形成无形资产计入当期损益的，在按照规定据实扣除的基础上，按照研究开发费用的50%加计扣除；形成无形资产的，按照无形资产成本的150%摊销。

（十）无形资产随意摊销

小企业所有的无形资产都应当进行摊销。

无形资产应当在其使用寿命内采用年限平均法（直线法）进行摊销，根据其受益对象计入相关资产成本或者当期损益。无形资产的残值通常为零。

无形资产的摊销期自其可供使用时开始至停止使用或出售时止。有关法律规定或合同约定了使用年限的，可以按照规定或约定的使用年限分期摊销。如我国法律规定发明专利权有效期为20年，商标权有效期为10年。

小企业不能可靠估计无形资产使用寿命的，摊销期不得低于10年。

无形资产的摊销期限一经确定，不得随意改变。在实际工作中，有些企业为了调节利润，对无形资产摊销期限随意变动，多摊或少摊无形资产。

三、资产会计日常工作中的疑难问题

（一）固定资产折旧计算方法

小企业应当按照年限平均法（即直线法）计提折旧。小企业的固定资产由于技术进步等原因，确需加速折旧的，可以采用双倍余额递减法和年数总和法。

小企业应当根据固定资产的性质和使用情况，并考虑税法的规定，合理确定固定资产的使用寿命和预计净残值。

折旧方法和折旧年限一经确定，不得随意变更，需要变更的，由财务部提出申请，报经董事会及税务等部门核准，并在财务报表中予以揭示。

1. 年限平均法

年限平均法又叫直线法，是以固定资产应计提的折旧总额除以预计使用年限，求出每年平均应提折旧额，是将固定资产的应计折旧额均衡地分摊到固定资产预计使用寿命内的一种方法。采用这种方法计算的每期折旧额均相等。计算公式如下：

$$年折旧率＝（1－预计净残值率）÷预计使用寿命（年）×100\%$$

$$月折旧率＝年折旧率÷12$$

$$月折旧额＝固定资产原价×月折旧率$$

2．双倍余额递减法

双倍余额递减法，是指在不考虑固定资产预计净残值的情况下，根据每期期初固定资产原价减去累计折旧后的金额和双倍的直线法折旧率计算固定资产折旧的一种方法。应用这种方法计算折旧额时，由于每年年初固定资产净值没有扣除预计净残值，所以在计算固定资产折旧额时，应在其折旧年限到期前两年内，将固定资产净值扣除预计净残值后的余额平均摊销。计算公式如下：

$$年折旧率＝2÷预计使用寿命（年）×100\%$$

$$月折旧率＝年折旧率÷12$$

$$月折旧额（不含最后两年）＝（固定资产原价－累计折旧）×月折旧率$$

$$月折旧额（最后两年）＝（固定资产净值－预计净残值）÷2÷12$$

【例 18-1】 甲公司 A 固定资产原价为 105 万元，预计使用寿命为 5 年，预计净残值为 5 万元。甲公司按双倍余额递减法计提折旧，见表 18-3。

表 18-3　　　　A 固定资产每年折旧额计算表（双倍余额递减法）　　　　单位：万元

年份	尚可使用寿命	原价	预计净残值	计提标准	年折旧率	每年折旧额	累计折旧
第 1 年	5	105	5	105	40%	42	42
第 2 年	4	105	5	63	40%	25.2	67.2
第 3 年	3	105	5	37.8	40%	15.12	82.32
第 4 年	2	105	5	17.68	50%	8.84	91.16
第 5 年	1	105	5	17.68	50%	8.84	100

其中：

1～3 年：年折旧率＝2/5×100%＝40%，计提标准＝固定资产原价－累计折旧

4～5 年：年折旧率＝1/2×100%＝50%，计提标准＝固定资产原价－累计折旧－预计净残值

3．年数总和法

年数总和法，是指将固定资产的原价减去预计净残值后的余额，乘以一个以固定资产尚可使用寿命为分子、以预计使用寿命年数之和为分母的逐年递减的分数计算每年的折旧额。计算公式如下：

$$年折旧率＝尚可使用年限÷预计使用寿命的年数总和×100\%$$

$$月折旧率＝年折旧率÷12$$

$$月折旧额＝（固定资产原价－预计净残值）×月折旧率$$

【例 18-2】 甲公司 B 固定资产原价为 125 万元，预计使用寿命为 5 年，预计净残值为 5 万元。甲公司按年数总和法计提折旧，见表 18-4。

表 18-4　　　　　　B 固定资产每年折旧额计算表（年数总和法）　　　　单位：万元

年份	尚可使用寿命	年数总和	原价	预计净残值	原价一预计净残值	年折旧率	每年折旧额	累计折旧
第 1 年	5	15	125	5	120	5/15	40	40
第 2 年	4	15	125	5	120	4/15	32	72
第 3 年	3	15	125	5	120	3/15	24	96
第 4 年	2	15	125	5	120	2/15	16	112
第 5 年	1	15	125	5	120	1/15	8	120

其中：

年数总和＝1＋2＋3＋4＋5＝15

每年折旧额＝（固定资产原价－预计净残值）×年折旧率

（二）固定资产折旧会计和税法的规定

第一是折旧范围的规定。

《小企业会计准则》规定，小企业应当对所有固定资产计提折旧，但已提足折旧仍继续使用的固定资产和单独计价入账的土地不得计提折旧。

《中华人民共和国企业所得税法》规定，下列固定资产不得计算折旧扣除：

1. 房屋、建筑物以外未投入使用的固定资产；
2. 以经营租赁方式租入的固定资产；
3. 以融资租赁方式租出的固定资产；
4. 已足额提取折旧仍继续使用的固定资产；
5. 与经营活动无关的固定资产；
6. 单独估价作为固定资产入账的土地；
7. 其他不得计算折旧扣除的固定资产。

会计与税法差异：房屋、建筑物以外未投入使用的固定资产、与经营活动无关的固定资产在会计上也应计提折旧。

第二是折旧方法的规定。

《小企业会计准则》规定，小企业应当根据固定资产的性质和使用情况，并考虑税法的规定，合理确定固定资产的使用寿命和预计净残值。

小企业应当按照年限平均法（即直线法）计提折旧。小企业的固定资产由于技术进步等原因，确需加速折旧的，可以采用双倍余额递减法和年数总和法。固定资产的折旧方法、使用寿命、预计净残值一经确定，不得随意变更。

新税法在固定资产的净残值方面与小企业会计准则口径一致，由企业自行确定，但要求除税法允许加速折旧的特殊固定资产以外的其他固定资产须采用年限平均法（即直线法）计提折旧，各类固定资产的折旧年限也有最低限定：

（1）房屋、建筑物，为 20 年；

（2）飞机、火车、轮船、机器、机械和其他生产设备，为 10 年；

（3）与生产经营活动有关的器具、工具、家具等，为 5 年；

（4）飞机、火车、轮船以外的运输工具，为 4 年；

（5）电子设备，为 3 年。

小企业会计准则只是要求合理确定固定资产的使用寿命，并没有最低年限的规定，这也是会计与税法的差异，因此企业可以参考税法最低年限的规定，按照税法规定年限进行折旧，这样就避免了会计与税法的差异，而不用进行纳税调整。

国税发〔2009〕81 号文件规定，可以采取缩短折旧年限或者采取加速折旧方法的固定资产有：由于技术进步，产品更新换代较快的固定资产；常年处于强震动、高腐蚀状态的固定资产。

（1）采取缩短折旧年限方法的，最低折旧年限不得低于法定折旧年限的 60%。

（2）采取加速折旧方法的，可以采取双倍余额递减法或者年数总和法。

应在取得该固定资产后一个月内，向其企业所得税主管税务机关备案，并报送有关资料。

国税函〔2010〕79 号文件规定，允许暂估固定资产成本并计提折旧。企业固定资产投入使用后，因工程款项尚未结清未取得全额发票时，可暂按合同规定的金额计入固定资产计税基础计提折旧，待发票取得后进行调整。但该项调整应在固定资产投入使用后 12 个月内进行。

《财政部 国家税务总局关于企业所得税若干优惠政策的通知》（财税〔2008〕1 号）规定，企事业单位购进软件，凡符合固定资产或无形资产确认条件的，可以按照固定资产或无形资产进行核算，经主管税务机关核准，其折旧或摊销年限可以适当缩短，最短可为 2 年。

（三）已抵扣进项税额的固定资产进项税转出的增值税财务处理

纳税人已抵扣进项税额的固定资产发生进项税额不得从销项税额中抵扣情形的，则其已抵扣的进项税额应当在当月予以转出，借记有关科目，贷记"应交税费——应交增值税（进项税额转出）"科目。转出金额＝固定资产净值×增值税率。固定资产净值是指纳税人按照会计准则计提折旧后的净值。

【例 18-3】 2010 年 7 月 10 日，甲公司接受乙公司捐赠的一台设备，增值税专用发票上注明的价款 100 000 元，增值税 17 000 元。2011 年 7 月 20 日，该设备由于保管不慎被盗（不考虑相关的支出和收入），该设备 2010 年 8 月至 2011 年 7 月已按会计准则计提折旧 10 000 元。甲公司账务处理：

1. 2010 年 7 月 10 日，甲公司收到捐赠设备时。

借：固定资产   100 000

    应交税费——应交增值税（进项税额）   17 000

  贷：营业外收入   117 000

2. 2011 年 7 月 20 日，该设备由于保管不慎被盗处理时，该设备净值＝100 000－10 000＝90 000（元），应予以转出的进项税＝90 000×17%＝15 300（元）。

```
借：固定资产清理                                                    90 000
    累计折旧                                                      10 000
  贷：固定资产                                                          100 000
借：固定资产清理                                                    15 300
  贷：应交税费——应交增值税（进项税额转出）                              15 300
借：营业外支出                                                     105 300
  贷：固定资产清理                                                      105 300
```

（四）纳税人销售自己使用过的固定资产的会计处理

自 2009 年 1 月 1 日起，纳税人销售自己使用过的固定资产，应区分不同情形征收增值税：

（1）销售自己使用过的 2009 年 1 月 1 日以后购进或者自制的固定资产。按照适月税率征收增值税。

（2）2008 年 12 月 31 日以前未纳入扩大增值税抵扣范围试点的纳税人，销售自己使用过的 2008 年 12 月 31 日以前购进或者自制的固定资产，按照 4% 征收率减半征收增值税。

（3）2008 年 12 月 31 日以前已纳入扩大增值税抵扣范围试点的纳税人，销售自己使用过的在本地区扩大增值税抵扣范围试点以前购进或者自制的固定资产，按照 4% 征收率减半征收增值税；销售自己使用过的在本地区扩大增值税抵扣范围试点以后购进或者自制的固定资产，按照适用税率征收增值税。

上述规定表述显得比较繁琐，其实本质就一句话：纳税人销售自己使用过的固定资产，若原购入时进项税额已经抵扣的，则销售时按照适用税率征收增值税；若原购入时进项税额没有抵扣的，则销售时还是按照原规定 4% 征收率减半征收增值税。适用按简易办法依 4% 征收率减半征收增值税政策的，应开具普通发票，不得开具增值税专用发票。

【例 18-4】 甲公司于 2011 年 1 月出售一台使用过的设备，不含税售价为 70 000 元。该设备是 2009 年 1 月购入的，不含增值税价格为 100 000 元，折旧年限为 10 年，采用直线法折旧，不考虑净残值。该设备适用 17% 的增值税税率。

2009 年 1 月，甲公司购入设备时。

```
借：固定资产                                                      100 000
    应交税费——应交增值税（进项税额）                                 17 000
  贷：银行存款                                                          117 000
```

2011 年 1 月甲公司在出售时。

$$累计折旧 = 100\,000/10 \times 2 = 20\,000（元）$$
$$销项税额 = 70\,000 \times 17\% = 11\,900（元）$$

```
借：固定资产清理                                                    80 000
    累计折旧                                                      20 000
  贷：固定资产                                                          100 000
```

```
借：银行存款                                              81 900
    贷：固定资产清理                                          70 000
        应交税费——应交增值税（销项税额）                     11 900
借：营业外支出                                            10 000
    贷：固定资产清理                                          10 000
```

【例 18-5】甲公司于 2010 年 12 月出售一台使用过的设备，含税售价为 70 000 元。该设备是 2008 年 12 月购入的，含增值税价格为 117 000 元，折旧年限为 10 年，采用直线法折旧，不考虑净残值。该设备适用 17% 的增值税税率。

该设备购入时间为 2008 年 12 月，则购入的固定资产增值税进项税额 17 000 元计入设备成本，固定资产的原值为 117 000 元，原购入时进项税额没有抵扣的，则销售时还是按照原规定 4% 征收率减半征收增值税。

1. 2008 年 12 月，甲公司购入设备时。

```
借：固定资产                                            117 000
    贷：银行存款                                            117 000
```

2. 2010 年 12 月甲公司在出售时。

2 年共计提折旧＝117 000/10×2＝23 400（元）

2 年后出售时应缴纳增值税＝70 000/(1+4%)×4%×50%＝1 346.15（元）

```
借：固定资产清理                                         93 600
    累计折旧                                             23 400
    贷：固定资产                                            117 000
借：银行存款                                             70 000
    贷：固定资产清理                                         67 307.70
        应交税费——应交增值税（已交税金）                    2 692.30
借：应交税费——应交增值税（已交税金）                     1 346.15
    贷：营业外收入                                          1 346.15
借：营业外支出                                          26 292.30
    贷：固定资产清理                                         26 292.30
```

（五）长期待摊费用核算及摊销方法

小企业的长期待摊费用包括：已提足折旧的固定资产的改建支出、经营租入固定资产的改建支出、固定资产的大修理支出和其他长期待摊费用等。

长期待摊费用应当在其摊销期限内采用年限平均法进行摊销，根据其受益对象计入相关资产的成本或者管理费用，并冲减长期待摊费用。

（1）已提足折旧的固定资产的改建支出，按照固定资产预计尚可使用年限分期摊销。

（2）经营租入固定资产的改建支出，按照合同约定的剩余租赁期限分期摊销。

（3）固定资产的大修理支出，按照固定资产尚可使用年限分期摊销。

（4）其他长期待摊费用，自支出发生月份的下月起分期摊销，摊销期不得低于 3 年。

19

第十九章
资金管理会计

一、资金管理会计日常业务处理

（一）权益性资金的筹集

1. **接收货币资金投资**

根据投资合同或协议、验资报告、现金缴款单、银行进账单等编制记账凭证。

  借：银行存款

   贷：实收资本

    资本公积（投资者出资超过其在注册资本中所占份额的部分）

2. **接收实物资产、无形资产等投资**

根据投资合同或协议、验资报告、实物资产验收入库单、实物资产（无形资产）移交清单等编制记账凭证。

  借：固定资产/无形资产/原材料/库存商品

   贷：实收资本

    资本公积（投资者出资超过其在注册资本中所占份额的部分）

3. **资本公积转为实收资本**

根据投资合同或协议、验资报告、审计报告等编制记账凭证。

  借：资本公积

   贷：实收资本

4. **盈余公积转为实收资本**

根据投资合同或协议、验资报告、审计报告等编制记账凭证。

  借：盈余公积

   贷：实收资本

温馨提醒

1. 一般情况下，小企业的实收资本不能随意减少，法律禁止投资者在企业成立后，从企业抽逃出资，但是，个别情况下可以依法减资。小企业实收资本可以减少的情况主要有两种：一是资本过剩，二是小企业发生重大亏损，短期内无法弥补而需要减少实收资本。

资本减少应符合下列条件：

（1）减资应事先通知所有债权人，债权人无异议方允许减资；

（2）经股东会议同意，并经有关部门批准；

（3）公司减资后的注册资本不得低于法定注册资本的最低限额。

账务处理为：借记"实收资本"、"资本公积"科目，贷记"库存现金"、"银行存款"等科目。

2．小企业的资本公积不得用于弥补亏损。

3．法定公积金转为资本时，所留存的该项公积金不得少于转增前公司注册资本的百分之二十五。

（二）银行贷款

1．准备银行贷款所需资料——>银行贷款申批——>收到银行贷款凭证——>登记银行票据登记簿、登记贷款期限（假设一年以下）、还款日期、利率——>编制记账凭证。

借：银行存款

　　贷：短期借款

2．在应付利息日，按照短期借款合同利率计算确定的利息费用编制记账凭证。

借：财务费用

　　贷：应付利息

3．收到银行贷款利息通知单——>编制记账凭证。

借：应付利息

　　贷：银行存款

4．收到银行贷款还款凭证及手续费结算凭证——>登记银行票据登记簿——>编制记账凭证。

借：短期借款

　　财务费用

　　贷：银行存款

温馨提醒

1．了解银行贷款所需资料，熟悉银行贷款流程，不同的银行有不同的要求，具体所需资料和流程可以咨询预贷款银行。

2．根据还款时间、金额编入财务部月度资金计划中，及时提醒财务经理安排还贷资金。

3．以上是以短期借款为例，若贷款期限在一年以上（不含一年），则属于长期借款，其账务处理方法为：

企业借入各种长期借款时，按实际收到的款项，借记"银行存款"科目，贷记"长期借款"。

在借款合同约定的应付利息日，应当按照借款本金和借款合同利率计提利息费用，借记"财务费用"、"在建工程"等科目，贷记"应付利息"科目。

实际支付利息时，借记"应付利息"，贷记"银行存款"科目。

偿还长期借款本金，借记"长期借款"，贷记"银行存款"科目。

（三）短期投资

对于小企业来讲，此类业务并不常见，"短期投资"科目也较少用到，用到"短期投资"科目的企业也主要是为了赚取差价而从二级市场购入股票、债券、基金等进行一些短期投资。

短期投资业务主要包括股票和债券等短期投资的购入、利息及股利的收取、短期投资的处置。

企业的证券资产（股票和债券）无论是自行保管还是委托他人保管，都要进行完整系统的会计记录，并对其增减变动及投资收益进行相关会计核算。具体而言，应对每一种股票、债券、基金分别设立明细分类账，而且要对股票、债券、基金分别设置证券投资备查簿，详细记录其名称、面值、编号、数量、取得日期、经纪人（证券商）名称、购入成本、收取的股息或利息等信息。

1. 公司自证券市场购入股票和债券

收到"股票或债券的投资计划书"（投资业务部门编制，公司领导审核批准），"证券购入通知单"（投资业务部门编制）、支票存根、银行传来的"进账单（收账通知）"、证券公司提供的买入证券"交割单"（又称买卖成交报告单）——编制记账凭证。

  借：短期投资（实际支付的购买价款和相关税费扣除应收股利、应收利息的差
     额）

    应收股利（买价中所含的已宣告但尚未发放的现金股利）

    应收利息（已到付息期但尚未领取的债券利息）

   贷：银行存款（实际支付的购买价款和相关税费）

2. 持有期间取得的股利或利息

股票投资：根据上市公司的股利分配公告和收到的证券公司的股利收入划账单——编制利息收益表——编制记账凭证。

  借：应收股利

   贷：投资收益

债券投资：根据债券的票面利率和面值计算期间利息收入——编制利息收益表——编制记账凭证。

  借：应收利息

   贷：投资收益

3. 收到股利或利息

收到银行转来的股利（利息）收入收账通知——编制记账凭证。

  借：银行存款

　　贷：应收股利/应收利息

　　4. 出售短期投资

　　审核"证券出售通知单"（投资业务部门编制）、证券公司提供的卖出证券"交割单"及银行转来的"进账单（收账通知）"，编制记账凭证——→登记证券投资登记簿——→编制记账凭证。

　　　　借：银行存款（按实际收到金额）

　　　　　贷：短期投资（按账面余额）

　　　　　　　应收股利/应收利息（尚未收到的现金股利或债券利息）

　　　　　　　投资收益（按差额，投资损失为借方）

（四）长期债券投资

　　1. 购入债券作为长期投资

　　　　借：长期债券投资——面值（债券票面价值）

　　　　　　　　　　　——溢折价（溢价差额）

　　　　　　　应收利息（实际支付的购买价款中包含已到付息期但尚未领取的债券利息）

　　　　　　贷：银行存款（实际支付的购买价款和相关税费）

　　　　　　　　长期债券投资——溢折价（折价差额）

　　2. 债务人应付利息日，计算利息收入

　　　　借：应收利息（分期付息、一次还本的长期债券投资票面利率计算）

　　　　　　长期债券投资——应计利息（一次还本付息的长期债券投资票面利率计算）

　　　　　贷：投资收益

　　3. 在债务人应付利息日，分摊债券溢折价金额

　　　　借：投资收益

　　　　　贷：长期债券投资——溢折价

　　或

　　　　借：长期债券投资——溢折价

　　　　　贷：投资收益

　　债券的折价或者溢价在债券存续期间内于确认相关债券利息收入时采用直线法进行摊销。

　　4. 处置或到期收回长期债券投资

　　　　借：银行存款（收回的债券本金或本息）

　　　　　贷：长期债券投资——面值（账面余额）

　　　　　　　　　　　　——溢折价（账面余额，或借方）

　　　　　　　　　　　　——应计利息（账面余额）

　　　　　　　应收利息（应收未收的利息收入）

　　　　　　　投资收益（按差额，投资损失为借方）

　　5. 按照小企业会计准则规定确认实际发生的长期债券投资损失

　　　　借：银行存款（可收回的金额）

　　　　　　营业外支出（差额）

贷：长期债券投资（按该项长期债券投资的账面余额）

（五）长期股权投资

《小企业会计准则》规定，长期股权投资应当采用成本法进行会计处理。

1. 长期股权投资的取得。

以支付现金、非货币性资产等其他方式取得长期股权投资，企业可以根据经纪人通知书、投资合同或投资协议、银行支付凭证等编制记账凭证。

借：长期股权投资（实际支付的购买价款和相关税费扣除已宣告但尚未发放的现金股利后的金额）

应收股利（实际支付的价款中包含的已宣告但尚未发放的现金股利）

贷：银行存款（实际支付的购买价款和相关税费）

借：长期股权投资（非货币性资产的评估价值与相关税费之和）

应收股利（实际支付的价款中包含有已宣告但尚未发放的现金股利）

累计摊销

营业外支出（差额）

贷：固定资产清理（账面价值）

无形资产（账面价值）

应交税费（支付的增值税、营业税等相关税费）

营业外收入（差额）

2. 长期股权投资持有期间被投资单位宣告发放现金股利或利润时，企业按应分得的金额确认为投资收益。企业可以根据被投资单位的分红公告编制记账凭证。

借：应收股利

贷：投资收益

3. 根据股息红利领款收据编制记账凭证。

借：银行存款

贷：应收股利

4. 处置长期股权投资时，按实际取得的价款与长期股权投资账面价值的差额确认为投资损益。

借：银行存款（按实际收到的金额）

贷：长期股权投资（按该项长期股权投资的成本）

应收股利（按应收未收的现金股利或利润）

投资收益（按其差额，贷记或借记本科目）

5. 根据《小企业会计准则》规定确认实际发生的长期股权投资损失计入营业外支出。

借：银行存款（按可收回的金额）

营业外支出（按差额）

贷：长期股权投资（按该项长期股权投资的账面余额）

小企业长期股权投资符合下列条件之一的，减除可收回的金额后确认的无法收回的长期股权投资，作为长期股权投资损失：

（1）被投资单位依法宣告破产、关闭、解散、被撤销，或者被依法注销、吊销营业执照的。

（2）被投资单位财务状况严重恶化，累计发生巨额亏损，已连续停止经营 3 年以上，且无重新恢复经营改组计划的。

（3）对被投资单位不具有控制权，投资期限届满或者投资期限已超过 10 年，且被投资单位因连续 3 年经营亏损导致资不抵债的。

（4）被投资单位财务状况严重恶化，累计发生巨额亏损，已完成清算或清算期超过 3 年以上的。

（5）国务院财政、税务主管部门规定的其他条件。

二、资金管理会计日常工作中的常见问题

（一）长期借款利息资本化和费用化问题

很多企业的会计人员将支付的长期借款利息都记入"财务费用"科目，没有将应该资本化的利息记入"在建工程"、"研发支出"、"制造费用"等科目，这是企业会计人员常见的一个错误。没有考虑长期借款利息资本化和费用化的情况。

《小企业会计准则》规定：小企业为购建固定资产、无形资产和经过 1 年期以上的制造才能达到预定可销售状态的存货发生的借款费用，在"在建工程"、"研发支出"、"制造费用"等科目核算，不在"财务费用"科目核算。

（二）投资业务会计处理不准确

由于小企业投资业务不多，发生不频繁，因此，很多会计人员对投资业务的财务处理不熟悉，会计处理不准确。比如，企业所发生的与取得长期股权投资直接相关的费用、税金及其他必要支出应作为初始投资成本，有的企业计入当期费用；买价中所含的已宣告但尚未分配的现金股利计入应收股利，有的企业计入投资成本，等等。

（三）投资业务不入账

企业购入的各种短期有价证券，应按规定进行账务处理，然而，有些企业却不入账，不进行账务处理，买卖差额存入"小金库"，形成企业的账外资产。

（四）利用往来科目隐瞒投资业务，截留投资收益

企业在购买股票、债券等进行短期投资时，不按规定计入短期投资等科目进行正确的会计处理，而是利用往来科目加以隐瞒，其目的通常是截留投资收益。比如某企业以银行存款购入甲企业的债券，企业作"借：其他应收账——甲企业，贷：银行存款"的账务处理，利息收入不作账务处理，存入"小金库"，形成企业的账外资产。再比如，某企业年终分得联营企业投资利润不计入投资收益而是"借：银行存款，贷：其他应付账"，截留投资收益用于发放职工福利等支出，待发放职工福利时，作"借：库存现金，贷：银行存款"，"借：其他应付账，贷：库存现金"的会计处理。

三、资金管理会计日常工作中的疑难问题

（一）短期投资会计与税法差异

小企业按照《小企业会计准则》规定对短期投资进行会计处理时，会计上要求计入

投资收益但税法上允许免税的，需要进行所得税纳税调整。例如，小企业因购买国债所取得的利息收入，直接投资于其他居民企业取得的符合条件的股息或红利等权益性收益，按照税法规定作为免税收入，但按照小企业会计准则应计入投资收益，两者构成永久性差异。

需要注意的是，小企业购买国债，不论是从一级市场还是二级市场购买，其利息收入均享受免税优惠，但是，对于小企业在二级市场转让国债获得的收入，需作为转让财产收入计算缴纳企业所得税。

另外，上述股息或红利等权益性收益，不包括连续持有居民企业公开发行并上市流通的股票不足 12 个月取得的投资收益。

（二）长期债券投资会计与税法差异

1. 长期债券投资成本的计量。取得投资时实际支付的价款中包含的已到付息期但尚未领取的债券利息，会计上单独确认为应收利息，不计入投资成本，而税法上作为购买价款组成部分计入投资成本。

2. 长期债券投资持有期间发生的应收利息，会计上小企业按照高于或低于债券面值的价格购入长期债券投资时，需要在投资持有期间逐期分摊溢折价金额，作为投资收益的调增，而税法上企业利息收入金额按照合同名义利率（即债券票面利率）计算确定。

3. 长期债券投资的处置和长期债券投资损失的认定条件和处理方法，小企业会计准则与税法规定完全一致，不存在差异。但是，对于长期债券投资损失，小企业应处理好与税收征管的关系，认真按照税收征管的要求做好相关申报工作。

《企业资产损失所得税税前扣除管理办法》（国家税务总局公告 2011 年第 25 号）第四十条规定：

企业债权投资损失应依据投资的原始凭证、合同或协议、会计核算资料等相关证据材料确认。下列情况债权投资损失的，还应出具相关证据材料：

（1）债务人或担保人依法被宣告破产、关闭、被解散或撤销、被吊销营业执照、失踪或者死亡等，应出具资产清偿证明或者遗产清偿证明。无法出具资产清偿证明或者遗产清偿证明，且上述事项超过三年以上的，或债权投资（包括信用卡透支和助学贷款）余额在 300 万元以下的，应出具对应的债务人和担保人破产、关闭、解散证明、撤销文件、工商行政管理部门注销证明或查询证明以及追索记录等（包括司法追索、电话追索、信件追索和上门追索等原始记录）。

（2）债务人遭受重大自然灾害或意外事故，企业对其资产进行清偿和对担保人进行追偿后，未能收回的债权，应出具债务人遭受重大自然灾害或意外事故证明、保险赔偿证明、资产清偿证明等。

（3）债务人因承担法律责任，其资产不足归还所借债务，又无其他债务承担者的，应出具法院裁定证明和资产清偿证明。

（4）债务人和担保人不能偿还到期债务，企业提出诉讼或仲裁的，经人民法院对债务人和担保人强制执行，债务人和担保人均无资产可执行，人民法院裁定终结或终止（中止）执行的，应出具人民法院裁定文书。

（5）债务人和担保人不能偿还到期债务，企业提出诉讼后被驳回起诉的、人民法院不予受理或不予支持的，或经仲裁机构裁决免除（或部分免除）债务人责任，经追偿后无法收回的债权，应提交法院驳回起诉的证明，或法院不予受理或不予支持证明，或仲裁机构裁决免除债务人责任的文书。

（6）经国务院专案批准核销的债权，应提供国务院批准文件或经国务院同意后由国务院有关部门批准的文件。

（三）长期股权投资会计与税法差异

1. 长期股权投资成本的计量。取得投资时实际支付的价款中包含的已宣告但尚未发放的现金股利，会计上单独确认为应收股利，不计入投资成本，而税法上作为购买价款组成部分计入投资成本。

2. 长期股权投资持有期间投资收益的规定，与企业所得税法基本一致，实务工作中存在可能需要进行纳税调整的事项：

（1）直接投资与其他居民企业取得的符合条件的股息或红利等权益性收益，按照税法规定作为免税收入，但是会计上计入投资收益。

（2）税法中所称的股息、红利收入包括现金股利和股票股利两种形式，投资企业分得的股票股利，如果不符合免税条件的，应当计入应纳税所得额，但会计上投资企业无须进行会计处理，仅作备查登记。

3. 长期股权投资的处置和长期股权投资损失的认定条件和处理方法，小企业会计准则与税法规定完全一致，不存在差异。但是，对于长期股权投资损失，小企业应处理好与税收征管的关系，认真按照税收征管的要求做好相关申报工作。

《企业资产损失所得税税前扣除管理办法》（国家税务总局公告2011年第25号）第四十一条规定：

企业股权投资损失应依据以下相关证据材料确认：

（1）股权投资计税基础证明材料；

（2）被投资企业破产公告、破产清偿文件；

（3）工商行政管理部门注销、吊销被投资单位营业执照文件；

（4）政府有关部门对被投资单位的行政处理决定文件；

（5）被投资企业终止经营、停止交易的法律或其他证明文件；

（6）被投资企业资产处置方案、成交及入账材料；

（7）企业法定代表人、主要负责人和财务负责人签章证实有关投资（权益）性损失的书面申明；

（8）会计核算资料等其他相关证据材料。

CHAPTER

20

第二十章
税务会计

一、税务会计日常业务处理

（一）发票的领购及使用

携带发票领购簿、IC 卡、公章去办税大厅购买发票——▶登记发票领购使用情况表——▶存保险柜——▶领用发票时领用人在发票领购使用情况表上签名。

（二）增值税专用发票抵扣联认证

将当月收到的增值税票抵扣联认证（尽量早认证，不要等到最后一天，最后一天系统太慢，影响认证速度）——▶月末打印认证结果清单——▶与材料会计核对当月进项税额——▶装订抵扣联和认证结果清单。

（三）计算应交增值税税额

及时审核其他会计所作的涉及增值税业务的会计处理——▶月末根据当月"应交税费——应交增值税"明细账计算出其贷方余额同借方余额的差额，即应交增值税税额。

（四）抄税

每月 1 日进入防伪税控系统，利用"抄税处理"功能进行抄税——▶利用"月度统计"功能与销售会计核对开票收入金额和销项税额。

温馨提醒

有作废发票和红字发票的情况下，应检查作废发票是否联次齐全，是否盖"作废"印章，红字发票是否附开具红字增值税专用发票通知单。

（五）月末提取相关税费

1. 提取相关税费

借：营业税金及附加

贷：应交税费——应交房产税/应交土地使用税/应交车船税/应交矿产资源补偿费/应交排污费等

2. 根据公司当月实际经营情况计提营业税金及附加

（1）根据税收政策计算营业税及消费税金额──→编制相应的会计分录。

借：营业税金及附加

　　贷：应交税费──应交营业税

　　　　　　　　──应交消费税

其中：

①营业税是对在我国境内提供应税劳务、转让无形资产或销售不动产的单位和个人征收的流转税。应税劳务是指属于交通运输业、建筑业、金融保险业、邮电通信业、文化体育业、娱乐业、服务业税目征收范围的劳务，不包括加工、修理修配等劳务；转让无形资产，是指转让无形资产的所有权或使用权的行为；销售不动产，是指有偿转让不动产的所有权，转让不动产的有限产权或永久使用权，以及单位将不动产无偿赠与他人等视同销售不动产的行为。营业税以营业额作为计税依据。营业额是指纳税人提供应税劳务、转让无形资产和销售不动产而向对方收取的全部价款和价外费用。税率从3%到20%不等。

②消费税是指在我国境内生产、委托加工和进口应税消费品的单位和个人，按其流转额缴纳的一种税。消费税有从价定率和从量定额两种征收方法。采取从价定率方法征收的消费税，以不含增值税的销售额为税基，按照税法规定的税率计算。企业的销售收入包含增值税的，应将其换算为不含增值税的销售额。采取从量定额计征的消费税，一般按税法确定的企业应税消费品的数量和单位应税消费品应缴纳的消费税计算确定。

（2）根据税收政策计算资源税金额──→编制相应的会计分录。

资源税是对在我国境内开采矿产品或者生产盐的单位和个人征收的税。资源税按照应税产品的课税数量和规定的单位税额计算。开采或生产应税产品对外销售的，以销售数量为课税数量；开采或生产应税产品自用的，以自用数量为课税数量。

借：营业税金及附加

　　贷：应交税费──应交资源税

（3）根据实际缴纳的增值税、营业税、消费税计算城市维护建设税、教育费附加、地方教育费附加金额──→编制相应的会计分录。

借：营业税金及附加

　　贷：应交税费──应交城市维护建设税

　　　　　　　　──应交教育费附加

　　　　　　　　──应交地方教育费附加

3. 计提季度所得税

借：所得税费用

　　贷：应交税费──应交企业所得税

温馨提醒

所得税只需每季度计提一次，不需每月计提，每年5月31日之前进行所得税汇算清缴。

4. 及时审核其他会计涉税处理是否正确

比如对个人所得税的会计处理，自产自用应税消费品和委托加工应税消费品设计的消费税的会计处理，处置固定资产所涉及的营业税、增值税的会计处理，转让土地使用权应交土地增值税的会计处理，等等。

（六）申报税款

填写各类税种申报表——传主管会计审核——打印申报表——财务经理签章、法人代表签字、盖公章——申报期结束（一般为每月15日，节假日顺延，及时关注税务局通知）以前去税务局抄、报税——申报表归类保存。

🖋 **温馨提醒**

增值税、营业税、消费税、个人所得税、城市维护建设税及其他附加税按月申报；企业所得税按季度申报，次年5月31日之前汇算清缴；房产税、土地使用税一般按季度申报；其他税种按税法规定时间申报。

（七）缴纳税款

查询交税银行账户余额，银行余额充足，扣款——去开户银行取完税凭证——编制记账凭证。

查询交税银行账户余额，银行余额不足申报税款额——填写付款审批单、进账单交出纳办理银行结算手续——扣款——去开户银行取完税凭证——编制记账凭证。

借：应交税费——应交增值税（已交税金）
　　　　　　　——应交企业所得税/应交个人所得税/应交营业税/应交城市维护
　　　　　　　　建设税/应交教育费附加/应交地方教育费附加等
　　　　　　　——应交房产税/应交土地使用税/应交车船税/应交矿产资源补偿
　　　　　　　　费/应交排污费等
　　营业税金及附加——印花税
　　贷：银行存款

🖋 **温馨提醒**

印花税不用计提，在实际缴纳时，直接计入营业税金及附加。

（八）年度企业所得税处理

按照税法规定计算应交的企业所得税。

借：所得税费用
　　贷：应交税费——应交企业所得税
缴纳企业所得税。
借：应交税费——应交企业所得税
　　贷：银行存款

温馨提醒

尽管小企业会计准则在制定思想上坚持了简化原则和实现与企业所得税法相一致的原则，但是由于会计与税法的目的不同，收入和费用的口径不同，不可避免地产生了一些差异，需要进行一些必要的纳税调整。

1. 纳税调整的事项通常包括收入类和扣除类两大类型：

第一类，收入类调整项目，主要包括：免税收入、减计收入和减免税项目所得等项目。

第二类：扣除类调整项目，主要包括：职工福利费支出、职工教育经费支出、工会经费支出、业务招待费支出、广告费和业务宣传费支出、捐赠支出、利息支出、罚款、罚金、被没收财物支出、税收滞纳金、赞助支出、与取得收入无关的支出、加计扣除支出等项目。

具体汇算清缴调整事项可以参考本书第九章。

2. 纳税调整的方式：调表不调账。汇算清缴时，企业不必进行账务处理，只需按照税法要求编制《中华人民共和国企业所得税年度纳税申报表》，从而在申报表上实现企业所得税法的要求，计算出应纳税额即可。

3. 纳税调整的时点：纳税年度终了后5月31之前进行企业所得税汇算清缴。

4. 企业所得税汇算清缴的范围：实行查账征收和实行核定应税所得率征收企业所得税的纳税人，无论是否在减税、免税期间，无论盈利或亏损，都应按税法规定进行年度企业所得税申报。实行核定定额征收企业所得税的纳税人不需要进行汇算清缴。

二、税务会计日常工作中的常见问题与疑难问题

（一）企业所得税汇算清缴常见调整事项要点

企业所得税汇算清缴，是指纳税人在纳税年度终了后的一定时期内（税法规定为5个月），按照税收法规规定自行计算申报缴纳全年应纳企业所得税额。从中可以清晰地看出，企业所得税的汇算清缴主体是纳税人，集中体现了纳税人自主申报的税法精神，但是，纳税人自主申报的同时，也随之产生了相当的涉税风险。

企业所得税汇算清缴工作是对企业所得税进行的一次全面、完整、系统的计算、调整、缴纳工作，是企业涉税业务中的一项重要工作，企业所得税汇算清缴最重要的工作就是进行纳税调整。该工作与企业的会计处理密切相关，需要会计人员具备较高的税务水平。由于纳税调整事项涉及大量的税收法规，因此一些纳税调整事项很容易被企业忽视而造成少交或多交税款。

为了帮助广大会计人员正确做好企业所得税汇算清缴工作，笔者在对众多企业所得税汇算清缴审核案例的梳理、分析基础之上，结合相关税收法规总结了一下企业所得税汇算清缴应当特别关注的常见纳税调整事项要点及税法依据。

这些纳税调整项目，有的是因为会计与税法本身存在着差异，企业必须调整而无法避免的；而有的项目本来会计和税法并无差异，却因为企业会计处理不规范而造成的，

这类项目只要按照小企业会计准则处理，便与税法不存在差异，是可以避免进行纳税调整的。

下面分收入类调整项目和扣除类调整项目加以阐述。

1. 收入类调整项目

对于企业所得税汇算清缴纳税调整，很多财税人员只是注重成本、费用类项目调整，而对收入类项目的调整往往不够重视。从大量案例来看，收入类项目的调整往往金额较大，对企业所得税汇算清缴的影响更大。

(1) 延迟确认会计收入问题。

【例 20-1】某企业 2010 年 12 月 31 日 "预收账款" 科目金额 100 万元，金额很大，实际上有 60 万元的货物已经发出，该企业汇算清缴工作中未做任何纳税调整。

按照税法规定，符合收入确认条件，采取下列商品销售方式的，应按以下规定确认收入实现时间：①销售商品采用托收承付方式的，在办妥托收手续时确认收入。②销售商品采取预收款方式的，在发出商品时确认收入。③销售商品需要安装和检验的，在购买方接受商品以及安装和检验完毕时确认收入。如果安装程序比较简单，可在发出商品时确认收入。④销售商品采用支付手续费方式委托代销的，在收到代销清单时确认收入。

在实际工作中，我们经常发现企业 "预收账款" 科目金额很大。对应合同、发货等情况，有的预收账款应确认为纳税收入。该企业汇算清缴工作中，由于延迟确认了会计收入，也忽略了该事项的纳税调整，事实上造成了少计企业应纳税所得额的结果。

(2) 税收与会计确认销售收入条件的区别问题。销售货物收入，是指企业销售商品、产品、原材料、包装物、低值易耗品以及其他存货取得的收入。除企业所得税法及其实施条例另有规定外，企业销售收入的确认，必须遵循权责发生制原则和实质重于形式原则。

税法规定的确认销售商品收入的条件（注意，应同时满足）：

①商品销售合同已经签订，企业已将商品所有权相关的主要风险和报酬转移给购货方；

②企业对已售出的商品既没有保留通常与所有权相联系的继续管理权，也没有实施有效控制；

③收入的金额能够可靠地计量；

④已发生或将发生的销售方的成本能够可靠地核算。

【例 20-2】某企业 20×3 年 12 月 12 日销售货物 100 万元（不含增值税），成本 80 万元，约定 3 个月试用期满后，满意则付款，不满意可退货，相关经济利益流入概率低于 50%，会计处理不确认收入：

  借：发出商品   800 000

    贷：库存商品   800 000

这样，12 月不作为增值税纳税义务发生时间，当然如果企业认为收回货款有把握，可以开具发票，纳税义务发生时间即为开具发票的当天。

从以上税收规定可见，税收与会计确认销售收入的区别是：相关的经济利益很可能流入企业（超过50％），会计要考虑经济利益流入企业的可能性，而税收不必考虑。这一点很好理解，因为能不能流入属于企业主观判断，税务不便于掌握，为了保证税款的收缴，经济利益流入的可能性不作为确认收入的条件。如果将其作为条件，企业的应收账款对应的销售收入就都可以延期纳税了，那怎么能行呢？

税收处理：调增收入100万元，调增销售成本80万元，调增应纳税所得额20万元。因为这项销售业务满足税法确认销售的条件。

20×4年3月12日如果发生退货，企业作会计处理：

借：库存商品　　　　　　　　　　　　　　　　　　　800 000
　　贷：发出商品　　　　　　　　　　　　　　　　　　　800 000

同时调减20×3年应纳税所得额20万元。

20×4年3月12日对方确认产品合格，同意付款，企业作会计处理：

借：应收账款或银行存款　　　　　　　　　　　　　1 170 000
　　贷：主营业务收入　　　　　　　　　　　　　　　　1 000 000
　　　　应交税费——应交增值税（销项税额）　　　　　170 000
借：主营业务成本　　　　　　　　　　　　　　　　　800 000
　　贷：发出商品　　　　　　　　　　　　　　　　　　　800 000

税收作20×4年调减收入100万元，调减成本80万元处理，调减应纳税所得额20万元。

【例20-3】A公司将一间办公室租赁给B公司，签订经营租赁合同，双方约定租赁期为2009年1月1日至2014年12月31日，2009—2010两年免除租金，2011—2014年每年收取租金6万元，分别于年初1月1日预付当年租金。

会计规定：对于出租人提供免租期的，出租人应当将租金总额在不扣除免租期的整个租赁期内，按直线法或其他合理的方法进行分配，免租期内出租人应当确认租金收入。而承租人则应将租金总额在不扣除免租期的整个租赁期内，按直线法或其他合理的方法进行分摊，免租期内应当确认租金费用。假设按直线法平均确认租金收入，2009年和2010年均应确认租金收入＝24÷6＝4万元。

借：应收账款　　　　　　　　　　　　　　　　　　　40 000
　　贷：其他业务收入　　　　　　　　　　　　　　　　　40 000

但是在企业所得税的处理上却与会计处理存在暂时性差异。根据《中华人民共和国企业所得税法实施条例》（以下简称条例）第19条规定：租金收入按照合同约定的承租人应付租金的日期确认收入的实现，因此2009—2010年均不确认租金收入，企业每年确认的租金收入4万元作纳税调减处理，2011—2014年企业每年确认租金收入4万元，而税法确认的租金收入为6万元，每年纳税调增2万元。前两年调减8万元，后四年调增8万元，属于暂时性差异。

根据《国家税务总局关于贯彻落实企业所得税法若干税收问题的通知》（国税函〔2010〕79号）第一条规定，如果交易合同或协议中规定租赁期限跨年度，且租金提前一次性支付的，根据收入与费用配比原则，出租人可对上述已确认的收入，在租赁期内，分期均匀计入相关年度收入。

（3）买一赠一问题。买一赠一在企业所得税和增值税处理上都不属于视同销售，然而很多会计却误以为需要视同销售进行会计处理。

【例 20-4】某企业为促销，购买一台笔记本电脑赠送背包一个，背包成本 200 元，笔记本成本 4 000 元，企业按 8 000 元（不含税）确认笔记本销售收入，假设笔记本市场价格 6 500 元，背包市场价格 300 元。

企业往往作出错误的财务处理：

借：银行存款 9 360
　贷：主营业务收入——笔记本 8 000
　　　应交税费——应交增值税（销项税额） 1 360
借：销售费用 351
　贷：主营业务收入——背包 300
　　　应交税费——应交增值税（销项税额） 51
借：主营业务成本——笔记本 4 000
　　　　　　　　——背包 200
　贷：库存商品 4 200

根据《国家税务总局关于确认企业所得税收入若干问题的通知》国税函〔2008〕875 号第三条规定：企业以买一赠一等方式组合销售本企业商品的，不属于捐赠，应将总的销售金额按各项商品的公允价值（即小企业按照市场价格确定的价值）的比例来分摊确认各项的销售收入。

《增值税暂行条例实施细则》规定，将自产、委托加工或购买的货物无偿赠送他人，应视同销售计算增值税销项税额。买一赠一与无偿赠送虽然都是赠送行为，但二者之间存在本质区别。

1. 法律意义上的无偿赠送是指出于感情或其他原因而作出的无私慷慨行为。而销售货物后赠送货物的行为是有偿购物在先、赠送于后的有偿赠送行为，是商场为了刺激消费而采取的促销手段。

2. 对于赠送财产的质量，根据《合同法》的规定，无偿赠送的财产有瑕疵，赠送人不承担责任。而顾客接受赠送的商品如果出现质量问题，商场必须承担相应的责任。

因此，购物赠送的货物不是无偿赠送，不能视同销售计算增值税。

可见，买一赠一在企业所得税和增值税处理上都不属于视同销售。

企业应当作出的正确账务处理：

借：银行存款 9 360
　贷：主营业务收入——笔记本（8 000×6 500÷6 800） 7 647.06
　　　　　　　　　——背包（8 000×300÷6 800） 352.94
　　　应交税费——应交增值税（销项税额） 1 360
借：主营业务成本——笔记本 4 000
　　　　　　　　——背包 200
　贷：库存商品 4 200

按企业错误的会计处理，本笔业务会多交企业所得税和增值税及其附加税，可见，学好税法非常重要。

（4）视同销售问题。视同销售问题，小企业会计准则和企业所得税法规定基本一致，理论上不用进行纳税调增。但是，很多小企业会计不按规定进行账务处理，不确认收入，所以就需要进行纳税调整了。

小企业发生非货币性资产交换、偿债，以及将货物、财产、劳务用于捐赠、赞助、集资、广告、样品、职工福利和利润分配，应当作为小企业与外部发生交易，属于收入实现的过程，视同销售货物、转让财产和提供劳务，按规定确认收入。小企业会计准则与企业所得税法规定基本相同。

小企业在建工程、管理部门等内部单位领用所生产的产成品、原材料等，应当作为小企业内部发生的经济事项，属于小企业内部不同资产之间相互转换，不属于收入实现的过程，不应确认收入，应当按照成本进行结转。小企业会计准则与企业所得税法规定基本相同。

实际工作中，很多企业将产品交予客户试用，并在账务上作借记"销售费用"处理；将自产产品用作礼品送予他人或作为职工福利，并在账务上作借记"管理费用"、"应付职工薪酬"处理。上述事项，不仅属于增值税视同销售行为，而且属于企业所得税视同销售行为，然而，有的企业会计处理时没有确认收入，直接冲减了产品成本，因此，企业所得税汇算清缴时应进行纳税调整。

【例20-5】A企业以自产产品80万元与B企业某设备进行交换，增值税税率17%，自产产品市场价格100万元，某设备市场价格117万元，两企业均系一般纳税人。

A企业账务处理如下：

借：固定资产　　　　　　　　　　　　　　　　　　　　　　　　1 000 000
　　应交税费——应交增值税（进项税额）　　　　　　　　　　　　170 000
　　贷：主营业务收入　　　　　　　　　　　　　　　　　　　　　1 000 000
　　　　应交税费——应交增值税（销项税额）　　　　　　　　　　　170 000
借：主营业务成本　　　　　　　　　　　　　　　　　　　　　　　800 000
　　贷：库存商品　　　　　　　　　　　　　　　　　　　　　　　800 000

会计与税务上均确认20万元的应纳税所得额，而且增值税计税依据120万元也等同于应纳税收入额120万元。

这样，不用纳税调增。

【例20-6】A企业以外购存货一批与B企业换入一生产设备，市场价格均不能可靠计量，无补价。存货成本80万元，市场价格100万元，增值税税率17%。

A企业账务处理如下：

借：固定资产　　　　　　　　　　　　　　　　　　　　　　　　800 000
　　应交税费——应交增值税（进项税额）　　　　　　　　　　　　170 000
　　贷：库存商品　　　　　　　　　　　　　　　　　　　　　　　800 000
　　　　应交税费——应交增值税（销项税额）　　　　　　　　　　　170 000

购进存货移送他人属于《国家税务总局关于企业处置资产所得税处理问题的通知》

（国税函〔2008〕828号）规定的其他改变资产所有权属的用途，因此应按规定以购入时的价格80元万确认应纳税收入，同时确认销售成本80万元，实际应纳税所得额为零，同时应当按照销售货物确认增值税销项税额，即以市场价格为计税依据。这里的增值税计税依据100万元就不同于企业所得税视同销售确认的收入额80万元。

虽然本例收入与成本相等，也应进行纳税调增，调增收入80万元，调增成本80万元。可能有人不以为然，认为调整额为0，不必调整。其实未必，因为虽然表面上调整额为0，但是实际上加大了销售收入总额的数值，从而加大了费用扣除限额的基数，可以加大费用扣除比例。

若企业按照小企业会计准则处理则不必进行纳税调整，因为确认了收入，已经与税法处理一致：

借：固定资产		800 000
应交税费——应交增值税（进项税额）		170 000
贷：主营业务收入		800 000
应交税费——应交增值税（销项税额）		170 000
借：主营业务成本		800 000
贷：库存商品		800 000

（5）财政补贴收入问题。对于政府部门（包含财政、科技部门、开发区管委会等）给予企业的各种财政性补贴款项是否应计入应纳税所得额、应计入哪个纳税年度的问题，很多企业存在错误的理解。不少企业认为，既然是国家财政性补贴，应当属于免税收入。但事实上，财政性补贴根据不同情况可能是免税收入，也可能是不征税收入，还可能是应税收入。

税务上将收入总额分为征税收入和不征税收入，征税收入进而又分为应税收入和免税收入。免税收入属于应征税而未征税收入，其与不征税收入存在很大区别，无论是免税收入还是不征税收入，税法均有明确列示。具体的财政性补贴属于哪类收入，应根据下列原则进行划分。

《财政部、国家税务总局关于专项用途财政性资金企业所得税处理问题的通知》（财税〔2011〕70号）规定：自2011年1月1日起，企业从县级以上各级人民政府财政部门及其他部门取得的应计入收入总额的财政性资金，凡同时符合以下条件的，可以作为不征税收入，在计算应纳税所得额时从收入总额中减除：①企业能够提供规定资金专项用途的资金拨付文件。②财政部门或其他拨付资金的政府部门对该资金有专门的资金管理办法或具体管理要求。③企业对该资金以及以该资金发生的支出单独进行核算。

不征税收入与免税收入的区别可以这样掌握：

不征税收入——从政府部门取得的收入，并非企业自身经营活动带来的收入。税法目前明确的不征税收入主要有：财政性资金、行政事业性收费、政府性基金。

免税收入——企业自身经营活动带来的收入，但因符合税法的优惠政策而免于征税的收入。税法目前明确的免税收入主要有：国债利息收入、符合条件的居民企业之间的股息、红利等权益性投资收益、符合条件的非营利组织的收入。

国税函〔2010〕79号文明确，企业取得的各项免税收入所对应的各项成本费用，除另有规定者外，可以在计算企业应纳税所得额时扣除。

财税〔2008〕151号文规定，企业的不征税收入用于支出所形成的费用，不得在计算应纳税所得额时扣除，企业的不征税收入用于支出所形成的资产，其计算的折旧、摊销不得在计算应纳税所得额时扣除。

财税〔2008〕151号文件对不征税收入的财政性资金、行政事业性收费、政府性基金作了进一步明确，并强调了财政性资金与国家投资的区别。指出："财政性资金，是指企业取得的来源于政府及其有关部门的财政补助、补贴、贷款贴息，以及其他各类财政专项资金，包括直接减免的增值税和即征即退、先征后退、先征后返的各种税收，但不包括企业按规定取得的出口退税款。"

财税〔2011〕70号文件规定，企业将符合上述规定条件的财政性资金作不征税收入处理后，在5年（60个月）内未发生支出且未缴回财政或其他拨付资金的政府部门的部分，应重新计入取得该资金第六年的收入总额；重新计入收入总额的财政性资金发生的支出，允许在计算应纳税所得额时扣除。

实际操作中企业所得税申报表主表第1～13行的利润计算与会计报表的利润总额相一致，在此基础上调增调减得到应纳税所得额。

附表三：纳税调整项目明细表

第14行　不征税收入

第15行　免税收入

第38行　不征税收入用于支出形成的费用

一般情况下，第14行填列有不征税收入，第38行应填列不征税收入用于支出形成的费用，若尚未形成支出，数额为零，但连续60个月（5年）为零，则应在第6年将全部的不征税收入计入应税收入总额计税。

【例20-7】A公司取得符合条件的100万元财政补贴，当年支出60万元，当年其他项目应纳税所得额80万元。如果单独核算，按照免税收入处理，则支出可增加扣除60万元，当年应纳税所得额20万元。如果未单独核算，按照征税收入处理，则收入增加100万元，支出增加60万元，当年应纳税所得额120万元。

（6）房地产开发企业特别的纳税调整项目。房地产开发企业有一个比较特别的纳税调整项目，即：按照本期取得的预售收入和税法规定的预计利润率计算的预计利润，作为纳税调整增加额；本期将预售收入转为销售收入的，其结转的预售收入已按照税收规定的预计利润率计算的预计利润作为纳税调整减少额。

2. 扣除类调整项目

税法规定，企业实际发生的与取得收入有关的、合理的支出可以在计算应纳税所得额时扣除。也就是说能够扣除的成本、费用首先需要满足真实性、相关性、合理性的要求，否则不能在企业所得税税前扣除。

笔者在参与的成本、费用扣除类项目纳税调整的诸多案例中发现，不少企业一般仅重视比例扣除项目及政策性限制扣除项目的纳税调整，而事实上，通过对企业成本、费用扣除项目调整的分析、汇总可知，由于不满足税法对成本、费用扣除项目真实性、相关性、合理性的总体要求而进行的纳税调整金额，远远大于税法规定的比例扣除项目及政策性限制扣除项目的调整金额。因此非比例扣除项目及政策性限制扣除项目调整事项更应该引起企业会计人员的重视。

（1）不合规票据列支成本、费用问题。在许多企业中都存在以无抬头、抬头名称不是本企业、抬头名称不是本企业全称、抬头为个人、无盖章发票、以前年度发票、过期发票、收据，甚至假发票等为依据列支成本、费用的现象，这些费用违反了成本、费用列支的真实性原则，应当进行纳税调整。

【例 20-8】某某经贸有限公司取得一张抬头为"某某经贸"的发票，金额 800 元，计入管理费用。根据《国家税务总局关于进一步加强普通发票管理工作的通知》（国税发〔2008〕80 号）第八条第二款的规定："在日常检查中发现纳税人使用不符合规定发票特别是没有填开付款方全称的发票，不得允许纳税人用于税前扣除、抵扣税款、出口退税和财务报销"，应当进行纳税调增 800 元。

但是，并非所有支出都必须取得发票，下面这些支出不需要取得发票就可以税前列支：

①工资、奖金、劳务和稿费；

②福利费用（职工困难补助费、合理的福利费列支范围的人员工资、补贴等，有关收据、凭证就可以作为合法凭据，而对购买属于职工福利费列支范围的实物资产和发生对外的相关费用就应取得合法发票来作为列支凭证），社保缴费收据、工会经费（收入专用收据）；

③财产损失（需向税务机关提供相关材料备案）；

④不需缴纳流转税的支出，经济合同罚款支出、诉讼费（行政罚款不可以税前扣除）、支付违约金（但作为价外费用时要发票，单位和个人提供应税劳务、转让无形资产和销售不动产时，因受让方违约而从受让方取得的赔偿金收入，应并入营业额中征收营业税）、青苗补偿费等；

⑤银行费用、支付给境外的费用（支付外汇证明、签收单据、合同）；

⑥自建固定资产计提折旧（仅凭购入材料和相关合法凭证作为原始凭证转入固定资产）《企业所得税法实施条例》（以下简称"实施条例"或"条例"）五十八条第二项自行建造的固定资产，以竣工结算前发生的支出为计税基础）；

⑦接受捐赠的资产计提折旧。《企业所得税法》第六条第八项规定，接受捐赠收入组成企业所得税收入总额。实施条例第二十一条规定，接受捐赠收入是指企业接受的来自其他企业、组织或者个人无偿给予的货币性资产、非货币性资产。接受捐赠收入按实际收到的日期确认收入实现。在计税价格的确认上，企业接受捐赠的非货币性资产，须按接受捐赠时资产的公允价值（小企业按照市场价格确定的价值）确认收入，并入当期应纳税所得，并按规定计提折旧。

⑧未竣工结算的在建工程、已投入使用的资产计提折旧。《企业会计准则第 4 号——固定资产》应用指南规定：已达到预定可使用状态但尚未办理竣工决算的固定资产，应当按照估计价值确定其成本，并计提折旧；待办理竣工决算后，再按实际成本调整原来的暂估价值，但不需要调整原已计提的折旧额。

国税函〔2010〕79号文件规定：允许暂估固定资产成本并计提折旧。企业固定资产投入使用后，因工程款项尚未结清未取得全额发票时，可暂按合同规定的金额计入固定资产计税基础计提折旧，待发票取得后进行调整。但该项调整应在固定资产投入使用后12个月内进行。

（2）发票所付证明凭据不足问题。我们在实际工作中发现，很多企业会议费、差旅费、大额办公用品费用、劳务费用列支的真实性、合理性存在问题，附件只是简单的一份发票，缺少证明其费用发生真实性、合理性的其他证明材料。

根据规定，纳税人发生的与其经营活动有关的合理的差旅费、会议费、董事会费，主管税务机关要求提供证明资料的，应能够提供证明其真实性的合法凭证，否则，不得在税前扣除。

会议费证明材料应包括：会议时间、地点、出席人员、内容、目的、费用标准、支付凭证等，差旅费的证明材料应包括：出差人员姓名、地点、时间、任务、支付凭证等，大额办公用品费用证明材料应包括办公用品明细名称、规格、数量、单价、金额等，劳务费列支应当申报个税，并附有签收单及身份证复印件。

（3）工资薪金问题。《企业所得税法实施条例》第三十四条规定，企业发生的合理的工资薪金支出，准予扣除。前款所称工资薪金，是指企业每一纳税年度支付给在本企业任职或者受雇的员工的所有现金形式或者非现金形式的劳动报酬，包括基本工资、奖金、津贴、补贴、年终加薪、加班工资，以及与员工任职或者受雇有关的其他支出。

《国家税务总局关于企业工资薪金及职工福利费扣除问题的通知》（国税函〔2009〕3号）规定，实施条例第三十四条所称的"合理工资薪金"，是指企业按照股东大会、董事会、薪酬委员会或相关管理机构制定的工资薪金制度规定实际发放给员工的工资薪金。税务机关在对工资薪金进行合理性确认时，可按以下原则掌握：

①企业制定了较为规范的员工工资薪金制度；

②企业所制定的工资薪金制度符合行业及地区水平；

③企业在一定时期所发放的工资薪金是相对固定的，工资薪金的调整是有序进行的；

④企业对实际发放的工资薪金，已依法履行了代扣代缴个人所得税义务；

⑤有关工资薪金的安排，不以减少或逃避税款为目的。

公司根据与劳务派遣公司签订的派遣协议支付劳务派遣人员的工资、福利及保险费等属于给劳务公司的劳务费用支出，可以税前扣除，但不属于公司的工资薪金支出，不能做为计算三项经费税前扣除数的基数，这实际上很好理解，给劳务公司开的是劳务发票，如果是工资，就不用开发票了。

从上述规定看，并不是有的会计人员认为的做个工资表就可以扣除工资了，因为工资还要符合国税函〔2009〕3号文件所列的合理性条件，有的会计人员随意多列职工人数，多列工资额度，以达到虚增成本、费用，减少纳税的想法是不可取的。

年末未支付的工资是延迟一个月支付还是汇算清缴前支付的问题。12月工资列支了却在1月份支付，不许扣除，当年调增，次年调减，只是暂时性差异而已，再说每月工资发放额度也相差不会太大，调来调去意义不大，因此笔者认为可以允许扣除，不调增也不调减，简单实用。

但是，年末未支付的工资在汇算清缴期满还未支付的，就有虚列工资之嫌了，因为能够在企业所得税税前列支的工资必须是"企业实际发生的、合理的工资"，企业计提而未实际发放的工资不能够税前列支，应进行纳税调整。

（4）福利费余额问题。我们在实际工作中发现，很多企业福利费余额未用完，却依然在费用中列支。

国税函〔2009〕98 号文件规定，企业 2008 年以前按照规定计提但尚未使用的职工福利费余额，2008 年及以后年度发生的职工福利费，应首先冲减上述职工福利费余额，不足部分按新税法规定扣除；仍有余额的，继续留在以后年度使用。

根据国税函〔2009〕98 号文件规定，福利费有余额的企业，新发生的福利费支出，应当先冲减应付福利费余额，如果未冲减福利费余额而直接在费用中进行了列支，应当进行会计调整或直接进行纳税调整处理。

（5）预提费用问题。首先要明确《小企业会计准则》中"预提费用"科目已取消，比如"预提费用——利息"代之以"应付利息"。其次实际发生不等于实际支付，这里的实际发生应当理解为权责发生制，即属于当期的费用；不论款项是否付出，均作为当期的费用；不属于当期的费用，即使款项已经在当期付出，也不作为当期的费用。只有企业所得税法等法律和行政法规特例规定的如工资、职工教育经费才是实际支付方可扣除的项目，而对于那些数额明确的非特例的依据权责发生制实际发生但尚未支付的费用（如电费、租赁费等）允许税前扣除。但是必须有证明真实性、合法性的凭据。没有凭据的不得计入计税成本，待实际取得合法凭据时，再按规定计入计税成本。

【例 20-9】 某企业 2012 年 9 月 30 日从银行借款 100 万元，利率 6%，每年 6 月 30 日支付利息，企业按权责发生制每月预提利息，至年底预提累计 1.5 万元，假设利息费用化，应计入财务费用 1.5 万元。假设直到 2013 年 6 月才取得银行出具的利息清单，则应调增 2012 年应纳税所得额，6 月 30 日支付利息后调减 2013 年应纳税所得额。

根据税法规定，企业所得税税前扣除费用必须遵循真实发生的原则，除国家另有规定外，提取准备金或其他预提方式发生的费用均不得在税前扣除。可见，预提费用一般不得税前扣除，但符合条件的预提费用可以税前扣除。下面是预提费用可以税前扣除的特例：

条例第四十五条规定：企业依照法律行政法规有关规定提取的用于环境保护生态恢复等方面的专项资金，准予扣除，上述专项资金提取后改变用途的，不得扣除。第五十五条规定：未经核定的准备金支出，是指不符合国务院财政税务主管部门规定的各项资产减值准备风险准备等准备金支出，可见符合条件的专项资金与准备金支出是可以预提扣除的。

国税发〔2009〕31 号文件规定了三项可以预提的费用，①出包工程未最终办理结算而未取得全额发票的，在证明资料充分的前提下，其发票不足金额可以预提，但最高不得超过合同总金额的 10%。②公共配套设施尚未建造或尚未完工的，可按预算造价合理预提建造费用。此类公共配套设施必须符合已在售房合同、协议或广告、模型中明确承诺建造且不可撤销，或按照法律法规规定必须配套建造的条件。③应向政府上交但尚未上交的报批报建费用、物业完善费用可以按规定预提。物业完善费用是指按规定应由企业承担的物业管理基金、公建维修基金或其他专项基金。

上述五项预提性质费用有其共同的特征：即预提数只是根据现有资料加以预测估计，与将来实际发生数一般都有差额，因为上述费用较为特殊，如果不予预提，将造成企业税负增加。

（6）列支与经营活动无关的成本、费用问题。除税法明确规定外，能够在企业所得税税前列支的成本、费用必须是与公司经营相关的，否则应当进行纳税调整。

常见的与经营活动无关的成本、费用列支主要有以下几种情况：

①私营企业业主为自己家庭购买的电脑、电冰箱、电视机、住房等等支出与其企业生产、经营无关，在计算应纳税所得额时，不允许扣除。

②企业投资者将自己的车辆无偿提供给企业使用，发生的汽油费、过路过桥费等费用不得税前扣除。因为这些费用支出是企业投资者发生的，而非企业本身发生的，因此私车公用发生的汽油费、过路过桥费等费用为与经营活动无关的费用，在计算应纳税所得额时，不允许扣除。

③企业职工私人车辆无偿提供给企业使用，企业应按照独立交易原则支付合理的租赁费，凭合法有效凭据准予税前扣除。企业为职工报销或支付的汽油费、汽油补贴应纳入职工福利费管理范畴，并按税收规定扣除。而由个人承担的车辆购置税、车辆保险费以及折旧费等不得税前扣除。这个很好理解，个人承担的车辆购置税和车辆保险费发票抬头是个人，资产不在企业账上，折旧自然是与经营活动无关的成本、费用，均不能扣除。

④企业由于生产经营需要，租入具有营运资质的企业和个人或其他企业的交通运输工具，发生的租赁费及与其相关的费用，按照合同（协议）约定，凭租赁合同（协议）及合法凭证，准予扣除。无租赁合同（协议）及合法凭证的属于与经营活动无关的成本、费用，不得税前扣除。

⑤企业由于生产经营需要，向具有营运资质以外的个人租入交通运输工具，发生的租赁费，凭租赁合同（协议）及合法凭证，准予扣除，租赁费以外的其他各项费用（是与经营活动无关的成本、费用）不得税前扣除。

⑥为他人代付个人所得税不得税前扣除，根据企业所得税和个人所得税的现行规定，企业为个人支付的个人所得税税款，不得在所得税前扣除。这个也很好理解，试想，如果允许扣除，代付的税金应视同工资，岂不是又要重新计算个人所得税，计算完再允许扣除，好比鸡生蛋，蛋生鸡，没完没了。

⑦纳税人为其他独立纳税人提供与本身应纳税收入无关的贷款担保等，因被担保方不清偿贷款而由该担保纳税人承担的本息等，不得在担保企业税前扣除。

（7）超过法定范围和或高于标准的费用问题。税收法规有具体扣除范围和标准（比例或金额）的，实际发生的费用超过法定范围和或高于标准的部分不得扣除。

①公益性捐赠支出。条例第五十三条规定，企业发生的公益性捐赠支出，不超过年度利润总额12%的部分，准予扣除。年度利润总额，是指企业依照国家统一会计制度的规定计算的年度会计利润。条例同时对公益性捐赠的定性、公益性社会团体的条件、

受赠单位的级次作出了明确规定。

②职工福利费支出。条例第四十条规定，企业发生的职工福利费支出，不超过工资薪金总额 14% 的部分，准予扣除。

集体福利部门的设备、设施及维修保养费用也应作为福利费核算。

③工会经费。条例第四十一条规定，企业拨缴的工会经费，不超过工资薪金总额 2% 的部分，准予扣除。注意：企业所计提的工会经费，必须有工会出具的"工会经费拨款专用收据"，否则不允许在企业所得税前列支。

④职工教育经费支出。条例第四十二条规定，除国务院财政、税务主管部门另有规定外，企业发生的职工教育经费支出，不超过工资薪金总额 2.5% 的部分，准予扣除；超过部分，准予在以后纳税年度结转扣除。注意：有无应在三项费用列支而另外在其他科目列支的事项。

⑤业务招待费支出。条例第四十三条规定，企业发生的与生产经营活动有关的业务招待费支出，按照发生额的 60% 扣除，但最高不得超过当年销售（营业）收入的 5‰。注意：有无应在业务招待费列支而另外在其他科目列支的事项。

⑥广告费和业务宣传费支出。条例第四十四条规定，企业发生的符合条件的广告费和业务宣传费支出，除国务院财政、税务主管部门另有规定外，不超过当年销售（营业）收入 15% 的部分，准予扣除；超过部分，准予在以后纳税年度结转扣除。

⑦利息支出。条例第三十八条规定，企业在生产经营活动中发生的下列利息支出，准予扣除：第一，非金融企业向金融企业借款的利息支出、金融企业的各项存款利息支出和同业拆借利息支出、企业经批准发行债券的利息支出；第二，非金融企业向非金融企业借款的利息支出，不超过按照金融企业同期同类贷款利率计算的数额的部分。

⑧纳税人发生的佣金符合下列条件的，可计入销售费用：有合法真实凭证；支付的对象必须是独立的有权从事中介服务的纳税人或个人（支付对象不含本企业雇员）；支付给个人的佣金，除另有规定者外，不得超过服务金额的 5%。

⑨超过法定范围的支出。《企业所得税法》第十条规定，在计算应纳税所得额时，下列支出不得扣除：向投资者支付的股息、红利等权益性投资收益款项；企业所得税税款；税收滞纳金；罚金、罚款和被没收财物的损失；本法第九条规定以外的捐赠支出；赞助支出（企业发生的与生产经营活动无关的各种非广告性质支出）；未经核定的准备金支出；与取得收入无关的其他支出。

除上述 9 条规定外，其他不得扣除的支出列举如下：资本性支出、无形资产受让、开发支出不得在税前扣除，但允许以提取折旧和摊销费用的方式逐步扣除；自然灾害或意外事故损失有赔偿的部分不得在税前扣除；纳税人销售货物给购货方的回扣不得在税前扣除；贿赂等非法支出不得在税前扣除；企业之间支付的管理费、企业内营业机构之间支付的租金和特许权使用费，以及非银行企业内营业机构之间支付的利息，不得扣除。

（8）当年应计未计扣除项目问题。企业纳税年度内应计未计扣除项目，包括各类应计未计费用、应提未提折旧、应摊未摊摊销等，不得转移以后年度补扣。

（9）未取得发票处理问题。未取得发票的凭证应采用以下措施：业务真实，但未取得符合规定发票，应当责令企业限期取得发票，限期内取得合法、真实凭证的允许税前扣除，如果确实不能取得发票，可以能足以证明该项经济业务确属已经真实发生的其他合法凭据作为税前扣除凭据。

【例20-10】我们假设一个极端的例子，某税务局对采用查账征收方式的 A 公司进行税收检查，发现 A 公司制造产品购进原材料基本上没有取得发票，于是全额调增，也就是说成本基本上得不到扣除，对 A 公司的税收处理其实就是按收入额的 25％ 来征收企业所得税。假设收入是 100 万元，则应纳所得税 25 万元。若 A 公司是核定征收企业，核定应税所得率为 10％，则应缴纳企业所得税 100×10％×25％＝2.5 万元。

结果是采用查账征收方式的企业所得税税负是核定征收方式企业的 10 倍！这显然是不合理的，税务机关这种全额调增的方式也是错误的，针对 A 公司这种情况，首先应当责令限期取得发票，其次如果在限期内仍不能取得发票，则应按照成本费用核算不清，采用核定征收方式，而不是调增后计算企业所得税，否则势必造成税负巨增，也违背了企业所得税的公平原则。

（10）检查调增的应纳税所得额可弥补亏损。《国家税务总局关于查增应纳税所得额弥补以前年度亏损处理问题的公告》（国家税务总局公告 2010 年第 20 号）规定，税务机关对企业以前年度纳税情况进行检查时调增的应纳税所得额，凡企业以前年度发生亏损，且该亏损属于企业所得税法规定允许弥补的，应允许调增的应纳税所得额弥补该亏损。弥补该亏损后仍有余额的，按照企业所得税法规定计算缴纳企业所得税。

【例20-11】某企业 2009 年度纳税调整后所得为－50 万元，以前年度结转可弥补亏损 30 万元。税务机关于 2011 年对其 2009 年度纳税情况进行检查，调增应纳税所得额 100 万元。

2009 年度纳税调整后所得为 100－50＝50（万元），可弥补亏损 30 万元，应纳税所得额为 50－30＝20（万元）。

注意：新老政策规定不同。《国家税务总局关于企业所得税若干业务问题的通知》（国税发〔1997〕191 号）规定，对纳税人查增的所得额，不用于弥补以前年度的亏损。

（11）折旧、摊销纳税调整问题。固定资产、无形资产计税基础与账面价值有差异，折旧年限与税法规定年限有差异，计提折旧范围与税法规定范围有差异，应该对折旧、摊销进行纳税调整。

计税基础金额是能够在税收上得到补偿的金额，其与账面价值可能存在着差异，能够税前列支的折旧、摊销金额是按计税基础并按符合税法规定的折旧、摊销年限计提的金额。由于固定资产折旧、无形资产摊销，有跨多个年度的特性，该项目调整往往容易被遗漏。

例如，企业 20×2 年购买一项固定资产，但未能取得相关发票，则该项固定资产的计税基础应为零。企业 20×2 年会计上计提了折旧，能够税前列支折旧金额为零，故应进行纳税调整；20×3 年，企业对该固定资产会计上继续计提折旧，能够税前列支折旧金额依然为零，应继续进行纳税调整。

（12）成本归集、核算、分配问题。企业所得税法对成本的结转遵从会计准则，企业可在会计准则规定范围内，选择成本核算、成本结转方法，且不能随意改变。我们在实际工作中发现，很多企业对产品成本的归集、核算、结转不符合会计准则的规定，也就不符合税法的规定。原材料成本结转和产品销售成本结转金额违反真实性原则，应进行纳税调整。

(13) 资产损失的列支问题。按照财税〔2009〕57 号文件的规定，资产损失，是指企业在生产经营活动中实际发生的、与取得应税收入有关的资产损失，包括：现金损失，存款损失，坏账损失，贷款损失，股权投资损失，固定资产和存货的盘亏、毁损、报废、被盗损失，自然灾害等不可抗力因素造成的损失以及其他损失。

国家税务总局公告 2011 年第 25 号文件《企业资产损失所得税税前扣除管理办法》第五条规定，企业发生的资产损失，应按规定的程序和要求向主管税务机关申报后方能在税前扣除。未经申报的损失，不得在税前扣除。

此外，除上述收入类调整项目、扣除类调整项目外，企业还应关注会计差错更正可能涉及的应纳税所得额的调整及诸如境外机构亏损的弥补等特殊事项的纳税调整问题。

(二) 企业所得税核算时普遍存在的问题

上面对企业所得税常见纳税调整事项进行了讲述，针对目前企业普遍存在的与企业所得税相关的问题再做一下强调：

(1) 购置房屋、汽车等发票抬头为公司老板等个人名称，但这些房屋、汽车有些由公司实际支付资金，依据企业所得税法，该项固定资产的折旧及相关的保险费用不可以在企业所得税前扣除，因此建议公司出资购买的固定资产一定要取得抬头为公司全称的发票。平时报销的费用所取得发票也一定要抬头为公司全称的发票。采用过期票、连号票、跨年度票、收据等不合规票据入账的费用将不允许税前列支。

(2) 新企业所得税法已无职工福利费、职工教育经费计提的规定，某些企业仍按工资总额的一定比例计提职工福利费、职工教育经费列入有关成本费用科目，依据企业所得税法，企业不可以在企业所得税前计提职工福利费，而应据实列支入相关成本费用，计提金额超过实际支出部分应做企业所得税纳税调增。

(3) 未成立工会组织的或未取得工会组织开具的工会经费收入专用收据，仍按工资总额的一定比例计提工会经费，依据企业所得税法，该项计提不可以在企业所得税前扣除，建议未成立工会组织的单位不用计提工会经费。

(4) 没有按照税法规定的最低年限和净残值率标准计提固定资产折旧，在申报企业所得税时又未做纳税调整，有的公司还存在跨纳税年度补提折旧，根据相关税法的规定，以前年度应计而未计的成本费用不得扣除。建议在通常情况下尽可能依据税法规定的折旧年限和残值率计提折旧，以免增加纳税调整的工作量或因工作失误造成损失，折旧计提每月进行，不要漏计。

(5) 生产性企业在计算生产成本时，记账凭证后未附料、工、费耗用清单，不核算数量，无成本计算依据，给人以胡拼乱凑做假账之嫌。

(6) 为了人为地减少企业所得税税负，某些企业不按权责发生制的原则，毫无依据地随意计提或摊销相关费用，或在年末毫无依据地预提费用。

(7) 某些公司长年经营且规模越做越大，高层管理人员车越来越好，但账务却长年亏损，或者常年微利微亏，违反常理，一般是企业人为造假，易被税局检查或核定征收企业所得税，可能更不划算。

（三）增值税核算时的常见问题

1. 增值税业务核算不规范

未按规定进行相关明细核算，"进项税额转出"与"销项税额"混用，出口退税通过所谓的"补贴收入"科目核算等等，造成增值税核算不规范。

2. 应该缴纳增值税而未缴纳

应该缴纳增值税而未缴纳的情形举例：

销售商品未开具发票的不申报纳税，采取直接销售收款方式，商品发出时即负有纳税义务，而不论是否开具发票；销售下脚料，不计入销售收入不申报纳税；已抵扣税金的原材料改变用途、非正常损耗的，原材料所负担的进项税额没有做进项税额转出处理；抵债、以物易物的产成品未视同销售处理；对外捐赠原材料、产成品未计提销项税额或销项税额计提不正确，应按市场价格计提，而误按成本计提；向购买方收取的手续费、违约金、滞纳金、赔偿金、代收款项、代垫款项等价外费用未并入销售额，少计增值税。

3. 进项税额转出常见的三个问题

（1）进项税额是否需要转出。《中华人民共和增值税暂行条例实施细则》第十条规定：下列项目的进项税额不得从销项税额中抵扣：①用于非增值税应税项目、免征增值税项目、集体福利或者个人消费的购进货物或者应税劳务；②非正常损失的购进货物及相关的应税劳务；③非正常损失的在产品、产成品所耗用的购进货物或者应税劳务；④国务院财政、税务主管部门规定的纳税人自用消费品；⑤本条第①项至第④项规定的货物的运输费用和销售免税货物的运输费用。其中，非正常损失，是指因管理不善造成被盗、丢失、霉烂变质的损失，这其中不包括自然灾害损失。因此，自然灾害损失不需要进行进项税额转出。

根据税法规定，已抵扣进项税额的购进货物或应税劳务发生上述所列情况的，应将该项购进货物或应税劳务的进项税额从当期发生的进项税额中扣减。无法准确确定该项进项税额，按当期实际成本计算应扣减的进项税额。

由此可见，并非发生上述情形一定要做进项税额转出。进项税额转出是有条件的，即该项购进货物或应税劳务的进项税额已经抵扣了，如果没有抵扣，也就不用转出。如从小规模纳税人购进的货物，因为购入时取得的是普通发票而没有抵扣税金，后来被盗就不用做进项税额转出。

已抵扣进项税额的购进货物或应税劳务事后改变用途，即用于非增值税应税项目、免征增值税项目、集体福利或者个人消费，购进货物、在产品或库存商品发生非正常损失等情况下，在确定是否需要进项税额转出时，一定要查看以前购入的货物是否已经抵扣了进项税额，如果没有抵扣，就不用转出。

在产品或库存商品发生非正常损失等情况下，在确定进项税额转出金额时，一定要按生产这些在产品或库存商品所耗用的原材料、电费等前期已经抵扣了的进项税额计算，而不是在产品或库存商品的实际成本，因为实际成本里还包括一些没有抵扣过的诸如人工费、折旧费等生产成本、制造费用，这些也不用做进项税额转出。

（2）进项税额转出金额是否正确。

进项税额转出的计算：

①若确定原材料购入时原抵扣的进项税额，直接转出即可，若不能确定则需要计算出该部分原材料对应的进项税额，需要注意相应的运费进项税额也要一并转出，计算公式为：

$$进项税额转出＝（材料成本－运费）×17\%＋运费÷（1－7\%）×7\%$$

②若原材料是免税农产品，计算公式为：

$$进项税额转出＝原材料成本÷（1－13\%）×13\%$$

③在产品、产成品发生上述情形，在确定进项税额转出金额时，按照生产这些在产品、产成品所耗用购进货物或应税劳务已经抵扣了的进项税额计算，而不是在产品、产成品的实际成本，因为实际成本里还包括一些没有抵扣过的诸如人工费、折旧费等成本费用。

在产品、产成品所耗用购进货物或应税劳务已经抵扣了的进项税额能够确定的，直接转出，不能确定的则计算转出，计算公式同①。

④已抵扣进项税额的固定资产在发生上述情形的情况下，按下列公式确定进项税额转出金额：

$$进项税额转出＝固定资产净值×适用税率$$

另外，还需注意是否存在故意少转出进项税额的情形，比如某些企业将 50 吨原材料用于非应税项目，只计 40 吨故意少转出进项税额。

（3）进项税额转出的时间是否正确。比如，购进的货物在 2010 年 12 月发生非正常损失，而企业到 2011 年 1 月份才进行处理以调节会计利润。

4. 不允许抵扣却抵扣进项税额

不允许抵扣却抵扣进项税额的常见情形举例：

取得的增值税专用发票的开具方与收款人不一致，依规定不可以抵扣增值税进项税额；接受虚开增值税专用发票不能用于进项税额抵扣，而且虚开及接受虚开增值税专用发票达到一定数额可能构成严重的刑事犯罪；取得项目填写不齐全的运输发票（附有运输清单的汇总开具的运输发票除外）不得计算抵扣进项税额；国际货物运输代理业发票和国际货物运输发票不得计算抵扣进项税额；未附发票清单的汇总增值税专用发票或运输发票不得计算抵扣进项税额；与企业技术更新无关且容易混为个人消费的自用消费品（如小汽车、游艇等）所含的进项税额，不得予以抵扣却抵扣了；《中华人民共和国增值税暂行条例实施细则》第十条规定的进项税额不得从销项税额中抵扣的情形。

5. 准予抵扣的普通税票没有被抵扣

准予从销项税额中抵扣的进项税额，除了增值税专用发票上注明的增值税额及从海关取得的完税凭证上注明的增值税额外，还包括许多可以抵扣的普通发票中包含的进项税额。

在实际操作中，对这些可以抵扣的普通发票要重视起来，尤其是那些没有抵扣联又不常见的普通发票，比如"中国东方航空公司航空快运运单"无抵扣联，可以按运费7%计算抵扣进项税额。在不知道能否抵扣时，要及时咨询税务局，以免超过抵扣期限造成损失。

准予抵扣进项税额的普通发票举例：

（1）增值税一般纳税人收购农业生产者自产的免税农产品开具的收购农产品发票，依13%的抵扣率抵扣进项税额。通过商贩收购的农副产品只能按商贩开具普通发票注明的价款进行抵扣。

（2）增值税一般纳税人购进或销售货物所支付的运输费用准予依运费结算单据（普通发票）所列运费金额7%的扣除率抵扣进项税额。对运输费用扣税凭证应该注意以下几点：

①准予作为扣税凭证的运费结算单据，是指国有铁路、民用航空、公路和水上运输单位开具的货票，以及从事货物运输的非国有运输单位开具的套印全国统一发票监制章的货票，不包括增值税一般纳税人取得的货运定额发票。

②承运人开出的运费发票上注明的劳务接受者与取得发票申请抵扣的纳税人一致。

（3）根据《国家税务总局关于铁路运费进项税额抵扣问题的补充通知》（国税函〔2005〕332号）规定，增值税一般纳税人购进或销售货物所支付的运输费用（包括未列明的新增的铁路临管线及铁路专线运输费用）准予抵扣。准予抵扣的范围仅限于铁路运输企业开具各种运营费用和铁路建设基金，随同运费支付的装卸费、保险费等其他杂费不得抵扣。一般纳税人购进或销售货物通过铁路运输，并取得铁路部门开具的运输发票，如果铁路部门开具的铁路运输发票托运人或收货人名称与其不一致，但铁路运输发票托运人栏或备注栏注有该纳税人名称的（手写无效），该运输发票可以作为进项税额抵扣凭证，允许计算抵扣进项税额。

一项运输业务无法明确单位运价和运费里程时。《国家税务总局关于使用新版公路、内河货物运输业统一发票有关问题的通知》（国税发〔2006〕67号）第五条第（五）款规定，"运输项目及金额"栏的填开内容中，"运价"和"里程"两项内容可不填列。

准予计算增值税进项税额扣除的货运发票（仅指本通知规定的），发货人、收货人、起运地、到达地、运输方式、货物名称、货物数量、运费金额等项目填写必须齐全，与货运发票上所列的有关项目必须相符，否则，不予抵扣。

（4）《国家税务总局关于新版公路内河货物运输业统一发票有关使用问题的通知》（国税发〔2007〕101号）规定，自开票纳税人开具货运发票时，不再加盖开票人专章。因此，一般纳税人取得某运输单位自开的新版公路、内河货物运输业统一发票，未加盖开票人专章，是符合规定的发票，可以作为进项税额抵扣凭证。

6．从小规模纳税人企业购货不索要增值税专用发票

税法规定，增值税小规模纳税人不得领用专用发票。从而造成从小规模纳税人购买货物不能计算进项税额，这在一定程度上增加了一般纳税人的税负。但税法同时规定，小规模纳税人可以向主管国税局申请代开增值税专用发票。为了降低增值税税负，一般纳税人向小规模纳税人购买货物，一定要小规模纳税人提供代开的专用发票。

7. 辅导期一般纳税人预缴增值税税款未同时缴纳城市维护建设税等附加税

笔者就曾遇到过几起这样的案例，辅导期一般纳税人预缴增值税税款未同时缴纳城市维护建设税、教育费附加等附加税，造成附加税少交，被地税局罚款和加收滞纳金。

我们来看城市维护建设税的计税依据是怎么规定的：城市维护建设税的计税依据是指纳税人实际缴纳的"增值税、消费税、营业税"之和。公式为：

$$应纳税额 = 实际缴纳的"增值税、消费税、营业税"税额之和 \times 适用税率$$

关键在"实际缴纳"四个字，而不是"应该缴纳"或者"实际实现"。

8. 纳税人销售额超过小规模纳税人标准不认定

根据《中华人民共和国增值税暂行条例实施细则》第三十四条规定，纳税人销售额超过小规模纳税人标准（工业 50 万元、商业 80 万元），未申请办理一般纳税人认定手续的，应按销售额依照增值税税率计算应纳税额，不得抵扣进项税额，也不得使用增值税专用发票。因此，对达到一般纳税人标准但不申请办理一般纳税人认定手续的纳税人，应按销售额依照《中华人民共和国增值税暂行条例》第二条规定的增值税税率计算应纳税额，不得抵扣进项税额。

小规模纳税人认定为一般纳税人之前不宜保留太多存货，否则认定为一般纳税人后，该项存货销售时其进项税额无法抵扣，不划算。

（四）其他税种核算时的常见问题

（1）成本费用中含有股东个人消费，与公司费用混杂在一起无法划分清楚，按照《个人所得税法》及国家税务总局的有关规定，上述事项视同为股东从公司分得了股利，须代扣代缴个人所得税，相关费用不得计入公司成本费用，应作企业所得税纳税调整。

（2）在以现金方式支付员工工资时，工资单上无员工签字；或虽有签字，不同的姓名为相同笔迹；或企业员工的工资上限都人为控制在个人所得税的扣税标准左右或以内等现象。

（3）很多企业财务人员忽视了印花税的申报，或者只申报购销合同的印花税而不申报其他印花税，比如，会计账簿的印花税、实收资本及资本公积的印花税、建筑安装工程承包合同的印花税、借款合同的印花税、财产租赁合同的印花税、货物运输合同的印花税、财产保险合同的印花税等，也有企业不按实际应报金额申报，故意少报供销合同等数额。

（4）一些企业财务人员忽视了房产税的申报。由于关联方提供办公场地、生产场地给企业使用，所以未按规定申报房产税。这在税务稽查时会带来补税、罚款及加收滞纳金的风险。

（5）将应由其他企业承担的税金在本公司列支，计税依据被降低，变向偷逃了营业税等，也不可以在企业所得税前列支。

（6）企业将汽车等固定资产登记在老板名下，除了相关费用不能在企业所得税税前扣除外，还需要按照《财政部、国家税务总局关于企业为个人购买房屋或其他财产征收个人所得税问题的批复》（财税〔2008〕83 号）规定，计征个人所得税。财税〔2008〕83 号规定：

　　符合以下情形的房屋或其他财产，不论所有权人是否将财产无偿或有偿交付企业使用，其实质均为企业对个人进行了实物性质的分配，应依法计征个人所得税：①企业出资购买房屋及其他财产，将所有权登记为投资者个人、投资者家庭成员或企业其他人员的。②企业投资者个人、投资者家庭成员或企业其他人员向企业借款用于购买房屋及其他财产，将所有权登记为投资者、投资者家庭成员或企业其他人员，且借款年度终了后未归还借款的。

　　对个人独资企业、合伙企业的个人投资者或其家庭成员取得的上述所得，视为企业对个人投资者的利润分配，按照"个体工商户的生产、经营所得"项目计征个人所得税。对除个人独资企业、合伙企业以外其他企业的个人投资者或其家庭成员取得的上述所得，视为企业对个人投资者的红利分配，按照"利息、股息、红利所得"项目计征个人所得税。对企业其他人员取得的上述所得，按照"工资、薪金所得"项目计征个人所得税。

CHAPTER

21

第二十一章
主管会计

一、主管会计日常业务处理

（一）复核会计凭证和账簿等会计资料

将其他会计传来的记账凭证和账簿等会计资料进行逐个复核──→发现差错提请各会计改正──→结转损益类科目至本年利润并记账。

借：主营业务收入

其他业务收入

营业外收入等

贷：本年利润

借：本年利润

贷：主营业务成本

营业税金及附加

其他业务成本

销售费用

管理费用

财务费用

营业外支出

所得税费用

借：投资收益（按"投资收益"科目的净收益）

贷：本年利润

借：本年利润

贷：投资收益（按"投资收益"科目的净损失）

（二）编制财务报表

编制财务报表──→财务经理审核──→审定无误后打印。

温馨提醒

每月的财务报表应在下月的 10 日之前（仅供参考，根据国家规定和公司情况自行制定，下同）出具，报税应在下月的 15 日之前完成。

（三）编制财务报表附注

汇总各会计提供的相关资料→编制财务报表附注→打印，附在财务报表之后→报送公司领导→领导批准后，填写用章审批单到行政办公室盖公章、"法定代表人及财务经理"章→存档。

温馨提醒

每月的财务报表附注应在下月的 12 日之前出具。

（四）编制财务分析报告

每月或每季末向相关会计和相关部门收集财务分析报告所需资料和信息→编制财务分析报告→交财务经理审核→将审核后的财务分析报告打印，报送公司领导→领导批准后，填写用章审批单到行政办公室盖公章、"法定代表人及财务经理"章→存档。

温馨提醒

1—12 月为月度分析，3 月和 9 月为季度财务分析，6 月和 12 月为半年和年度财务分析；每季的财务分析报告应在下月的 20 日之前出具，年度财务分析报告应在下月 30 日之前出具。

（五）年末财务处理

每年年末除将损益类科目结转至本年利润外，还应根据情况进行下列账务处理：

1. 查找与利润分配有关的科目余额

平时，与利润分配有关的会计业务分录为：

（1）按董事会或类似机构批准的应转增资本的金额办理增资手续。

借：利润分配——转作资本的利润
　　贷：实收资本

（2）小企业（中外合作经营）根据合同规定在合作期间归还投资者的投资，应按照实际归还投资的金额，借记"实收资本——已归还投资"科目，贷记"银行存款"等科目，同时，

借：利润分配——利润归还投资
　　贷：盈余公积——利润归还投资

2. 本年净利润为正（净盈利）

（1）年度终了，将全年实现的净利润自"本年利润"科目转入"利润分配"

科目。

　　借：本年利润
　　　贷：利润分配——未分配利润
　　（2）提取盈余公积。
　　借：利润分配——提取法定盈余公积
　　　　　　　　　——提取任意盈余公积
　　　贷：盈余公积——法定盈余公积
　　　　　　　　　——任意盈余公积

温馨提醒

　　小企业（外商投资）按照规定提取储备基金、企业发展基金、职工奖励及福利基金，借记"利润分配——提取储备基金、提取企业发展基金、提取职工奖励及福利基金"科目，贷记"盈余公积——储备基金、企业发展基金"、"应付职工薪酬——职工奖励及福利基金"科目。

　　（3）分配股利或利润。公司制小企业经股东大会或类似机构的决议，根据有关规定分配给股东或投资者的现金股利或利润。
　　借：利润分配——应付利润
　　　贷：应付利润
　　实际支付利润。
　　借：应付利润
　　　贷：银行存款、库存现金等
　　公司制小企业经股东大会或类似机构的决议，分配给股东的股票股利，应在办理增资手续后进行会计处理。
　　借：利润分配——转作股本的股利
　　　贷：股本
　　（4）将"利润分配"科目下的其他明细科目的余额转入"利润分配——未分配利润"科目，结转后，本科目除"未分配利润"明细科目外，其他明细科目应无余额，
　　借：利润分配——未分配利润
　　　贷：利润分配——提取法定盈余公积
　　　　　　　　　——提取任意盈余公积
　　　　　　　　　——应付利润等
　　3．本年净利润为负（净亏损）
　　（1）年度终了，将全年实现的净利润自"本年利润"科目转入"利润分配"科目。
　　借：利润分配——未分配利润
　　　贷：本年利润
　　（2）盈余公积弥补亏损。

借：盈余公积

　　贷：利润分配——盈余公积补亏

（3）将"利润分配"科目下的其他明细科目的余额转入"利润分配——未分配利润"科目。

借：利润分配——盈余公积补亏

　　贷：利润分配——未分配利润

二、主管会计日常工作中的常见问题

（一）盈余公积常见问题

盈余公积是指企业按规定从净利润中提取的企业积累资金。小企业的盈余公积包括法定公积金和任意公积金。

按照《公司法》有关规定，小企业应当按照当年实现的净利润（减弥补以前年度亏损，下同）的10％提取法定公积金。法定公积金累计额已达注册资本的50％以上时，可以不再提取。

提取法定公积金后，小企业可根据股东会或股东大会决议提取任意公积金。提取的具体比例和最低限额由企业自行确定。

企业提取的盈余公积经批准可用于弥补亏损、转增资本、扩大企业生产经营。

（二）利润分配常见问题

利润分配是指企业根据国家有关规定和企业章程、投资者协议等，对企业当年可供分配的利润所进行的分配。

$$可供分配利润 = 当年实现的净利润 + \frac{年初未分配利润}{(或 -年初未弥补亏损)} + 其他转入$$

利润分配的顺序依次是：（1）提取法定公积金；（2）提取任意公积金；（3）向投资者分配利润。

未分配利润是经过弥补以前年度亏损、提取法定公积金、提取任意公积金和向投资者分配利润等利润分配之后剩余的利润，它是企业留待以后年度进行分配的历年结存的利润。

企业在年度终了实施利润分配并作相应的账务处理后，应将"利润分配"科目下的各有关明细科目的余额转入"利润分配——未分配利润"科目的借方，这样结转后，除"利润分配——未分配利润"明细科目外，"利润分配"科目的其他明细科目在年末应当无余额。

第三篇　会计实战篇

记账算账出报表　实战模拟大练兵
整个流程走一遍　轻松会计梦实现

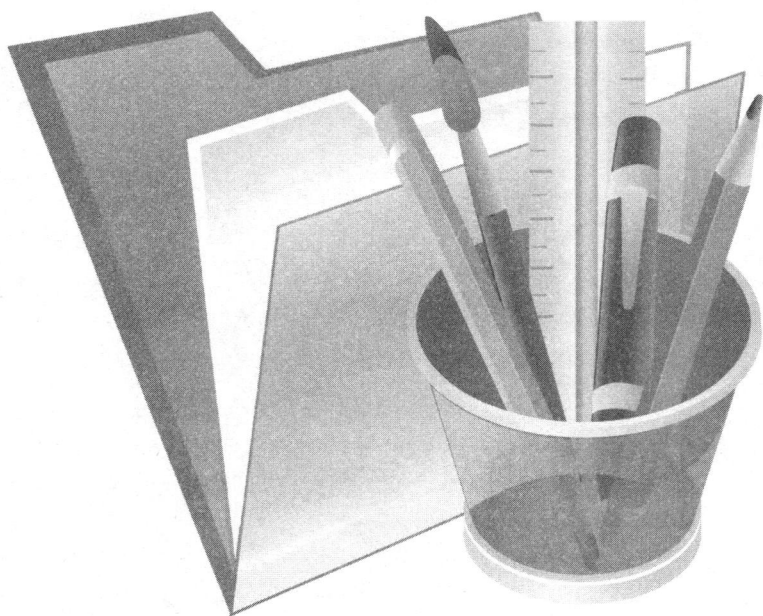

本篇，笔者精心编制了一个会计案例，通过本案例的学习，大家可以系统地掌握企业会计核算流程、企业日常会计与税务处理、财务报表编制、增值税纳税申报、企业所得税汇算清缴、其他常见税种纳税处理等知识。通过本案例的学习，你将迅速成为一名业务过硬、技能精湛的财务人员，让你在日常会计与税务操作中游刃有余、得心应手。这个案例具有以下特点：

(1) 本案例以丰收公司 20×2 年发生业务为例进行模拟实战演练，具有很强的实用性和操作性。

(2) 本案例基本包括了工业企业日常生产经营中可能涉及的常见会计业务，这些会计业务全而精，实现在实际业务中学习掌握会计核算方法的目的。

(3) 本案例在编制过程中，充分考虑了工业企业通常需要缴纳的税种，并重点设计了企业所得税汇算清缴过程中常见的纳税调整事项以及企业增值税业务常见的处理事项，切实提高会计人员纳税处理与申报水平。

(4) 本案例旨在讲解会计实务处理，对于相同或类似频繁发生的业务只编制一笔会计分录，节省读者的宝贵时间。每一笔会计分录对应一张会计记账凭证，以此讲解怎样快速、准确地编制财务报表，申报纳税。

(5) 本案例中的每一笔会计分录对应一张会计记账凭证，因为笔者认为：会写会计分录就会编制记账凭证，没有必要以此占用大量篇幅。

22

第二十二章
丰收公司相关会计资料

一、丰收公司基本情况

丰收公司是一家位于 B 市的电脑生产公司，系增值税一般纳税人，适用增值税税率为 17%，所得税税率为 25%，原材料采用实际成本进行核算。

基本信息：

纳税人识别号：370000000000088

所属行业：工业企业

纳税人名称：B 市丰收电脑有限公司

法定代表人姓名：丰收

注册地址：B 市××区××路 6 号

营业地址：B 市××区××路 6 号

开户银行及账号：37000000800660000×××

企业登记注册类型：有限责任公司

电话号码：6660000

二、丰收公司 20×2 年期初会计资料

假设丰收公司 20×2 年所有经济业务都发生在 20×2 年 12 月份，即 1—11 月份没有发生业务。

丰收公司 20×2 年 12 月资产负债表年初余额见表 22-1，20×2 年 12 月会计科目期初余额见表 22-2。其他相关明细表见表 22-3 和表 22-4。

表 22-1

资产负债表

20×2 年 12 月 31 日

编制单位：B 市丰收电脑有限公司　　　　单位：元

资产	行次	期末余额	年初余额	负债和所有者权益	行次	期末余额	年初余额
流动资产：				流动负债：			
货币资金	1		3 781 740.00	短期借款	31		2 400 000.00
短期投资	2		150 000.00	应付票据	32		1 960 000.00
应收票据	3		968 000.00	应付账款	33		7 638 400.00
应收账款	4		4 390 100.00	预收账款	34		1 090 000.00
预付账款	5		900 000.00	应付职工薪酬	35		266 000.00
应收股利	6			应交税费	36		186 990.00
应收利息	7			应付利息	37		
其他应收款	8		440 000.00	应付利润	38		
存货	9		16 768 000.00	其他应付款	39		350 000.00
其中：原材料	10		9 258 000.00	其他流动负债	40		
在产品	11			流动负债合计	41		13 891 390.00
库存商品	12		7 510 000.00	非流动负债：			
周转材料	13			长期借款	42		14 600 000.00
其他流动资产	14			长期应付款	43		
流动资产合计	15		27 397 840.00	递延收益	44		

续表

资产	行次	期末余额	年初余额
非流动资产：			
长期债券投资	16		
长期股权投资	17		2 250 000.00
固定资产原价	18		4 825 000.00
减：累计折旧	19		225 000.00
固定资产账面价值	20		4 600 000.00
在建工程	21		4 616 200.00
工程物资	22		
固定资产清理	23		
生产性生物资产	24		
无形资产	25		6 098 550.00
开发支出	26		
长期待摊费用	27		
其他非流动资产	28		
非流动资产合计	29		17 564 750.00
资产总计	30		44 962 590.00

负债和所有者权益	行次	期末余额	年初余额
其他非流动负债	45		
非流动负债合计	46		14 600 000.00
负债合计	47		28 491 390.00
所有者权益（或股东权益）：			
实收资本（或股本）	48		10 000 000.00
资本公积	49		
盈余公积	50		4 096 200.00
未分配利润	51		2 375 000.00
所有者权益（或股东权益）合计	52		16 471 200.00
负债和所有者权益（或股东权益）总计	53		44 962 590.00

表 22-2　　　　　　　　　　　　　科目本期发生额和余额表

编制单位：B市丰收电脑有限公司　　　　　20×2年12月31日　　　　　　凭证编号　　号

账户名称（会计科目）	期初余额		本期发生额		期末余额	
	借方	贷方	借方	贷方	借方	贷方
库存现金	46 789.00					
银行存款	3 734 951.00					
短期投资	150 000.00					
应收票据	968 000.00					
应收账款	4 390 100.00					
预付账款	900 000.00					
其他应收款	440 000.00					
原材料	9 258 000.00					
库存商品	7 510 000.00					
长期股权投资	2 250 000.00					
固定资产	4 825 000.00					
累计折旧		225 000.00				
在建工程	4 616 200.00					
无形资产	6 693 750.00					
累计摊销		595 200.00				
短期借款		2 400 000.00				
应付票据		1 960 000.00				
应付账款		7 638 400.00				
预收账款		1 090 000.00				
应付职工薪酬		266 000.00				
应交税费		186 990.00				
其他应付款		350 000.00				
长期借款		14 600 000.00				
实收资本		10 000 000.00				
盈余公积		4 096 200.00				
利润分配		2 375 000.00				
合计	45 782 790.00	45 782 790.00				

　　注：为了节省空间，期初无余额的会计科目省略，本期有发生额时再添加。而在实际会计工作中，此表格要按全部常用会计科目设置，并设置自身表内公式及与财务报表的表间公式，作为模板，可以大大减少工作量，提高工作效率。

表 22-3   应收账款明细表   单位：元

客户类别	期初账面余额
甲电脑商场	1 080 000
乙电脑销售有限公司	900 000
戊公司	1 060 000
庚公司	1 350 100
合计	4 390 100

表 22-4   长期借款明细表   单位：元

项目	贷款期限	账面余额
中国工商银行	20×1 年 6 月至 20×4 年 6 月	10 000 000
中国农业银行	20×1 年 4 月至 20×3 年 4 月	4 600 000
合计		14 600 000

三、丰收公司 20×2 年的经济业务

（1）从银行提取现金 6 000 元备用。

（2）用现金支付业务招待费报销款 20 000 元。

（3）用现金购买办公用品 900 元。

（4）将要到期的一张面值为 900 000 元的无息银行承兑汇票，连同解讫通知和进账单交银行办理转账。收到银行盖章退回的进账单一联。款项银行已收妥。

（5）用银行存款缴纳上期增值税 48 205.37 元、城市维护建设税 3 374.36 元、教育费附加 1 446.16 元、地方教育费附加 964.11 元、房产税 33 000 元、土地使用税 100 000 元。

（6）将短期投资（股票）兑现 166 000 元，存入银行，该投资的成本为 140 000 元。

（7）以直接销售方式将 3 000 台电脑按 6 000 元/台的不含税价格销售给代理商戊公司，已经全部开具增值税专用发票，共计 40 份，不含税金额 1 800 万元，税额 306 万元，截至本月底已经收到银行存款 1 900 万元，另收到 200 万元的商业承兑汇票一张。

（8）从丁公司购入生产用设备一台，取得增值税专用发票 1 份，增值税专用发票上注明金额 50 000 元，税额 8 500 元，另外支付运输费 500 元，取得运输发票 1 份。款项尚未支付。

（9）用银行存款支付产品业务宣传费 100 000 元。

（10）从丙公司购入用于生产电脑的原材料，取得增值税专用发票 30 份，增值税专用发票上注明原材料价款为 1 000 万元，增值税 170 万元，公司上期已经预付丙公司货款 70 万元，现以银行存款支付余款，另支付运费 6 万元，取得运输发票 4 份。材料已到达并验收入库。

（11）公司的一个新车间完工，交付生产使用，已办理竣工手续，固定资产价值

3 050 000 元。

（12）直接向个人销售电脑 20 台，取得不含税销售收入 12 万元，开具增值税普通发票 20 份，收到现金 14.04 万元。

（13）将自产电脑 10 台无偿赠送给 B 市的一所中学，电脑实际成本为 5 000 元/台，同期销售价格 6 000 元/台，未开具发票。

（14）公司提供的电脑修理修配劳务开具增值税专用发票 10 份，不含税金额 12 万元，款项已存入银行。

（15）外购低值易耗品，用转账支票支付含税价款合计 3.51 万元，取得增值税专用发票 5 份。

（16）销售一台旧的机器设备，取得含税销售额 10.4 万元。已知购买该设备时取得的增值税专用发票上注明的金额为 15 万元（含税，未抵扣），累计折旧 6 万元。公司按规定开具了普通发票 1 份。

（17）管理部门领用生产用原材料一批赠送客户，实际成本为 20 000 元。

（18）将 2 000 000 元承兑汇票到银行办理贴现，贴现息为 120 000 元。

（19）购买股票作为短期投资，购买价款 800 000 元，相关税费 16 000 元，已用银行存款支付。

（20）归还短期借款本金 2 400 000 元，利息 120 000 元。

（21）基本生产领用原材料，实际成本为 15 800 000 元。

（22）分配本期应支付的职工薪酬 600 000 元（其中工资 460 000 元、职工福利费 79 800 元、职工教育经费 23 000 元、工会经费 17 200 元、社会保险费 20 000 元），其中生产人员薪酬 550 000 元，车间管理人员薪酬 20 000 元，行政管理部门人员薪酬 20 000 元，销售部门薪酬 10 000 元。支付本期及上期职工薪酬 866 000 元（其中：本期及上期工资 710 000 元、职工福利费 95 800 元、职工教育经费 23 000 元、工会经费 17 200 元、社会保险 20 000 元）。代扣代缴的职工个人负担的社保费用 8 100 元，代垫的水电费，医药费等各种代垫费用 6 100 元，代扣代缴个人所得税 12 000 元。工会经费取得"工会经费收入专用收据"。

（23）以银行存款支付电费 1 170 000 元，取得增值税专用发票 2 份，其中基本生产车间 900 000 元，办公楼 100 000 元。

（24）采用直线法计提固定资产折旧 200 000 元（其中包括部分闲置的生产设备折旧 30 000 元），其中计入制造费用 180 000 元、管理费用 20 000 元。

已知该公司期末固定资产包括房屋建筑物、生产设备、与生产经营有关的器具工具家具、运输工具、电子设备，原值分别为 4 105 000 元、2 788 465 元、12 000 元、780 000 元、90 000 元，该公司会计处理折旧年限分别为 20 年、10 年、5 年、4 年、3 年，计提折旧分别为 30 210 元、129 000 元、600 元、35 750 元、4 440 元。固定资产原值、残值、折旧年限与税法规定相同。

（25）公司计提无形资产摊销 496 000 元，假设该项无形资产按税法规定摊销期限不低于 20 年。

（26）收到甲电脑商场货款 1 800 000 元，存入银行。

（27）计算并结转本期完工产品成本 17 450 000 元。期末没有在产品，本期生产的产品全部完工入库。

（28）用银行存款支付广告费 100 000 元。

（29）由于保管不善，原材料发生非常损失，其实际成本为 8 000 元。经公司批准，由保管部门赔偿 6 000 元，其余计入营业外支出。该损失未向税务机关备案。

（30）收到贷款利息通知单，利息 1 314 000 元，其中：在建工程应负担的长期借款利息费用 900 000 元，应计入本期损益的长期借款利息费用 414 000 元，长期借款为分期付息。

（31）向银行借款 1 000 000 元，借款期限 9 个月。

（32）收到存款利息单，存款利息 390 000 元。

（33）被投资单位 A 公司（长期股权投资）宣告分派的现金股利中属于本企业的部分为 160 000 元。

（34）结转本期主营业务成本 15 761 000 元。

（35）计算应交增值税。

（36）计提城市建设维护费、教育费附加、地方教育费附加、房产税、土地使用税。

（37）计算利润总额为 1 172 909 元，该公司尚未考虑其他项目的所得税影响，按照税法规定计算确定的应交所得税为 293 227.25 元。其他调整事项在公司明年 5 月份之前的汇算清缴中进行调整。

（38）将各损益科目结转至本年利润。

（39）按照本年净利润的 10% 提取法定盈余公积金。

（40）将"利润分配"各明细科目的余额转入"未分配利润"明细科目，结转本年利润。

四、编制丰收公司 20×2 年 12 月份会计凭证

（1）从银行提取现金。

借：库存现金	6 000
贷：银行存款	6 000

（2）用现金支付业务招待费报销款。

借：管理费用——业务招待费	20 000
贷：库存现金	20 000

（3）购买办公用品。

借：管理费用——办公费	900
贷：库存现金	900

（4）银行承兑汇票交银行办理转账。

借：银行存款	900 000
贷：应收票据	900 000

（5）用银行存款缴纳上期税费。

借：应交税费——应交增值税（已交税金）	48 205.37

——应交城市维护建设税		3 374.36
——应交教育费附加		1 446.16
——应交地方教育费附加		964.11
——应交房产税		33 000
——应交土地使用税		100 000
贷：银行存款		186 990

（6）公司将短期投资（股票）兑现166 000元，存入银行，该投资的成本为140 000元。

借：银行存款　166 000
　贷：短期投资　140 000
　　投资收益　26 000

（7）销售电脑。

借：银行存款　19 000 000
　应收票据　2 000 000
　应收账款——戊公司　60 000
　贷：主营业务收入　18 000 000
　　应交税费——应交增值税（销项税额）　3 060 000

（8）购入生产用设备一台，运输发票抵扣进项税额＝500×7%＝35（元），固定资产入账价值＝50 000＋500－35＝50 465（元），账务处理：

借：固定资产　50 465
　应交税费——应交增值税（进项税额）　8 535
　贷：应付账款——丁公司　59 000

（9）支付产品业务宣传费。

借：销售费用——业务宣传费　100 000
　贷：银行存款　100 000

（10）购入原材料，运输发票抵扣进项税额＝60 000×7%＝4 200（元），原材料入账价值＝10 000 000＋60 000－4 200＝10 055 800（元），账务处理：

借：原材料　10 055 800
　应交税费——应交增值税（进项税额）　1 704 200
　贷：银行存款　11 060 000
　　预付账款——丙公司　700 000

（11）新车间完工交付生产使用。

借：固定资产　3 050 000
　贷：在建工程　3 050 000

（12）向个人销售电脑。

借：库存现金　140 400
　贷：主营业务收入　120 000
　　应交税费——应交增值税（销项税额）　20 400

（13）将自产电脑无偿赠送，无偿赠送增值税销项税额＝10×6 000×17％＝10 200
（元），账务处理：

  借：营业外支出   60 200

   贷：库存商品   50 000

    应交税费——应交增值税（销项税额）   10 200

（14）电脑修理修配劳务收入。

  借：银行存款   140 400

   贷：主营业务收入   120 000

    应交税费——应交增值税（销项税额）   20 400

（15）外购低值易耗品。

  借：周转材料——低值易耗品   30 000

   应交税费——应交增值税（进项税额）   5 100

   贷：银行存款   35 100

（16）销售一台旧的机器设备，销售使用过的机器设备应缴纳的增值税额＝10.4/
（1＋4％）×10 000×4‰×50％＝2 000（元），账务处理：

  借：银行存款   104 000

   贷：固定资产清理   100 000

    应交税费——应交增值税（已交税金）   4 000

  借：应交税费——应交增值税（已交税金）   2 000

   贷：营业外收入   2 000

  借：固定资产清理   90 000

   累计折旧   60 000

   贷：固定资产   150 000

  借：固定资产清理   10 000

   贷：营业外收入   10 000

（17）管理部门领用生产用原材料一批赠送客户。

  借：营业外支出   23 400

   贷：原材料   20 000

    应交税费——应交增值税（进项税额转出） 3 400

（18）承兑汇票贴现。

  借：银行存款   1 880 000

   财务费用   120 000

   贷：应收票据   2 000 000

（19）取得股票投资。

  借：短期投资   816 000

   贷：银行存款   816 000

（20）归还短期借款。

  借：短期借款   2 400 000

财务费用	120 000
贷：银行存款	2 520 000

（21）基本生产领用原材料。

借：生产成本	15 800 000
贷：原材料	15 800 000

（22）分配、支付职工薪酬。

借：生产成本	550 000
制造费用	20 000
管理费用	20 000
销售费用	10 000
贷：应付职工薪酬——职工工资	460 000
——职工福利费	79 800
——职工教育经费	23 000
——工会经费	17 200
——社会保险费	20 000
借：应付职工薪酬——职工工资	710 000
——职工福利费	95 800
——职工教育经费	23 000
——工会经费	17 200
贷：银行存款	819 800
其他应付款——社会保险费	8 100
其他应收款——代垫费用	6 100
应交税费——应交个人所得税	12 000
借：应付职工薪酬——社会保险费	20 000
其他应付款——社会保险费	8 100
应交税费——应交个人所得税	12 000
贷：银行存款	40 100

（23）支付电费。

借：制造费用——电费	900 000
管理费用——电费	100 000
应交税费——应交增值税（进项税额）	170 000
贷：银行存款	1 170 000

（24）计提固定资产折旧。

借：制造费用——折旧费	180 000
管理费用——折旧费	20 000
贷：累计折旧	200 000

（25）计提无形资产摊销。

借：管理费用——无形资产摊销	496 000

    贷：累计摊销   496 000

（26）收到甲电脑商场货款存入银行。

  借：银行存款   1 800 000

    贷：应收账款——甲电脑商场   1 800 000

（27）计算并结转本期完工产品成本。

  借：生产成本   1 100 000

    贷：制造费用   1 100 000

  借：库存商品   17 450 000

    贷：生产成本   17 450 000

（28）支付广告费。

  借：销售费用——广告费   100 000

    贷：银行存款   100 000

（29）原材料发生非常损失。

  借：待处理财产损溢——待处理流动资产损溢   9 360

    贷：原材料   8 000

      应交税费——应交增值税（进项税额转出） 1 360

  借：库存现金   6 000

    营业外支出   3 360

    贷：待处理财产损溢——待处理流动资产损溢   9 360

（30）收到贷款利息通知单。

  借：在建工程   900 000

    财务费用   414 000

    贷：应付利息   1 314 000

  借：应付利息   1 314 000

    贷：银行存款   1 314 000

（31）向银行借款。

  借：银行存款   1 000 000

    贷：短期借款   1 000 000

（32）收到存款利息单。

  借：财务费用   −390 000

    贷：银行存款   −390 000

（33）确认投资收益。

  借：应收股利   160 000

    贷：投资收益   160 000

（34）结转本期主营业务成本。

  借：主营业务成本   15 761 000

    贷：库存商品   15 761 000

（35）结转本月应交增值税。

计算本月应交增值税＝销项税额－进项税额＋进项税额转出＋已交税金

$$=3\,111\,000-1\,887\,835+4\,760+2\,000=1\,229\,925（元）$$

仅作计算，不用进行账务处理。

（36）计提相关税费。

借：营业税金及附加		147 591
贷：应交税费——应交城市建设维护费		86 094.75
——应交教育费附加		36 897.75
——应交地方教育费附加		24 598.5
借：营业税金及附加		138 640
贷：应交税费——应交房产税		38 640
——应交土地使用税		100 000

（37）计提所得税费用。

借：所得税费用	293 227.25
贷：应交税费——应交企业所得税	293 227.25

（38）将各损益科目结转至本年净利润。

借：主营业务收入	18 240 000
投资收益	186 000
营业外收入	12 000
贷：本年利润	18 438 000
借：本年利润	17 558 318.25
贷：主营业务成本	15 761 000
营业税金及附加	286 231
销售费用	210 000
管理费用	656 900
财务费用	264 000
营业外支出	86 960
所得税费用	293 227.25

（39）提取法定盈余公积金。

法定盈余公积金＝879 681.75×10％＝87 968.18 元

借：利润分配——提取法定公积金	87 968.18
贷：盈余公积——法定公积金	87 968.18

（40）将利润分配各明细科目的余额转入"未分配利润"明细科目，结转本年利润。

借：利润分配——未分配利润	87 968.18
贷：利润分配——提取法定公积金	87 968.18
借：本年利润	879 681.75
贷：利润分配——未分配利润	879 681.75

CHAPTER
23

第二十三章
丰收公司财务报表编制

一、资产负债表和利润表的编制

将每一笔会计分录填列在"科目登记汇总表"（格式见第 8 章表 8-13），由于这一步非常简单，本书不再列出，读者可以自己填列，填列完毕后，可以发现科目本期发生额和余额表、资产负债表、利润表已经自动生成。

说明：在实际工作中，也可以直接根据会计分录填列"科目本期发生额和余额表"，本书第 8 章之所以列出"科目登记汇总表"，是因为"科目登记汇总表"更像 T 形账，让读者便于理解和接受。

自动生成的资产负债表，我们还需要看看下面两类项目是否有必要调整：

一是"应收账款"、"预收账款"和"应付账款"、"预付账款"项目明细中是否存在负数需要调整，应收账款项目明细见表 23-1。

表 23-1 应收账款项目明细

客户类别	期初账面余额	期末账面余额
甲电脑商场	1 080 000.00	−720 000.00
乙电脑销售有限公司	900 000.00	900 000.00
戊公司	1 060 000.00	1 120 000.00
庚公司	1 350 100.00	1 350 100.00
合计	4 390 100.00	2 650 100.00

从表中我们可以看出，"应收账款——甲电脑商场"余额−720 000 元，在资产负债表中应将"应收账款"调增 720 000 元，将"预收账款"调增 720 000 元。

二是长期资产（负债）中是否存在一年内到期的非流动资产（负债）需要调整。该公司向中国农业银行的借款 4 600 000 元，20×3 年 4 月到期，所以该笔借款应从"长期借款"调到"其他流动负债"项目中。

科目本期发生额和余额表见表 23-2，资产负债表见表 23-3，调整后的资产负债表见表 23-4，利润表见表 23-5。

表 23-2

科目本期发生额和余额表

编制单位：B市丰收电脑有限公司　　20×2年12月31日　　单位：元

科目名称	期初余额		本期发生额		期末余额	
	借方	贷方	借方	贷方	借方	贷方
库存现金	46 789.00		152 400.00	20 900.00	178 289.00	
银行存款	3 734 951.00		24 990 400.00	17 777 990.00	10 947 361.00	
短期投资	150 000.00		816 000.00	140 000.00	826 000.00	
应收票据	968 000.00		2 000 000.00	2 900 000.00	68 000.00	
应收账款	4 390 100.00		60 000.00	1 800 000.00	2 650 100.00	
预付账款	900 000.00			700 000.00	200 000.00	
应收股利			160 000.00		160 000.00	
其他应收款	440 000.00			6 100.00	433 900.00	
原材料	9 258 000.00		10 055 800.00	15 828 000.00	3 485 800.00	
库存商品	7 510 000.00		17 450 000.00	15 811 000.00	9 149 000.00	
周转材料			30 000.00		30 000.00	
长期股权投资	2 250 000.00				2 250 000.00	
固定资产	4 825 000.00		3 100 465.00	150 000.00	7 775 465.00	
累计折旧		225 000.00	60 000.00	200 000.00		365 000.00
在建工程	4 616 200.00		900 000.00	3 050 000.00	2 466 200.00	
固定资产清理			100 000.00	100 000.00		
无形资产	6 693 750.00				6 693 750.00	
累计摊销		595 200.00		496 000.00		1 091 200.00
待处理财产损溢			9 360.00	9 360.00		
短期借款		2 400 000.00	2 400 000.00	1 000 000.00		1 000 000.00
应付票据		1 960 000.00		1 000 000.00		1 960 000.00
应付账款		7 638 400.00		59 000.00		7 697 400.00

续表

科目名称	期初余额		本期发生额		期末余额	
	借方	贷方	借方	贷方	借方	贷方
预收账款		1 090 000.00				1 090 000.00
应付职工薪酬		266 000.00	866 000.00	600 000.00		
应交税费		186 990.00	2 088 825.00	3 711 218.25		1 809 383.25
应付利息			1 314 000.00	1 314 000.00		
其他应付款		350 000.00	8 100.00	8 100.00		350 000.00
长期借款		14 600 000.00				14 600 000.00
实收资本		10 000 000.00				10 000 000.00
盈余公积		4 096 200.00		87 968.18		4 184 168.18
本年利润			18 438 000.00	18 438 000.00		
利润分配		2 375 000.00	175 936.36	967 649.93		3 166 713.57
生产成本			17 450 000.00	17 450 000.00		
制造费用			1 100 000.00	1 100 000.00		
主营业务收入			18 240 000.00	18 240 000.00		
投资收益			186 000.00	186 000.00		
营业外收入			12 000.00	12 000.00		
主营业务成本			15 761 000.00	15 761 000.00		
营业税金及附加			286 231.00	286 231.00		
销售费用			210 000.00	210 000.00		
管理费用			656 900.00	656 900.00		
财务费用			264 000.00	264 000.00		
营业外支出			86 960.00	86 960.00		
所得税费用			293 227.25	293 227.25		
合计	45 782 790.00	45 782 790.00	139 721 604.61	139 721 604.61	47 313 865.00	47 313 865.00

表 23-3

（调整前）

资产负债表

编制单位：B市丰收电脑有限公司　　　　　20×2年12月31日

会小企01表

单位：元

资产	行次	期末余额	年初余额	负债和所有者权益	行次	期末余额	年初余额
流动资产：				流动负债：			
货币资金	1	11 125 650.00	3 781 740.00	短期借款	31	1 000 000.00	2 400 000.00
短期投资	2	826 000.00	150 000.00	应付票据	32	1 960 000.00	1 960 000.00
应收票据	3	68 000.00	968 000.00	应付账款	33	7 697 400.00	7 638 400.00
应收账款	4	2 650 100.00	4 390 100.00	预收账款	34	1 090 000.00	1 090 000.00
预付账款	5	200 000.00	900 000.00	应付职工薪酬	35		266 000.00
应收股利	6	160 000.00		应交税费	36	1 809 383.25	
应收利息	7			应付利息	37		
其他应收款	8	433 900.00	440 000.00	应付利润	38		
存货	9	12 664 800.00	16 768 000.00	其他应付款	39	350 000.00	350 000.00
其中：原材料	10	3 485 800.00	9 258 000.00	其他流动负债	40		
在产品	11			流动负债合计	41	13 906 783.25	13 891 390.00
库存商品	12	9 149 000.00	7 510 000.00	非流动负债：			
周转材料	13	30 000.00		长期借款	42	14 600 000.00	14 600 000.00
其他流动资产	14			长期应付款	43		
流动资产合计	15	28 128 450.00	27 397 840.00	递延收益	44		

续表

资产	行次	期末余额	年初余额
非流动资产：			
长期债券投资	16		
长期股权投资	17	2 250 000.00	2 250 000.00
固定资产原价	18	7 775 465.00	4 825 000.00
减：累计折旧	19	365 000.00	225 000.00
固定资产账面价值	20	7 410 465.00	4 600 000.00
在建工程	21	2 466 200.00	4 616 200.00
工程物资	22		
固定资产清理	23		
生产性生物资产	24		
无形资产	25	5 602 550.00	6 098 550.00
开发支出	26		
长期待摊费用	27		
其他非流动资产	28		
非流动资产合计	29	17 729 215.00	17 564 750.00
资产总计	30	45 857 665.00	44 962 590.00

负债和所有者权益	行次	期末余额	年初余额
非流动负债	45		
非流动负债合计	46	14 600 000.00	14 600 000.00
负债合计	47	28 506 783.25	28 491 390.00
所有者权益（或股东权益）：			
实收资本（或股本）	48	10 000 000.00	10 000 000.00
资本公积	49		
盈余公积	50	4 184 168.18	4 096 200.00
未分配利润	51	3 166 713.57	2 375 000.00
所有者权益（或股东权益）合计	52	17 350 881.75	16 471 200.00
负债和所有者权益（或股东权益）总计	53	45 857 665.00	44 962 590.00

表 23-4
（调整后）

资产负债表

编制单位：B市丰收电脑有限公司　　　　20×2年12月31日

会小企01表
单位：元

资产	行次	期末余额	年初余额	负债和所有者权益	行次	期末余额	年初余额
流动资产：				流动负债：			
货币资金	1	11 125 650.00	3 781 740.00	短期借款	31	1 000 000.00	2 400 000.00
短期投资	2	826 000.00	150 000.00	应付票据	32	1 960 000.00	1 960 000.00
应收票据	3	68 000.00	968 000.00	应付账款	33	7 697 400.00	7 638 400.00
应收账款	4	3 370 100.00	4 390 100.00	预收账款	34	1 810 000.00	1 090 000.00
预付账款	5	200 000.00	900 000.00	应付职工薪酬	35	1 809 383.25	266 000.00
应收股利	6	160 000.00		应交税费	36		186 990.00
应收利息	7			应付利息	37		
其他应收款	8	433 900.00	440 000.00	应付利润	38		
存货	9	12 664 800.00	16 768 000.00	其他应付款	39	350 000.00	350 000.00
其中：原材料	10	3 485 800.00	9 258 000.00	其他流动负债	40	4 600 000.00	
在产品	11			流动负债合计	41	19 226 783.25	13 891 390.00
库存商品	12	9 149 000.00	7 510 000.00	非流动负债：			
周转材料	13	30 000.00		长期借款	42	10 000 000.00	14 600 000.00
其他流动资产	14			长期应付款	43		
流动资产合计	15	28 848 450.00	27 397 840.00	递延收益	44		

续表

资产	行次	期末余额	年初余额	负债和所有者权益	行次	期末余额	年初余额
非流动资产：				其他非流动负债	45		
长期债券投资	16	2 250 000.00	2 250 000.00	非流动负债合计	46	10 000 000.00	14 600 000.00
长期股权投资	17			负债合计	47	29 226 783.25	28 491 390.00
固定资产原价	18	7 775 465.00	4 825 000.00				
减：累计折旧	19	365 000.00	225 000.00	所有者权益（或股东权益）：			
固定资产账面价值	20	7 410 465.00	4 600 000.00	实收资本（或股本）	48	10 000 000.00	10 000 000.00
在建工程	21	2 466 200.00	4 616 200.00	资本公积	49		
工程物资	22			盈余公积	50	4 184 168.18	4 096 200.00
固定资产清理	23			未分配利润	51	3 166 713.57	2 375 000.00
生产性生物资产	24			所有者权益（或股东权益）合计	52	17 350 881.75	16 471 200.00
无形资产	25	5 602 550.00	6 098 550.00	负债和所有者权益（或股东权益）总计	53	46 577 665.00	44 962 590.00
开发支出	26						
长期待摊费用	27						
其他非流动资产	28						
非流动资产合计	29	17 729 215.00	17 564 750.00				
资产总计	30	46 577 665.00	44 962 590.00				

表 23-5　　　　　　　　　　利润表

会小企 02 表

编制单位：B市丰收电脑有限公司　　　20×2 年 12 月 31 日　　　　　　　单位：元

项目	行次	本年累计金额	上年金额（略）
一、营业收入	1	18 240 000.00	
减：营业成本	2	15 761 000.00	
营业税金及附加	3	286 231.00	
其中：消费税	4		
营业税	5		
城市维护建设税	6	86 094.75	
资源税	7		
土地增值税	8		
城镇土地使用税、房产税、车船税、印花税	9	138 640.00	
教育费附加、矿产资源补偿费、排污费	10	61 496.25	
销售费用	11	210 000.00	
其中：商品维修费	12		
广告费和业务宣传费	13	200 000.00	
管理费用	14	656 900.00	
其中：开办费	15		
业务招待费	16	20 000.00	
研究费用	17		
财务费用	18	264 000.00	
其中：利息费用（收入以"－"号填列）	19	264 000.00	
加：投资收益（损失以"－"号填列）	20	186 000.00	
二、营业利润（亏损以"－"号填列）	21	1 247 869.00	
加：营业外收入	22	12 000.00	
其中：政府补助	23		
减：营业外支出	24	86 960.00	
其中：坏账损失	25		
无法收回的长期债券投资损失	26		
无法收回的长期股权投资损失	27		
自然灾害等不可抗力因素造成的损失	28		
税收滞纳金	29		
三、利润总额（亏损总额以"－"号填列）	30	1 172 909.00	
减：所得税费用	31	293 227.25	
四、净利润（净亏损以"－"号填列）	32	879 681.75	

二、现金流量表的编制

根据公司经济业务的实际情况，设计"明细账基础数据表"（见表 23-6），输入数据，现金流量表（见表 23-7）就会自动生成了。

表 23-6   **明细账基础数据表**

编制单位：B 市丰收电脑有限公司   20×2 年 12 月   单位：元

序号	项目	金额
1	本期发生的票据贴现利息	120 000.00
2	银行存款的利息收入	390 000.00
3	收到的赔款	6 000.00
4	本期毁损的外购商品成本	8 000.00
5	当期列入生产成本、制造费用的职工薪酬、折旧费和固定资产修理费等除材料以外的其他费用	1 650 000.00
6	本期实际支付的职工薪酬	847 900.00
7	本期实际缴纳的税费	198 990.00
8	管理费用中除职工薪酬和未支付现金的费用外的其他费用	120 900.00
9	制造费用中除职工薪酬和未支付现金的费用外的其他费用	900 000.00
10	销售费用中除职工薪酬和未支付现金的费用外的其他费用	200 000.00
11	管理费用、制造费用、销售费用支付现金费用抵扣的进项税额	170 000.00
12	收回投资收到的现金	166 000.00
13	处置固定资产、无形资产和其他非流动资产收回的现金净额	104 000.00
14	投资支付的现金	816 000.00
15	取得借款收到的现金	1 000 000.00
16	偿还借款本金支付的现金	2 400 000.00
17	偿还借款利息支付的现金	1 434 000.00
⋮	（该公司用不到的项目略，读者可以自己根据自己公司具体业务列）	

表 23-7   **现金流量表**

会小企 03 表

编制单位：B 市丰收电脑有限公司   20×2 年 12 月 31 日   单位：元

项目	行次	本年累计金额	上年金额（略）
一、经营活动产生的现金流量：			
销售产成品、商品、提供劳务收到的现金	1	20 393 846.00	
收到其他与经营活动有关的现金	2	3 862 954.00	

续表

项目	行次	本年累计金额	上年金额（略）
购买原材料、商品、接受劳务支付的现金	3	9 482 991.45	
支付的职工薪酬	4	847 900.00	
支付的税费	5	1 981 098.55	
支付其他与经营活动有关的现金	6	1 220 900.00	
经营活动产生的现金流量净额	7	10 723 910.00	
二、投资活动产生的现金流量：			
收回短期投资、长期债券投资和长期股权投资收到的现金	8	166 000.00	
取得投资收益收到的现金	9		
处置固定资产、无形资产和其他非流动资产收回的现金净额	10	104 000.00	
短期投资、长期债券投资和长期股权投资支付的现金	11	816 000.00	
购建固定资产、无形资产和其他非流动资产支付的现金	12		
投资活动产生的现金流量净额	13	−546 000.00	
三、筹资活动产生的现金流量：			
取得借款收到的现金	14	1 000 000.00	
吸收投资者投资收到的现金	15		
偿还借款本金支付的现金	16	2 400 000.00	
偿还借款利息支付的现金	17	1 434 000.00	
分配利润支付的现金	18		
筹资活动产生的现金流量净额	19	−2 834 000.00	
四、现金净增加额	20	7 343 910.00	
加：期初现金余额	21	3 781 740.00	
五、期末现金余额	22	11 125 650.00	

现金流量表的另一种编制方法——"科目替换法"

对于经济业务不多，只有几十个凭证的单位来说，笔者还有一种简单有效的方法，这里一并奉献给大家，我把这种方法叫做"科目替换法"。"科目替换法"很好理解，就是将涉及现金及现金等价物且对现金流量表产生影响的会计分录的科目替换为现金流量表中的项目，下面我们利用这种方法来编制现金流量表，见表23-8。

表 23-8

原会计分录	替换分录
借：管理费用——业务招待费　20 000 　　贷：库存现金　　　　　　　　　　20 000	贷：支付的其他与经营活动有关的现金 20 000 （由于对应科目与编制现金流量表无关，无须替换，对应科目从略）
借：管理费用——办公费　　　　900 　　贷：银行存款　　　　　　　　　900	贷：支付的其他与经营活动有关的现金　　900
借：银行存款　　　　　　　900 000 　　贷：应收票据　　　　　　　900 000	借：销售产成品、商品、提供劳务收到的现金 　　　　　　　　　　　　　769 230.77 　　收到其他与经营活动有关的现金 　　　　　　　　　　　　　130 769.23
借：应交税费（明细科目略）　186 990 　　贷：银行存款　　　　　　　186 990	贷：支付的税费　　　　　　　　186 990
借：银行存款　　　　　　　166 000 　　贷：短期投资　　　　　　　140 000 　　　　投资收益　　　　　　 26 000	借：收回短期投资、长期债券投资和长期股权投资收到的现金　　　　　166 000
借：银行存款　　　　　　19 000 000 　　应收票据　　　　　　 2 000 000 　　应收账款——戊公司　　 60 000 　　贷：主营业务收入　　　 18 000 000 　　　　应交税费——应交增值税（销项税额） 　　　　　　　　　　　　 3 060 000	借：销售产成品、商品、提供劳务收到的现金 　　　　　　　　　　　 16 239 316.24 　　收到其他与经营活动有关的现金 　　　　　　　　　　　　 2 760 683.76
借：销售费用——业务宣传费　100 000 　　贷：银行存款　　　　　　　100 000	贷：支付的其他与经营活动有关的现金 　　　　　　　　　　　　　　100 000
借：原材料　　　　　　　10 055 800 　　应交税费——应交增值税（进项税额） 　　　　　　　　　　　 1 704 200 　　贷：银行存款　　　　　 11 060 000 　　　　预付账款——丙公司　700 000	借：购买原材料、商品、接受劳务支付的现金 　　　　　　　　　　　 9 452 991.45 　　支付的税费　　　　　 1 607 008.55
借：库存现金　　　　　　　140 400 　　贷：主营业务收入　　　　 120 000 　　　　应交税费——应交增值税（销项税额） 　　　　　　　　　　　　　 20 400	借：销售产成品、商品、提供劳务收到的现金 　　　　　　　　　　　　　 120 000 　　收到其他与经营活动有关的现金　 20 400
借：银行存款　　　　　　　140 400 　　贷：主营业务收入　　　　 120 000 　　　　应交税费——应交增值税（销项税额） 　　　　　　　　　　　　　 20 400	借：销售产成品、商品、提供劳务收到的现金 　　　　　　　　　　　　　 120 000 　　收到其他与经营活动有关的现金　 20 400
借：周转材料——低值易耗品　 30 000 　　应交税费——应交增值税（进项税额） 　　　　　　　　　　　　　 5 100 　　贷：银行存款　　　　　　 35 100	贷：购买原材料、商品、接受劳务支付的现金 　　　　　　　　　　　　　 30 000 　　支付的税费　　　　　　　 5 100

续表

原会计分录	替换分录
借：银行存款　　　　　　104 000 　贷：固定资产清理　　　　　100 000 　　　应交税费——应交增值税（已交税金） 　　　　　　　　　　　　　　4 000	借：处置固定资产、无形资产和其他非流动资产 　　收回的现金净额　　　　　104 000
借：银行存款　　　　　　1 880 000 　　财务费用　　　　　　　120 000 　贷：应收票据　　　　　　2 000 000	借：销售产成品、商品、提供劳务收到的现金 　　　　　　　　　　　　　1 606 837.61 　　收到其他与经营活动有关的现金　273 162.39
借：短期投资　　　　　　816 000 　贷：银行存款　　　　　　816 000	贷：短期投资、长期债券投资和长期股权投资 　　支付的现金　　　　　　　816 000
借：短期借款　　　　　　2 400 000 　　财务费用　　　　　　　120 000 　贷：银行存款　　　　　　2 520 000	贷：偿还借款本金支付的现金　2 400 000 　　偿还借款利息支付的现金　　120 000
借：应付职工薪酬（明细略）　846 000 　贷：银行存款　　　　　　819 800 　　　其他应付款——社会保险费　8 100 　　　其他应收款——代垫费用　6 100 　　　应交税费——应交个人所得税　12 000 借：应付职工薪酬——社会保险费　20 000 　　其他应付款——社会保险费　8 100 　　应交税费——应交个人所得税　12 000 　贷：银行存款　　　　　　40 100	贷：支付的职工薪酬　　　　847 900 　　支付的税费　　　　　　　12 000
借：制造费用——电费　　900 000 　　管理费用——电费　　100 000 　　应交税费——应交增值税（进项税额） 　　　　　　　　　　　　　170 000 　贷：银行存款　　　　　　1 170 000	贷：支付其他与经营活动有关的现金　1 000 000 　　支付的税费　　　　　　　170 000
借：银行存款　　　　　　1 800 000 　贷：应收账款——甲电脑商场　1 800 000	借：销售产成品、商品、提供劳务收到的现金 　　　　　　　　　　　　　1 538 461.54 　　收到其他与经营活动有关的现金　261 538.46
借：销售费用——广告费　100 000 　贷：银行存款　　　　　　100 000	贷：支付其他与经营活动有关的现金　100 000
借：库存现金　　　　　　6 000 　　营业外支出　　　　　　3 360 　贷：待处理财产损溢——待处理流动资产损溢 　　　　　　　　　　　　　9 360	借：收到其他与经营活动有关的现金　6 000
借：应付利息　　　　　　1 314 000 　贷：银行存款　　　　　　1 314 000	贷：偿还借款利息支付的现金　1 314 000
借：银行存款　　　　　　1 000 000 　贷：短期借款　　　　　　1 000 000	借：取得借款收到的现金　　1 000 000

续表

原会计分录		替换分录
借：财务费用 贷：银行存款	−390 000 −390 000	借：收到其他与经营活动有关的现金　390 000

　　将上述替换分录对应的相关项目填列于现金流量表中，现金流量表（见表 23-7）就编制成功了，结果是相同的。

CHAPTER

24

第二十四章
编制纳税申报表

增值税、企业所得税的纳税申报表格式全国统一，而附加税（费）、印花税、土地使用税、房产税等在地税缴纳的税种的纳税申报表格式在各地区存在一定的差异，格式并不统一，但是比起增值税及企业所得税纳税申报表的填写简单，虽然格式不同，但都不外乎"计税依据"、"计税金额"、"税率（征收率）"、"本期应纳税额"、"本期已缴税额""本期应补（退）税额"等项目。下面我们以 B 市丰收电脑有限公司 20×2 年经济业务为例来编制纳税申报表。

一、增值税纳税申报表

增值税纳税申报表及其附表见表 24-1～表 24-4。

表 24-1

增值税纳税申报表
(适用于增值税一般纳税人)

根据《中华人民共和国增值税暂行条例》第二十二条和第二十三条的规定，纳税人不论有无销售额，均应按主管税务机关核定的纳税期限按期填报本表，并于次月一日起十五日内，向当地税务机关申报。

税款所属时间：自 20×2 年 12 月 01 日至 20×2 年 12 月 31 日　　填表日期：20×3 年 01 月 07 日　　金额单位：元至角分

纳税人识别号	370000000000088			
纳税人名称（公章）	B市丰收电脑有限公司	法定代表人姓名	丰收	所属行业	工业企业
开户银行及账号	3700000080066000000××××			注册地址	B市××区××路 6 号	营业地址	B市××区××路 6 号
				企业登记注册类型	有限责任公司	电话号码	6660000

项目	栏次	一般货物及劳务		即征即退货物及劳务	
		本月数	本年累计	本月数	本年累计
销售额	（一）按适用税率征税货物及劳务销售额	1	18 300 000	18 300 000		
	其中：应税货物销售额	2	18 180 000	18 180 000		
	应税劳务销售额	3	120 000	120 000		
	纳税检查调整的销售额	4				
	（二）按简易征收办法征税货物销售额	5	100 000	100 000		
	其中：纳税检查调整的销售额	6				
	（三）免、抵、退办法出口货物销售额	7			—	—
	（四）免税货物及劳务销售额	8			—	—
	其中：免税货物销售额	9			—	—
	免税劳务销售额	10			—	—

续表

	项目	栏次	一般货物及劳务		即征即退货物及劳务	
			本月数	本年累计	本月数	本年累计
税款计算	销项税额	11	3 111 000	3 111 000		
	进项税额	12	1 887 835	1 887 835		—
	上期留抵税额	13				
	进项税额转出	14	4 760	4 760		—
	免抵退货物应退税额	15			—	—
	按适用税率计算的纳税检查应补缴税额	16			—	—
	应抵扣税额合计	17=12+13−14−15+16	1 883 075	1 883 075		—
	实际抵扣税额	18（如17<11，则为17，否则为11）	1 883 075	1 883 075		
	按适用税率计算的应纳税额	19=11−18	1 227 925	1 227 925		
	期末留抵税额	20=17−18				
	简易征收办法计算的应纳税额	21	4 000	4 000		—
	按简易征收办法计算的纳税检查应补缴税额	22				
	应纳税额减征额	23	2 000	2 000		—
	应纳税额合计	24=19+21−23	1 229 925	1 229 925		

续表

项目	栏次	一般货物及劳务 本月数	本年累计	即征即退货物及劳务 本月数	本年累计
期初未缴税额（多缴为负数）	25				
实收出口开具专用缴款书退税额	26			—	—
本期已缴税额 27=28+29+30+31	27	48 205.37	48 205.37	—	—
(1) 分次预缴税额	28	48 205.37	48 205.37		
(2) 出口开具专用缴款书预缴税额	29			—	—
(3) 本期缴纳上期应纳税额	30	48 205.37	48 205.37		
(4) 本期缴纳欠缴税额	31				
期末未缴税额（多缴为负数）32=24+25+26-27	32	1 229 925	1 229 925	—	—
其中：欠缴税额（≥0）33=25+26-27	33	1 229 925	1 229 925	—	—
本期应补（退）税额 34=24-28-29	34		—	—	—
即征即退实际退税额	35				
期初未缴查补税额	36			—	—
本期入库查补税额	37				
期末未缴查补税额 38=16+22+36-37	38			—	—

税款缴纳

授权声明：

如果你已委托代理申报人，请填写下列资料：

为代理一切税务事宜，现授权_____（地址）为本纳税人的代理申报人，任何与本申报表有关的往来文件都可寄与此人。

授权人签字：

申报人声明

此纳税申报表是根据《中华人民共和国增值税暂行条例》的规定填报的，我确信它是真实的、可靠的、完整的。

声明人签字：

以下由税务机关填写

收到日期：

接收人：

主管税务机关盖章：

表24-2

纳税人名称：(公章) B市丰收电脑有限公司

增值税纳税申报表表附列资料（表一）
(本期销售情况明细)

税款所属时间：20×2年12月 填表日期：20×3年01月07日

金额单位：元至角分

一、按适用税率征收增值税货物及劳务的销售额和销项税额明细

项目	栏次	应税货物						应税劳务			小计		
		17%税率			13%税率			份数	销售额	销项税额	份数	销售额	销项税额
		份数	销售额	销项税额	份数	销售额	销项税额						
防伪税控系统开具的增值税专用发票	1	40	18 000 000	3 060 000	—	—		10	120 000	20 400	50	18 120 000	3 080 400
非防伪税控系统开具的增值税专用发票	2	—	—	—	—	—					—	—	—
开具普通发票	3	20	120 000	20 400	—	—					20	120 000	20 400
未开具发票	4	—	60 000	10 200	—	—					—	60 000	10 200
小计	5=1+2+3+4	—	18 180 000	3 090 600	—	—			120 000	20 400	—	18 300 000	3 111 000
纳税检查调整	6	—	—	—	—	—					—	0	0
合计	7=5+6	—	18 180 000	3 090 600	—	—			120 000	20 400	—	18 300 000	3 111 000

二、简易征收办法征收增值税货物的销售额和应纳税额明细

项目	栏次	6%征收率			4%征收率			小计	
		份数	销售额	应纳税额	份数	销售额	应纳税额	销售额	应纳税额
防伪税控系统开具的增值税专用发票	8								

续表

项目	栏次	6%征收率			4%征收率			小计		
		份数	销售额	应纳税额	份数	销售额	应纳税额	份数	销售额	应纳税额
非防伪税控系统开具的增值税专用发票	9	—	—		—	—	—	—	—	—
开具普通发票	10	—			1	100 000	4 000	1	100 000	4 000
未开具发票	11	—			—	—		—	—	
小计	12＝8＋9＋10＋11	—			—	100 000	4 000	—	100 000	4 000
纳税检查调整	13	—			—					
合计	14＝12＋13	—			—	100 000	4 000	—	100 000	4 000

三、免征增值税货物及劳务销售额明细

项目	栏次	免税货物		免税劳务		小计	
		份数	销售额	税额	份数	销售额	税额
防伪税控系统开具的增值税专用发票	15	—		—	—		
开具普通发票	16	—		—	—		—
未开具发票	17	—		—	—		—
合计	18＝15＋16＋17	—		—	—		—

表 24-3　　　　　　　　**增值税纳税申报表附列资料（表二）**
　　　　　　　　　　　　　　　　（本期进项税额明细）

税款所属时间：20×2 年 12 月
纳税人名称：（公章）B 市丰收电脑有限公司
填表日期：20×3 年 01 月 07 日　　　　　　　　　　　　　金额单位：元至角分

一、申报抵扣的进项税额				
项目	栏次	份数	金额	税额
（一）认证相符的防伪税控增值税专用发票	1	38	11 080 000	1 883 600
其中：本期认证相符且本期申报抵扣	2	38	11 080 000	1 883 600
前期认证相符且本期申报抵扣	3			
（二）非防伪税控增值税专用发票及其他扣税凭证	4	5	60 500	4 235
其中：海关进口增值税专用缴款书	5			
农产品收购发票或者销售发票	6			
废旧物资发票	7			
运输费用结算单据	8	5	60 500	4 235
6%征收率	9	—	—	—
4%征收率	10	—	—	—
（三）外贸企业进项税额抵扣证明	11			
当期申报抵扣进项税额合计	12	43	11 140 500	1 887 835
二、进项税额转出额				
项目	栏次		税额	
本期进项税转出额	13		4 760	
其中：免税货物用	14			
非应税项目用、集体福利、个人消费	15		3 400	
非正常损失	16		1 360	
按简易征收办法征税货物用	17			
免抵退税办法出口货物不得抵扣进项税额	18			
纳税检查调减进项税额	19			
未经认证已抵扣的进项税额	20			
红字专用发票通知单注明的进项税额	21			
三、待抵扣进项税额				
项目	栏次	份数	金额	税额
（一）认证相符的防伪税控增值税专用发票	22	—	—	—
期初已认证相符但未申报抵扣	23			

续表

项目	栏次	份数	金额	税额
本期认证相符且本期未申报抵扣	24			
期末已认证相符但未申报抵扣	25			
其中：按照税法规定不允许抵扣	26			
（二）非防伪税控增值税专用发票及其他扣税凭证	27			
其中：海关进口增值税专用缴款书	28			
农产品收购发票或者销售发票	29			
废旧物资发票	30			
运输费用结算单据	31			
6%征收率	32	—	—	—
4%征收率	33	—	—	—
	34			

四、其他

项目	栏次	份数	金额	税额
本期认证相符的全部防伪税控增值税专用发票	35	38	11 080 000	1 883 600
期初已征税款挂账额	36			
期初已征税款余额	37		—	—
代扣代缴税额	38		—	—

表 24-4 　　　　　　　　　　　　　固定资产进项税额抵扣情况表

纳税人识别号：370000000000088　　　　　　　　纳税人名称（公章）：B市丰收电脑有限公司
填表日期：20×3年01月07日　　　　　　　　　　　　　　　金额单位：元至角分

项目	当期申报抵扣的固定资产进项税额	当期申报抵扣的固定资产进项税额累计
增值税专用发票	8 500	8 500
海关进口增值税专用缴款书		
合计	8 500	8 500

注：本表一式二份，一份纳税人留存，一份主管税务机关留存

二、企业所得税季度申报表

企业填写的"企业所得税月（季）度预缴纳税申报表"，见表24-5。

表 24-5
中华人民共和国
企业所得税月（季）度预缴纳税申报表（A 类）

税款所属期间：20×2 年 09 月 01 日至 20×2 年 12 月 31 日

纳税人识别号：370000000000088

纳税人名称：B 市丰收电脑有限公司　　　　　　　　　　金额单位：人民币元（列至角分）

行次	项目	本期金额	累计金额
1	一、按照实际利润额预缴		
2	营业收入	18 240 000	18 240 000
3	营业成本	15 761 000	15 761 000
4	利润总额	1 172 909	1 172 909
5	加：特定业务计算的应纳税所得额		
6	减：不征税收入		
7	免税收入		
8	弥补以前年度亏损		
9	实际利润额（4 行＋5 行－6 行－7 行－8 行）	1 172 909	1 172 909
10	税率（25%）	0.25	0.25
11	应纳所得税额	293 227.25	293 227.25
12	减：减免所得税额		
13	减：实际已预缴所得税额	—	
14	减：特定业务预缴（征）所得税额		
15	应补（退）所得税额（11 行－12 行－13 行－14 行）	—	293 227.25
16	减：以前年度多缴在本期抵缴所得税额		
17	本期实际应补（退）所得税额		293 227.25
18	二、按照上一纳税年度应纳税所得额平均额预缴		
19	上一纳税年度应纳税所得额		
20	本月（季）应纳税所得额（19 行×1/4 或 1/12）		
21	税率（25%）		
22	本月（季）应纳所得税额（20 行×21 行）		
23	三、按照税务机关确定的其他方法预缴		
24	本月（季）确定预缴的所得税额		
25	总分机构纳税人		

续表

行次		项目	本期金额	累计金额
26	总机构	总机构应分摊所得税额（15行或22行或24行×总机构应分摊预缴比例）		
27		财政集中分配所得税额		
28		分支机构应分摊所得税额（15行或22行或24行×分支机构应分摊比例）		
29		其中：总机构独立生产经营部门应分摊所得税额		
30		总机构已撤销分支机构应分摊所得税额		
31	分支机构	分配比例		
32		分配所得税额		

谨声明：此纳税申报表是根据《中华人民共和国企业所得税法》、《中华人民共和国企业所得税法实施条例》和国家有关税收规定填报的，是真实的、可靠的、完整的。

法定代表人（签字）：　　　　年　月　日

纳税人公章： 会计主管： 填表日期：20×3年01月07日	代理申报中介机构公章： 经办人： 经办人执业证件号码： 代理申报日期：　年　月　日	主管税务机关受理专用章： 受理人： 受理日期：　　年　月　日

国家税务总局监制

填表说明：企业所得税季度预缴纳税申报表中的"利润总额"与企业利润表的"利润总额"相同。

被投资单位A公司（长期股权投资）宣告分派的现金股利中属于本企业的部分160 000元，为免税收入，但该公司在申报季度企业所得税时没有考虑。

若考虑免税收入，则将160 000元填入第7行，此时，"实际利润额"为1 012 909元，"应纳所得税额"、"应补（退）所得税额"及"本期实际应补（退）所得税额"为253 227.25元，比原申报少40 000元。

该公司尚未考虑其他项目的所得税影响，其他调整事项在公司20×3年5月份之前的汇算清缴中进行调整。

建议大家，在季度企业所得税申报时，可以考虑不征税收入、免税收入、弥补以前年度亏损等事项，这样可以起到避免多缴税款和递延纳税的好处。

三、企业所得税年度汇算清缴申报表

企业应当在5月31日之前进行企业所得税汇算清缴工作，填写申报"企业所得税年度纳税申报表"及其附表，见表24-6～表24-13。

表 24-6　　　　　中华人民共和国企业所得税年度纳税申报表（A 类）

税款所属期间：20×2 年 01 月 01 日至 20×2 年 12 月 31 日

纳税人名称：B 市丰收电脑有限公司

纳税人识别号：370000000000088　　　　　　　　　　金额单位：元（列至角分）

类别	行次	项目	金额
利润总额计算	1	一、营业收入（填附表一）	18 240 000.00
	2	减：营业成本（填附表二）	15 761 000.00
	3	营业税金及附加	286 231.00
	4	销售费用（填附表二）	210 000.00
	5	管理费用（填附表二）	656 900.00
	6	财务费用（填附表二）	264 000.00
	7	资产减值损失	
	8	加：公允价值变动收益	
	9	投资收益	186 000.00
	10	二、营业利润	1 247 869.00
	11	加：营业外收入（填附表一）	12 000.00
	12	减：营业外支出（填附表二）	86 960.00
	13	三、利润总额（10＋11－12）	1 172 909.00
应纳税所得额计算	14	加：纳税调整增加额（填附表三）	401 172.50
	15	减：纳税调整减少额（填附表三）	230 000.00
	16	其中：不征税收入	
	17	免税收入	160 000.00
	18	减计收入	
	19	减、免税项目所得	
	20	加计扣除	
	21	抵扣应纳税所得额	
	22	加：境外应税所得弥补境内亏损	
	23	纳税调整后所得（13＋14－15＋22）	1 344 081.50
	24	减：弥补以前年度亏损（填附表四）	
	25	应纳税所得额（23－24）	1 344 081.50

续表

类别	行次	项目	金额
应纳税额计算	26	税率（25%）	0.25
	27	应纳所得税额（25×26）	336 020.38
	28	减：减免所得税额（填附表五）	
	29	减：抵免所得税额（填附表五）	
	30	应纳税额（27－28－29）	336 020.38
	31	加：境外所得应纳所得税额（填附表六）	
	32	减：境外所得抵免所得税额（填附表六）	
	33	实际应纳所得税额（30＋31－32）	336 020.38
	34	减：本年累计实际已预缴的所得税额	293 227.25
	35	其中：汇总纳税的总机构分摊预缴的税额	
	36	汇总纳税的总机构财政调库预缴的税额	
	37	汇总纳税的总机构所属分支机构分摊的预缴税额	
	38	合并纳税（母子体制）成员企业就地预缴比例	
	39	合并纳税企业就地预缴的所得税额	
	40	本年应补（退）的所得税额（33－34）	42 793.13
附列资料	41	以前年度多缴的所得税额在本年抵减额	
	42	以前年度应缴未缴在本年入库所得税额	

纳税人公章： 经办人： 申报日期：20×3年4月14日	代理申报中介机构公章： 经办人及执业证件号码： 代理申报日期： 年 月 日	主管税务机关受理专用章： 受理人： 受理日期： 年 月 日

填表说明：

"企业所得税年度纳税申报表"根据附表及其利润表等资料填写。

表 24-7　　　　　**企业所得税年度纳税申报表附表一（1）**
收入明细表

填报时间：20×3 年 4 月 14 日　　　　　金额单位：元（列至角分）

行次	项目	金额
1	一、销售（营业）收入合计（2+13）	18 320 000.00
2	（一）营业收入合计（3+8）	18 240 000.00
3	1. 主营业务收入（4+5+6+7）	18 240 000.00
4	（1）销售货物	18 120 000.00
5	（2）提供劳务	120 000.00
6	（3）让渡资产使用权	
7	（4）建造合同	
8	2. 其他业务收入（9+10+11+12）	
9	（1）材料销售收入	
10	（2）代购代销手续费收入	
11	（3）包装物出租收入	
12	（4）其他	
13	（二）视同销售收入（14+15+16）	80 000.00
14	（1）非货币性交易视同销售收入	
15	（2）货物、财产、劳务视同销售收入	80 000.00
16	（3）其他视同销售收入	
17	二、营业外收入（18+19+20+21+22+23+24+25+26）	12 000.00
18	1. 固定资产盘盈	
19	2. 处置固定资产净收益	12 000.00
20	3. 非货币性资产交易收益	
21	4. 出售无形资产收益	
22	5. 罚款净收入	
23	6. 债务重组收益	
24	7. 政府补助收入	
25	8. 捐赠收入	
26	9. 其他	

表 24-8 **企业所得税年度纳税申报表附表二（1）**
成本费用明细表

填报时间：20×3 年 4 月 14 日　　　　　　　金额单位：元（列至角分）

行次	项目	金额
1	一、销售（营业）成本合计（2＋7＋12）	15 831 000.00
2	（一）主营业务成本（3＋4＋5＋6）	15 761 000.00
3	（1）销售货物成本	15 751 000.00
4	（2）提供劳务成本	10 000.00
5	（3）让渡资产使用权成本	
6	（4）建造合同成本	
7	（二）其他业务成本（8＋9＋10＋11）	
8	（1）材料销售成本	
9	（2）代购代销费用	
10	（3）包装物出租成本	
11	（4）其他	
12	（三）视同销售成本（13＋14＋15）	70 000.00
13	（1）非货币性交易视同销售成本	
14	（2）货物、财产、劳务视同销售成本	70 000.00
15	（3）其他视同销售成本	
16	二、营业外支出（17＋18＋……＋24）	86 960.00
17	1. 固定资产盘亏	
18	2. 处置固定资产净损失	
19	3. 出售无形资产损失	
20	4. 债务重组损失	
21	5. 罚款支出	
22	6. 非常损失	3 360.00
23	7. 捐赠支出	83 600.00
24	8. 其他	
25	三、期间费用（26＋27＋28）	1 130 900.00
26	1. 销售（营业）费用	210 000.00
27	2. 管理费用	656 900.00
28	3. 财务费用	264 000.00

表 24-9　　　　　　　　企业所得税年度纳税申报表附表三

纳税调整项目明细表

填报时间：20×3 年 4 月 14 日　　　　　　　金额单位：元（列至角分）

	行次	项目	账载金额	税收金额	调增金额	调减金额
			1	2	3	4
	1	一、收入类调整项目	＊	＊	80 000.00	160 000.00
	2	1. 视同销售收入（填写附表一）	＊	＊	80 000.00	＊
♯	3	2. 接受捐赠收入	＊			＊
	4	3. 不符合税收规定的销售折扣和折让				＊
＊	5	4. 未按权责发生制原则确认的收入				
＊	6	5. 按权益法核算长期股权投资对初始投资成本调整确认收益	＊	＊	＊	
	7	6. 按权益法核算的长期股权投资持有期间的投资损益	＊	＊		
＊	8	7. 特殊重组				
＊	9	8. 一般重组				
＊	10	9. 公允价值变动净收益（填写附表七）	＊	＊		
	11	10. 确认为递延收益的政府补助				
	12	11. 境外应税所得（填写附表六）	＊	＊	＊	
	13	12. 不允许扣除的境外投资损失	＊	＊		＊
	14	13. 不征税收入（填附表一［3］）	＊	＊	＊	
	15	14. 免税收入（填附表五）	＊	＊	＊	160 000.00
	16	15. 减计收入（填附表五）	＊	＊	＊	
	17	16. 减、免税项目所得（填附表五）	＊	＊	＊	
	18	17. 抵扣应纳税所得额（填附表五）	＊	＊	＊	
	19	18. 其他				
	20	二、扣除类调整项目	＊	＊	126 500.00	70 000.00
	21	1. 视同销售成本（填写附表二）	＊	＊	＊	70 000.00
	22	2. 工资薪金支出	460 000.00	460 000.00		
	23	3. 职工福利费支出	79 800.00	64 400.00	15 400.00	

续表

行次	项目	账载金额	税收金额	调增金额	调减金额
		1	2	3	4
24	4. 职工教育经费支出	23 000.00	11 500.00	11 500.00	
25	5. 工会经费支出	17 200.00	9 200.00	8 000.00	
26	6. 业务招待费支出	20 000.00	12 000.00	8 000.00	*
27	7. 广告费和业务宣传费支出（填写附表八）	*	*		
28	8. 捐赠支出				*
29	9. 利息支出	654 000.00	654 000.00		
30	10. 住房公积金				*
31	11. 罚金、罚款和被没收财物的损失		*		*
32	12. 税收滞纳金		*		*
33	13. 赞助支出	83 600.00	*	83 600.00	*
34	14. 各类基本社会保障性缴款	20 000.00	20 000.00		
35	15. 补充养老保险、补充医疗保险				
36	16. 与未实现融资收益相关在当期确认的财务费用				
37	17. 与取得收入无关的支出		*		*
38	18. 不征税收入用于支出所形成的费用		*		*
39	19. 加计扣除（填附表五）	*	*	*	
40	20. 其他				
41	三、资产类调整项目	*	*		194 672.50
42	1. 财产损失	3 360.00			3 360.00
43	2. 固定资产折旧（填写附表九）	*	*		30 000.00
44	3. 生产性生物资产折旧（填写附表九）	*	*		
45	4. 长期待摊费用的摊销（填写附表九）	*	*		
46	5. 无形资产摊销（填写附表九）	*	*		161 312.50
47	6. 投资转让、处置所得（填写附表十一）	*	*		
48	7. 油气勘探投资（填写附表九）	*	*		

续表

行次	项目	账载金额	税收金额	调增金额	调减金额
		1	2	3	4
49	8. 油气开发投资（填写附表九）	＊	＊		
50	9. 其他				
51	四、准备金调整项目（填写附表十）	＊	＊		
52	五、房地产企业预售收入计算的预计利润	＊	＊		
53	六、特别纳税调整应税所得	＊	＊		＊
54	七、其他	＊	＊		
55	合计	＊	＊	401 172.50	230 000.00

注：1. 标有＊的行次为执行新会计准则的企业填列，标有♯的行次为除执行新会计准则以外的企业填列。

2. 没有标注的行次，无论执行何种会计核算办法，有差异就填报相应行次，填＊号不可填列。

3. 有二级附表的项目只填调增、调减金额，账载金额、税收金额不再填写。

填表说明：

1. 条例第四十三条规定：企业发生的与生产经营活动有关的业务招待费支出，按照发生额的60％扣除，但最高不得超过当年销售（营业）收入的5‰。

注意：有无应在业务招待费列支而另外在其他科目列支的事项。

2. 条例第五十三条规定：企业发生的公益性捐赠支出，不超过年度利润总额12％的部分，准予扣除。年度利润总额，是指企业依照国家统一会计制度的规定计算的年度会计利润。条例同时对公益性捐赠的定性、公益性社会团体的条件、受赠单位的级次作出了明确规定。该企业为直接捐赠，不符合税收规定的公益性捐赠，因此应全额调增。

第33行"13. 赞助支出"：第1列"账载金额"填报纳税人按照国家统一会计制度实际发生且不符合税收规定的公益性捐赠的赞助支出的金额。

3. 财产损失要向税务机关备案才能税前扣除。

4. 工资薪金及"三项经费"。

条例第三十四条规定：企业发生的合理的工资薪金支出，准予扣除。前款所称工资薪金，是指企业每一纳税年度支付给在本企业任职或者受雇的员工的所有现金形式或者非现金形式的劳动报酬，包括基本工资、奖金、津贴、补贴、年终加薪、加班工资，以及与员工任职或者受雇有关的其他支出。

条例第四十条规定：企业发生的职工福利费支出，不超过工资薪金总额14％的部分，准予扣除。

条例第四十一条规定：企业拨缴的工会经费，不超过工资薪金总额2％的部分，准予扣除。

注意：企业所计提的工会经费，必须有工会出具的"工会经费收入专用收据"，否则不允许在企业所得税前列支。

表 24-10   企业所得税年度纳税申报表附表五
税收优惠明细表

填报时间：20×3 年 4 月 14 日   金额单位：元（列至角分）

行次	项目	金额
1	一、免税收入（2＋3＋4＋5）	160 000.00
2	1. 国债利息收入	
3	2. 符合条件的居民企业之间的股息、红利等权益性投资收益	160 000.00
4	3. 符合条件的非营利组织的收入	
5	4. 其他	
6	二、减计收入（7＋8）	
7	1. 企业综合利用资源，生产符合国家产业政策规定的产品所取得的收入	
8	2. 其他	
9	三、加计扣除额合计（10＋11＋12＋13）	
10	1. 开发新技术、新产品、新工艺发生的研究开发费用	
11	2. 安置残疾人员所支付的工资	
12	3. 国家鼓励安置的其他就业人员支付的工资	
13	4. 其他	
14	四、减免所得额合计（15＋25＋29＋30＋31＋32）	
15	（一）免税所得（16＋17＋…＋24）	
16	1. 蔬菜、谷物、薯类、油料、豆类、棉花、麻类、糖料、水果、坚果的种植	
17	2. 农作物新品种的选育	
18	3. 中药材的种植	
19	4. 林木的培育和种植	
20	5. 牲畜、家禽的饲养	
21	6. 林产品的采集	
22	7. 灌溉、农产品初加工、兽医、农技推广、农机作业和维修等农、林、牧、渔服业项目	
23	8. 远洋捕捞	
24	9. 其他	
25	（二）减税所得（26＋27＋28）	
26	1. 花卉、茶以及其他饮料作物和香料作物的种植	
27	2. 海水养殖、内陆养殖	
28	3. 其他	
29	（三）从事国家重点扶持的公共基础设施项目投资经营的所得	
30	（四）从事符合条件的环境保护、节能节水项目的所得	
31	（五）符合条件的技术转让所得	
32	（六）其他	

续表

行次	项目	金额
33	五、减免税合计（34＋35＋36＋37＋38）	
34	（一）符合条件的小型微利企业	
35	（二）国家需要重点扶持的高新技术企业	
36	（三）民族自治地方的企业应缴纳的企业所得税中属于地方分享的部分	
37	（四）过渡期税收优惠	
38	（五）其他	
39	六、创业投资企业抵扣的应纳税所得额	
40	七、抵免所得税额合计（41＋42＋43＋44）	
41	（一）企业购置用于环境保护专用设备的投资额抵免的税额	
42	（二）企业购置用于节能节水专用设备的投资额抵免的税额	
43	（三）企业购置用于安全生产专用设备的投资额抵免的税额	
44	（四）其他	
45	企业从业人数（全年平均人数）	260
46	资产总额（全年平均数）	45 770 127.50
47	所属行业（工业企业　　其他企业　　）	工业企业

表 24-11　　　　　　　　企业所得税年度纳税申报表附表八
广告费和业务宣传费跨年度纳税调整表
填报时间：20×3 年 4 月 14 日　　　　　金额单位：元（列至角分）

行次	项目	金额
1	本年度广告费和业务宣传费支出	200 000.00
2	其中：不允许扣除的广告费和业务宣传费支出	
3	本年度符合条件的广告费和业务宣传费支出（1－2）	200 000.00
4	本年计算广告费和业务宣传扣除限额的销售（营业）收入	18 320 000.00
5	税收规定的扣除率	0.15
6	本年广告费和业务宣传费扣除限额（4×5）	2 748 000.00
7	本年广告费和业务宣传费支出纳税调整额（3≤6，本行＝2 行；3＞6，本行＝1－6）	
8	本年结转以后年度扣除额（3＞6，本行＝3－6；3≤6，本行＝0）	
9	加：以前年度累计结转扣除额	
10	减：本年扣除的以前年度结转额	
11	累计结转以后年度扣除额（8＋9－10）	

填表说明：

条例第四十四条规定：企业发生的符合条件的广告费和业务宣传费支出，除国务院财政、税务主管部门另有规定外，不超过当年销售（营业）收入 15％的部分，准予扣除；超过部分，准予在以后纳税年度结转扣除。

表 24-12　　　　　　　**企业所得税年度纳税申报表附表九**
资产折旧、摊销纳税调整明细表
填报日期：20×3 年 4 月 14 日　　　　　　金额单位：元（列至角分）

行次	资产类别	资产原值		折旧、摊销年限		本期折旧、摊销额		纳税调整额
		账载金额	计税基础	会计	税收	会计	税收	
		1	2	3	4	5	6	7
1	一、固定资产	7 775 465.00	7 775 465.00	*	*	200 000.00	170 000.00	30 000.00
2	1. 房屋建筑物	4 105 000.00	4 105 000.00	20	20	30 210.00	30 210.00	
3	2. 飞机、火车、轮船、机器、机械和其他生产设备	2 788 465.00	2 788 465.00	10	10	129 000.00	99 000.00	30 000.00
4	3. 与生产经营有关的器具工具家具	12 000.00	12 000.00	5	5	600.00	600.00	
5	4. 飞机、火车、轮船以外的运输工具	780 000.00	780 000.00	4	4	35 750.00	35 750.00	
6	5. 电子设备	90 000.00	90 000.00	3	3	4 440.00	4 440.00	
7	二、生产性生物资产			*	*			
8	1. 林木类							
9	2. 畜类							
10	三、长期待摊费用			*	*			
11	1. 已足额提取折旧的固定资产的改建支出							
12	2. 租入固定资产的改建支出							
13	3. 固定资产大修理支出							
14	4. 其他长期待摊费用							
15	四、无形资产	6 693 750.00	6 693 750.00	14	20	496 000.00	334 687.50	161 312.50
16	五、油气勘探投资							
17	六、油气开发投资							
18	合计	14 469 215.00	14 469 215.00	*	*	696 000.00	504 687.50	191 312.50

填表说明：

　　税法规定，固定资产按照直线法计算的折旧，准予扣除。企业应当自固定资产投入使用月份的次月起计算折旧；停止使用的固定资产，应当自停止使用月份的次月起停止计算折旧。企业应当根据固定资产的性质和使用情况，合理确定固定资产的预计净残值。固定资产的预计净残值一经确定，不得变更。

下列固定资产不得计算折旧扣除：

（1）房屋、建筑物以外未投入使用的固定资产；

（2）以经营租赁方式租入的固定资产；

（3）以融资租赁方式租出的固定资产；

（4）已足额提取折旧仍继续使用的固定资产；

（5）与经营活动无关的固定资产；

（6）单独估价作为固定资产入账的土地；

（7）其他不得计算折旧扣除的固定资产。

除国务院财政、税务主管部门另有规定外，固定资产计算折旧的最低年限如下：房屋、建筑物，为 20 年；飞机、火车、轮船、机器、机械和其他生产设备，为 10 年；与生产经营活动有关的器具、工具、家具等，为 5 年；飞机、火车、轮船以外的运输工具，为 4 年；电子设备，为 3 年。

可以采取缩短折旧年限或者采取加速折旧方法的固定资产：由于技术进步，产品更新换代较快的固定资产；常年处于强震动、高腐蚀状态的固定资产。可以采取缩短折旧年限或者采取加速折旧方法：

（1）采取缩短折旧年限方法的，最低折旧年限不得低于法定折旧年限的 60%。

（2）采取加速折旧方法的，可以采取双倍余额递减法或者年数总和数。

《小企业会计准则》规定：小企业应当按照年限平均法（即直线法）计提折旧。小企业的固定资产由于技术进步等原因，确需加速折旧的，可以采用双倍余额递减法和年数总和法。

小企业应当根据固定资产的性质和使用情况，并考虑税法的规定，合理确定固定资产的使用寿命和预计净残值。

建议：小企业按照税法规定计提折旧和摊销，这样就不用进行纳税调整，减少工作量。该企业计提的部分闲置设备折旧 30 000 元和低于税法规定年限多计提的无形资产摊销 161 312.50 元应该进行纳税调整。

表 24-13

企业所得税年度纳税申报表附表十一
长期股权投资所得（损失）明细表

填报时间：20×3 年 4 月 14 日

金额单位：元（列至角分）

行次	被投资企业	期初投资额	本年度增(减)投资额	投资成本		会计核算投资收益	会计投资损益	股息红利			会计与税收的差异	投资转让净收入	投资转让的会计成本	投资转让的税收成本	投资转让所得(损失)		
				初始投资成本	权益法核算对初始投资成本调整产生的收益			税收确认的股息红利		全额征税收入					会计上确认的转让所得或损失	按税收计算的投资转让所得或损失	会计与税收收的差异
								免税收入									
	1	2	3	4	5	6 (7+14)	7	8	9		10 (7-8-9)	11	12	13	14 (11-12)	15 (11-13)	16 (14-15)
1	A公司	2 250 000.00		2 250 000.00		160 000.00	160 000.00	160 000.00									
2																	
3																	
4																	
5																	
6																	
7																	
8																	
合计																	

续表

投资损失补充资料

行次	项目	年度	当年度结转金额	已弥补金额	本年度弥补金额	结转以后年度待弥补金额	备注
1	第一年						
2	第二年						
3	第三年						
4	第四年						
5	第五年						
以前年度结转在本年度税前抵扣的股权投资转让损失							

填表说明：

此表填报会计核算的长期股权投资成本、投资收益及其税收处理，以及会计处理与税收收入处理差异的纳税调整额。企业股权投资的目的是获得投资收益。收益分为两类：股息红利收益，也叫持有收益。这部分收益基本是免税收入，但企业持有上市公司股票时间不超过12个月的持有收益要全额征税；转让所得收益，也叫处置收益。这部分分转让所得需要全额征税。超过部分可以向以后年度结转扣除，但不能超过本年投资收益。

股息红利分配一般是免税收入，企业在确认投资收益增加所得额时，要作为免税收入进行相应的调减所得额处理。调减时，在《税收优惠明细表》和《纳税调整项目明细表》的"免税收入"中反映。

小企业会计准则规定长期股权投资采用成本法核算，税收上也同样基本按照成本法核算的方式实际作出分配利润决定时才确认投资收益，即被投资方实际作出分配利润决定时才确认投资收益。因此，会计和税收收入处理上不存在差异，不需要进行纳税调整。

小企业若不需要弥补亏损可不填写《企业所得税弥补亏损明细表》（企业所得税年度纳税申报表四），小企业无境外所得则不填写《境外所得税抵免计算明细表》（企业所得税年度纳税申报表六），一般情况下，小企业的资产应当按照成本计量，不计提资产减值准备，不填写《资产减值准备项目调整明细表》（企业所得税年度纳税申报表七）、《以公允价值计量资产纳税调整表》（企业所得税年度纳税申报表十）两个表。

四、附加税（费）纳税申报表（见表24-14）

表 24-14 附加税（费）纳税申报表

纳税人识别号：370000000000088　　　　　　　　　纳税人名称：B市丰收电脑有限公司

税款所属期：20×2-12-01 至 20×2-12-31

填表日期：20×3-01-07　　　　　　　　　金额单位：人民币元

计税依据（计征依据）		计税金额（计征金额）	税率（征收率）	本期应纳税额	本期已缴税额	本期应补（退）税额
		1	2	3＝1＊2	4	5＝3－4
城市维护建设税	增值税附征（市区）	1 229 925	7%	86 094.75		86 094.75
	合计	1 229 925		86 094.75		86 094.75
教育费附加	增值税附征	1 229 925	3%	36 897.75		36 897.75
	合计	1 229 925		36 897.75		36 897.75
地方教育附加	增值税附征	1 229 925	2%	24 598.5		24 598.5
	合计	1 229 925		24 598.5		24 598.5

会计主管（签章）		经办人（签章）	如委托税务代理机构填报，由税务代理机构填写以下各栏		税务代理机构（公章）
			代理机构地址		
			代理机构名称		
申报声明	此申报表是根据国家税收法律的规定填报的，我确信它是真实、可靠、完整的。声明人：（法人代表签字或盖章）（公章）		代理人（签章）	联系电话	
			以下由税务机关填写		
			收到申报表日期	接收人	

五、印花税纳税申报表（见表24-15）

表 24-15 　　　　　　　　　　　印花税纳税申报表

纳税人识别号：370000000000088　　　　　　　　　　纳税人名称：B市丰收电脑有限公司

税款所属期：20×2-12-01 至 20×2-12-31

填表日期：20×3-01-07　　　　　　　　　　金额单位：人民币元

应税凭证	计税金额或件数	核定征收		适用税率	本期应纳税额	本期已缴税额	本期减免税额	本期应补（退）税额
		核定依据	核定比例					
	2	3	4	5	6=1×5+3×4×5	7	8	9=6-7-8
购销合同		产品销售收入	18 240 000	110%	0.3‰	6 019.2			6 019.2
借款合同		借款金额	1 000 000	100%	0.05‰	50			50
财产保险合同		保费金额		100%	1.0‰				
购销合同				0.00%	0.3‰				
加工承揽合同				0.00%	0.5‰				
建设工程勘察设计合同				0.00%	0.5‰				
建筑安装工程承包合同				0.00%	0.3‰				
财产租赁合同				0.00%	1‰				
货物运输合同				0.00%	0.5‰				
仓储保管合同				0.00%	1‰				
借款合同				0.00%	0.05‰				
财产保险合同				0.00%	1.0‰				
技术合同				0.00%	0.3‰				
产权转移书据				0.00%	0.5‰				
营业账簿（记载资金的账簿）		—		—	0.5‰				
营业账簿（其他账簿）	10	—		—	5	50			50
权利、许可证照		—		—	5				
合计	—	—	—	—	—	6 119.2			6 119.2

续表

应税凭证	计税金额或件数	核定征收		适用税率	本期应纳税额	本期已缴税额	本期减免税额	本期应补（退）税额
		核定依据	核定比例					
	2	3	4	5	6＝1×5＋3×4×5	7	8	9＝6－7－8

如纳税人填报，由纳税人填写以下各栏		如委托代理人填报，由代理人填写以下各栏		备注	
经办人：		代理人名称		代理人	
会计主管：（签章）	纳税人（公章）	代理人地址		（公章）	
		经办人姓名		电话	
以下由税务机关填写					
收到申报表日期			接收人		

填表说明：

1. 假设该企业印花税实行核定征收办法。

2. 印花税纳税义务发生时间：账簿启用时；合同（协议）签订时；证照领受时；资本注册时或增加时。

3. 应纳税额不足一角的，免纳印花税。应纳税额在一角以上的，其税额尾数不满五分的不计，满五分的按一角计算缴纳。

4. 财产租赁合同按租赁金额1‰贴花。税额不足1元，按1元贴花。

六、其他税种纳税申报表

其他税种是指除上述税种以外的税种，包括营业税、消费税、土地使用税、房产税、契税等。其他税种的纳税申报表所需填列内容主要包括"计税依据"、"计税金额"、"税率（征收率）"、"本期应纳税额"、"本期已缴税额"、"本期应补（退）税额"等项目，一般没有附表或者只有一张比较简单的附表，填写比较简单，这里不再举例。

参考文献

［1］财政部会计司编写组. 小企业会计准则释义［M］. 北京：中国财政经济出版社，2011

［2］财政部. 小企业会计准则（财会［2011］17 号）

［3］栾庆忠. 会计从入门到高手［M］. 北京：中国市场出版社，2011